NOUVEAU
COMMENTAIRE
SUR
L'ORDONNANCE
CRIMINELLE

Du mois d'Août 1670.
Daniel Jousse.
Par M*** Conseiller au Présidial
d'Orléans.

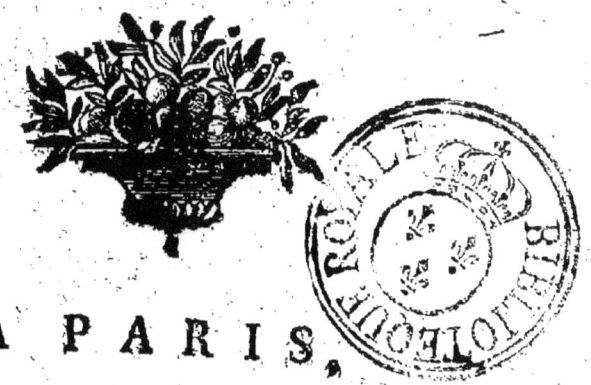

A PARIS,

Chez DEBURE l'aîné, Quai des
Augustins, à l'Image Saint Paul.

M. DCC. LIII.
Avec Approbation & Privilege du Roi.

TABLE DES TITRES

Contenus dans cet Ouvrage.

Idée générale de la Justice Criminelle. *pag. ix*

TITRE I. Des Crimes & Délits, *x*
 § I. Ce que c'est que Crime & Délit. *ibid*
 §II. De l'action qui naît des crimes, *xiij*
  ART. I. De l'action publique qui naît des crimes, *xv*
  ART. II. De l'action privée qui naît des crimes. *xvj*
 §. III. Quand & comment se prescrit l'action Criminelle, *xx*
 §. IV. De la preuve en matière Criminelle, *xxiij*
  ART. I. Des preuves qui s'emploient, tant pour constater le corps de délit que pour la conviction de l'Accusé, *xxiv*
  ART. II. Des preuves qui s'emploient en faveur de l'Accusé. *xxv*
 §. V. Des peines qui sont en usage pour la punition des crimes. *xxvj*
 §. VI. De la manière de proportionner les peines aux crimes. *xxix*

TABLE

TITRE II. Des personnes qui sont préposées pour la punition des crimes, *xxxiv*

  §. I. Des Juges. *ibid.*
    ART. I. De la division des Juges en matiere Criminelle. *ibid*
    ART. II. De la compétence des Juges en matiere Criminelle. *xxxvij*
  §. II. Des Procureurs du Roi, &c. *xlj*
  §. III. Des Ministres de la Justice. *xlij*

TITRE III. De la maniere d'instruire & de juger les Procès Criminels. *xliij*
  §. I. De l'instruction judiciaire. *ibid.*
  §. II. Des Jugemens & de leur éxécution. *xlix*
  §. III. Des differentes manieres dont on peut se pourvoir contre les Jugemens. *lj*
  §. IV. De quelques procédures criminelles particulieres. *lij*

Commentaire sur l'Ordonnance Criminelle du mois d'Août 1670. pag. 1.

TITRE I. De la compétence des Juges *ibid*

  II Des Procédures particulières aux Prévôts des Maréchaux de France, Vice-Baillis, Vice-Sénéchaux, & Lieutenans-Criminels de Robe Courte. 88
  III. Des plaintes, accusations, & dénonciations. 107
  IV. Des Procès verbaux des Juges. 120
  V. Des rapports des Médecins & Chirurgiens. 125

DES TITRES.

VI. Des informations. 129
VII. Des Monitoires. 151
VIII. De la reconnoissance des Ecritures & signatures en matiere Criminelle. 156
IX. Du crime de faux, tant principal qu'incident. 157
X. Des Décrets, de leur exécution, & des élargissemens. 159
XI. Des excuses ou exoines des Accusés. 190
XII. Des Sentences de Provision. 195
XIII. Des Prisons, 198
XIV. Des interrogatoires des Accusés. 225
XV. Des récolemens & confrontations des Témoins. 243
XVI. Des Lettres d'abolition, rémission pardon, pour ester à droit, rappel de Ban, ou de Galeres, commutation de peine, réhabilitation & révision de Procès. 269
XVII. Des défauts & contumaces. 291
XVIII. Des muets & sourds, & de ceux qui refusent de répondre. 322
XIX. Des Jugemens & Procès-verbaux de question & torture. 326
XX. De la conversion des Procès Civils en Criminels, & de la réception en Procès ordinaire. 347
XXI. De la maniere de faire le Procès aux Communautés des Villes, Bourgs & Villages, Corps, & Compagnies. 355
XXII. De la maniere de faire le Procès au Cadavre ou à la Mémoire d'un défunt. 356
XXIII. De l'abrogation des appointemens

TABLE.

& forclusions en matiere Criminelle. 367

XXIV. Des conclusions diffinitives de nos Procureurs, ou de ceux des Justices Seigneuriales. 369

XXV. Des Sentences, Jugemens & Arrêts. 371

XXVI Des appellations. 403

XXVII. Des Procédures à l'effet de purger la mémoire d'un défunt. 432

XXVIII. Des faits justificatifs. 437

Notes sur l'Ordonnance du mois de Juillet 1737. 455

Titre Du faux principal. 457
Titre Du faux incident. 465
Titre Des reconnoissances d'écritures & signatures en matiere Criminelle. 474

AVERTISSEMENT

AVERTISSEMENT.

ON a toujours regardé l'Ordonnance Criminelle de 1670. comme une des plus belles qui ayent jamais paru dans le Royaume. La sagesse & l'équité des regles qu'elle prescrit, la simplicité, la précision & l'exactitude qui y regnent partout, la font encore admirer tous les jours; & l'on convient généralement qu'elle a le caractere des Loix les plus parfaites, c'est-à-dire, qu'en peu de mots elle renferme un grand nombre de dispositions.

Mais si cette Ordonnance nous charme par sa beauté, elle nous intéresse encore plus par l'importance de son objet. Car comme la Justice Criminelle a pour fin la punition des crimes, & que cette punition tend ordinairement à priver les hommes de ce qu'ils ont de plus cher, c'est-à-dire de la vie, de la liberté, ou de l'honneur, c'est avec beaucoup de raison que les moyens nécessaires pour parvenir à cette condamnation ont été assujettis à des

AVERTISSEMENT.

regles & à des formalités auxquelles tous les Juges, & même les Cours Souveraines doivent nécessairement se conformer. Ces regles ne sont point arbitraires ; elles sont de tous les tems, & elles ont toujours été en usage chez les Nations policées : elles sont prises dans le sein même de l'équité, & l'on ne peut s'en écarter sans donner atteinte aux droits de la nature, & sans violer les devoirs les plus essentiels de la Justice. Il ne suffit pas en effet qu'un Accusé soit criminel pour pouvoir le condamner : il faut encore que cette condamnation soit établie sur des regles, & en suivant un certain ordre ; il faut une preuve, & des Témoins ; il faut entendre l'Accusé, ou du moins qu'il soit valablement cité : non-seulement ces choses sont nécessaires ; mais il faut de plus que l'existence en soit constatée par des Actes ; que ces Actes subsistent, & qu'ils soient faits suivant une certaine forme pour en assûrer l'autenticité, la manifester aux yeux du Public & de l'Accusé, & obliger par là en quelque sorte cet Accusé à se condamner lui-même, en voyant qu'on a observé à son égard toutes les regles de la Justice.

AVERTISSEMENT. iij

C'est pour cela que chez les Romains, & même chez la plûpart des Nations anciennes, les Procès Criminels s'instruisoient publiquement & en présence de tout le peuple, afin que chacun étant spectateur & témoin de ce qui se faisoit, pût juger par lui-même de la conduite tenue par ceux à qui l'instruction de ces accusations étoit confiée, & examiner si cette conduite étoit légitime ou non.

On peut voir par-là de quelle importance il est de s'attacher exactement aux regles de la Procédure Criminelle; & par conséquent combien il est nécessaire de bien connoître les dispositions & l'esprit de la Loi établie par le Souverain, pour regler la conduite que les Juges doivent tenir dans la poursuite des Accusés. C'est pourquoi on a crû faire plaisir aux personnes attachées au Barreau, & en particulier à celles qui par leur état sont destinées à remplir les fonctions de Juges, de donner les observations qu'on a faites sur l'Ordonnance du mois d'Août 1670, qui établit les regles de la procédure criminelle, en expliquant les choses que l'Ordonnance suppose connuës, & qui néanmoins ont besoin

AVERTISSEMENT.

d'explication pour le plus grand nombre des personnes consacrées à l'étude de la Jurisprudence, & aux fonctions de la Magistrature. Dans la même vûë on a crû à propos de joindre à cette explication les différentes décisions que l'usage, la Jurisprudence & les nouveaux Reglemens ont ajoutées au texte de l'Ordonnance, soit pour en corriger, étendre, ou expliquer quelques articles.

Quoique le Commentaire de M. Bornier (qui est le seul que l'on connoisse sur cette Ordonnance,) soit sçavant, & renferme plusieurs choses excellentes, on ne peut cependant disconvenir qu'il ne remplit presque point son objet, & qu'outre qu'il est long, diffus & sans ordre, il renferme encore quantité de choses inutiles & peu exactes, en sorte qu'on n'en tire presque aucun avantage.

Ces motifs ont engagé à donner au Public le nouveau Commentaire qu'on lui présente, dans lequel on a tâché de renfermer tout ce qui est nécessaire pour l'intelligence du texte de l'Ordonnance, & où l'on s'est attaché en même-tems à renfermer en peu de discours un grand nombre de regles,

AVERTISSEMENT.

& à éviter l'inconvénient dans lequel eſt tombé l'Auteur qui nous a précedés dans ce genre de travail. Souvent les erreurs ſervent à nous éclairer ; & l'exemple des autres apprend à éviter des défauts dans leſquels on ſeroit peut-être tombé ſans ce ſecours. Au reſte ſi ce Commentaire a quelques avantages, comme on oſe s'en flatter, on les doit uniquement à une expérience de près de vingt années de travail, & à l'étude particuliere qu'on a faite de ces ſortes de matieres.

Pour rendre compte de l'ouvrage qu'on donne aujourd'hui, voici le plan qu'on y a obſervé.

1°. On a expliqué les endroits les plus importans du texte & de tout ce qui y eſt acceſſoire, & dont la connoiſſance eſt néceſſaire pour ſe conduire avec exactitude dans l'exercice de la Juſtice Criminelle. On a crû auſſi devoir s'étendre un peu plus ſur le premier titre que ſur les autres, par rapport à la compétence des Juges, & l'énumeration des cas Royaux dont il y eſt fait mention, qui demandent néceſſairement à être traités avec un peu d'étendue.

2°. On a joint à cette explication

AVERTISSEMENT.

tous les nouveaux Reglemens, Edits, Déclarations & Arrêts rendus sur les matieres Criminelles, qui ont paru depuis l'Ordonnance de 1670, en les rapportant en substance à chacun des articles ausquels ils ont rapport; & lorsqu'on n'a pas crû devoir en rapporter les dispositions, on s'est contenté de les citer.

Et comme la Déclaration du 5 Février 1731 concernant les cas Présidiaux & Prévôtaux, & l'Ordonnance du mois de Juillet 1737 concernant le faux principal & incident, sont les deux Réglemens les plus célebres qui ayent paru sur les matieres Criminelles depuis l'Ordonnance qui en fixe la Procédure, on a crû devoir rapporter la premiere en entier sous les Titres I. & II. de l'Ordonnance Criminelle, en mettant chaque article dans les Notes à la place qui lui convient, à la réserve seulement de l'article 29 de cette même Déclaration de 1731, qu'on a renvoyé aux Notes sur l'article 19 du tit. 6. A l'égard de l'Ordonnance concernant le faux principal & incident, on y a fait quelques Notes en particulier sur les articles qui ont paru avoir besoin d'observations, & on les

AVERTISSEMENT. vij
a mises à la fin de ce Commentaire.

3°. On a eu la même attention à l'égard des anciens Réglemens qui sont en usage, & qui n'ont point été changés ou révoqués par des Réglemens postérieurs ; & l'on en a cité, & quelquefois même rapporté en entier les dispositions dans les Notes aux articles auxquels ils ont rapport.

4°. Enfin on a crû faire plaisir de mettre à la tête de ce Commentaire un abregé, ou une idée générale de la Justice Criminelle, qui peut donner une connoissance préliminaire de cette partie de notre Jurisprudence Françoise, & qui peut même servir de plan pour un Ouvrage sur cette matiere.

On auroit souhaité pouvoir joindre le texte de l'Ordonnance de 1670 & de celle du mois de Juillet 1737 concernant le faux, au Commentaire qu'on donne aujourd'hui ; mais la difficulté de pouvoir le faire, à cause du Privilége accordé à quelques Libraires pour l'impression des Ordonnances, & la crainte qu'on a eue d'ailleurs de former un Volume trop considérable, a fait abandonner ce dessein. Au reste ces Ordonnances sont communes, & se

viij *AVERTISSEMENT.*
trouvent entre les mains de tout le monde.

 Si le Public a lieu d'être content du Commentaire qu'on lui présente, on espere lui en donner dans quelque tems un pareil sur l'Ordonnance Civile du mois d'Avril 1667.

IDE'E GENERALE
DE LA
JUSTICE CRIMINELLE.

A Justice Criminelle est celle qui a pour objet la punition des Crimes.

Cette punition n'appartient en France qu'au Roi, en qui seul réside la souveraine puissance ; mais parce qu'il seroit difficile qu'il pût exercer cette puissance par lui-même, il a bien voulu confier son autorité à cet égard à des Magistrats qui l'exercent en son nom. Et comme cet exercice de l'autorité Royale fait une des parties les plus essentielles de l'administration de la Justice, dont l'objet principal est de réprimer les entreprises injustes, & que d'ailleurs il arrive souvent que la punition des crimes tend à ôter à ceux qui en sont convaincus, la vie ou la liberté naturelle à tous les hommes, les Loix & la sagesse du Gouvernement ont établi des regles pour conduire les Magistrats dans la poursuite, l'instruction & le Jugement des affaires Criminelles, &

Idée de la Justice

ces regles sont telles, qu'il ne leur est jamais permis de s'en écarter.

Ainsi tout ce qui a rapport à la Justice Criminelle peut se réduire aux trois objets suivans.

1°. A ce qui concerne les crimes.
2°. Aux personnes qui sont préposées pour en procurer la punition.
3°. A la maniere d'instruire & de juger les Procès Criminels.

TITRE PREMIER.

Des Crimes & Délits.

ON peut examiner touchant la matiere des Crimes & Délits,

1°. Ce que c'est que Crime & Délit.
2°. L'action qui naît des crimes.
3°. La prescription des crimes.
4°. Les preuves nécessaires dans la poursuite des crimes.
5°. Les peines qui sont en usage.
6°. La maniere de proportionner les peines aux crimes.

§. I.

Ce que c'est que Crime & Délit.

ON apelle *Crime* ou *Délit* toute action injuste & défendue par les Loix, qui tend à blesser la societé & à troubler la tranquillité publique.

Les termes de *Crime* & de *Délit* sont

presque synonimes en notre langue ; cependant on donne plus communément le nom de *Crimes* aux Délits considérables, & qui méritent une punition publique, comme sont les vols, les homicides, &c. & l'on appelle simplement *Délits* ceux qui n'exigent qu'une simple réparation Civile, ou une peine pécuniaire, tels que sont les injures, &c.

On peut considérer les crimes de plusieurs manieres : ou par ce qu'ils sont en eux-mêmes : ou par rapport à la volonté ou disposition d'esprit de celui qui les commet : ou par rapport à la peine qu'ils méritent : ou par rapport à leur objet.

Suivant les trois premieres manieres de considérer les crimes, ils se divisent en Crimes *publics* & Crimes *privés* ; en Délits *volontaires* & Délits *involontaires* ; en Crimes *capitaux* & en Crimes *simples*.

Les crimes du côté de leur objet peuvent être considérés sous quatre rapports principaux.

1°. En tant qu'ils offensent la Majesté Divine.

2°. En tant qu'ils offensent la Majesté Royale.

3°. En tant qu'ils offensent les particuliers qui composent la société civile.

4°. En tant qu'ils troublent l'ordre public & l'œconomie du gouvernement.

La premiere de ces quatre Classes comprend les crimes d'athéïsme, d'hérésie & tout ce qui peut troubler la Religion ; les blasphêmes, parjures, sacrileges, abus des Sacremens, simonie, attentats sur les Prêtres en leurs fonctions, prophanations de Vases Sacrés, &c. en un mot tout ce qui peut offenser la Majesté Divine directement ou indirectement, en violant le respect qu'on doit aux choses Sacrées & aux Ministres de la Religion.

La seconde Classe renferme les crimes de léze-Majesté, & tous ceux qui peuvent donner atteinte à l'autorité du Roi, ou à ses Droits, soit en sa personne, soit en celle de ses Officiers. Tels sont les crimes de fausse monnoye, levée de Troupes sans commission, désertion, rébellion aux Mandemens émanés du Roi ou de ses Officiers, assemblées illicites, port d'armes, prévarication des Juges & Ministres de la Justice, péculat, concussion, contrebande, &c.

La troisiéme Classe comprend les injures, excès & voies de fait, l'usure, le crime de faux, le stellionat, les vols, les homicides, le rapt, le viol, le poison, les maléfices, libelles diffamatoires, & en général tous les crimes & Délits qui blessent les particuliers, soit dans leurs personnes, soit dans leur honneur, ou dans leurs biens.

Enfin dans la quatriéme Classe se placent naturellement les Mendians Valides, Vagabonds, les jeux défendus, la prostitution publique, l'inceste, la poligamie, l'exposition d'enfans, les homicides de soi-même, &c.

§. II.

De l'action qui naît des Crimes.

COmme la plûpart des Crimes offensent non-seulement la societé, mais encore les Particuliers, on peut considérer dans chaque crime deux différens intérêts ; le premier qui regarde le public, & le second qui regarde les Particuliers.

Les Crimes en tant qu'ils troublent la societé, la Religion, ou le gouvernement, exigent une vengeance publique & une peine exemplaire ; & en tant qu'ils blessent les Particuliers dans leur personne, leur honneur ou leurs biens, ils exigent une réparation, & des dommages & intérêts à l'égard des personnes offensées, ou de ceux qui les représentent. Ainsi l'homicide d'un homme qui laisse une femme & des enfans, peut être poursuivi, & pour l'intérêt public, & pour celui de la femme & enfans du défunt : le premier, afin qu'il soit fait une punition publique & exemplaire de la personne du meurtrier ; & le second, afin qu'il soit adjugé à la femme & aux enfans sur les biens de ce meurtrier, une réparation & des intérêts civils proportionnés au dommage qu'ils souffrent.

De cette considération naissent deux sortes d'actions & deux manieres différentes de poursuivre les crimes : la premiere qui regarde la poursuite du crime par rapport à l'intérêt public, & qui ne peut être dirigée que contre l'auteur du crime & ses complices; & la seconde qui regarde la réparation du crime par rapport aux Particuliers, & qui peut être intentée, tant contre l'auteur du crime que contre ses héritiers.

La poursuite des crimes par rapport à l'intérêt public, c'est-à-dire, en ce qui concerne la peine, n'appartient en France qu'aux Officiers à qui le Roi a confié ce soin, & à qui l'on a donné pour cette raison le nom de *Partie publique*. Ces Officiers sont les Procureurs Généraux dans les Cours, les Procureurs du Roi dans les Bailliages, Prévôtés, & autres Jurisdictions Royales, & les Procureurs Fiscaux dans les Justices des Seigneurs. Les Promoteurs des Officialités sont aussi chargés du même soin à l'égard des Ecclésiastiques; mais avec cette différence, qu'ils ne peuvent requérir contre les accusés aucune peine afflictive, mais seulement des peines Canoniques.

A l'égard de la seconde manière de poursuivre les crimes, c'est-à-dire, en ce qui touche la réparation & les intérêts civils, chaque particulier offensé est en droit d'exercer cette action, & de poursuivre la condamnation des dommages & intérêts qui résultent de l'offense qui lui a été faite; mais il ne peut jamais conclure à la peine. On a donné à ces derniers le nom de *Parties civiles*.

Ainsi dans notre usage deux sortes de personnes concourent à la punition des crimes: 1°. La *Partie civile* qui demande la réparation de l'offense qui lui a été faite;

& ses dommages & intérêts; 2o. La *Partie publique* qui poursuit la punition du crime, & la condamnation à la peine qu'il mérite.

Il est libre à la Partie civile de faire cette poursuite ou non, parce qu'il est libre à chacun de renoncer au droit qu'il a de demander des dommages & intérêts qui lui sont dûs; mais il n'en est pas de même de la Partie publique: elle est obligée par le devoir de sa Charge d'agir contre le Criminel toutes les fois que le crime mérite une punition exemplaire & une peine afflictive, soit que la Partie Civile se plaigne ou non, & elle ne peut à cet égard refuser son Ministere sans manquer à ce qu'elle doit à Dieu & au Souverain. (Ord. de 1670. tit. 25. art. 19.)

ARTICLE I.

De l'action publique qui naît des Crimes.

L'Action publique qui naît des crimes & qui tend à en procurer la vengeance, ne peut jamais être poursuivie que contre l'auteur même du crime ou ses complices: car toute action pénale est personnelle, & ne passe point contre l'héritier. (*L.* 111. §. *1. ff. de Reg. Juris.*)

Mais elle a lieu indistinctement contre tous ceux qui ont participé au crime, quand même ils seroient Mineurs ou morts civilement, ou qu'il s'agiroit de femmes sous puissance de mari.

A l'égard des enfans qui n'ont point encore l'usage de raison, ils ne peuvent être poursuivis quant à la peine, à moins qu'ils ne soient proches de l'âge de puberté, & en état de connoître le mal dans le tems du crime commis. (*L. 111. ff. de regulis Juris.*) L'âge de raison où ils parviennent depuis le crime commis, ne les rend pas même sujets à cette peine.

Les furieux & les insensés ne peuvent non plus être poursuivis pour crime, s'ils étoient tels au tems du crime commis. En effet, il n'y a que la volonté & la connoissance du mal qu'on fait, qui méritent une punition; or un furieux, un insensé, ou un enfant qui n'a point encore l'usage de raison, ne sçavent ce qu'ils font.

L'action pour la peine s'éteint par la mort de l'Accusé, quand même elle auroit commencé à être intentée de son vivant. Il en faut seulement excepter le crime de leze-Majesté divine ou humaine en certains cas, le duel, l'homicide de soi-même, & la rébellion à Justice avec force ouverte, dans la rencontre de laquelle l'Accusé auroit été tué; dans tous ces cas on peut faire le Procès au cadavre ou à la mémoire du défunt. (*Ord. de 1670. tit. 22. art. 1.*)

ARTICLE II.

De l'action privée qui naît des Crimes.

I.

L'Action pour raison de dommages & intérêts procédans d'un crime peut être intentée, non-seulement par celui qui a été offensé, mais encore par ses héritiers.

Il y a même des cas, où il n'est pas nécessaire d'être héritier de l'offensé pour pouvoir exiger une réparation Civile, lorsque d'ailleurs on souffre du dommage par le crime. Ainsi la femme dont le mari est tué, le pere dont l'enfant, ou les enfans dont le pere a été mis à mort, sont reçûs à poursuivre le coupable, & à demander des dommages & intérêts pour raison du meurtre, quand même la femme ne seroit pas commune en biens avec son mari, ou que les enfans ne seroient pas héritiers de leur pere, ou le pere de son enfant; ce qui est fondé sur ce que ces dommages & intérêts leur appartiennent alors, *non jure successionis, sed jure sanguinis*.

Il faut excepter de la regle précédente l'action pour injures, laquelle ne passe point à l'héritier ni contre l'héritier, à moins qu'elle n'ait commencé à être intentée du vivant de l'agresseur & de l'offensé. La Coutume de Bretagne article 180 en a une disposition.

Lorsque celui qui a été offensé est mineur, & qu'il est en la puissance de son pere ou de son Tuteur, le pere ou le tuteur peut poursuivre la réparation pour son fils ou pour son pupile; & il en est de même du mari pour l'offense faite à sa femme, parce qu'elle est en sa puissance.

Le Maître peut aussi poursuivre l'injure faite à son serviteur, lorsque l'offense paroît avoir été faite au serviteur à cause du maître. (§. 3. *Institut. de injuriis.*)

La femme peut aussi poursuivre par elle-même & sans le consentement de son mari l'injure à elle faite. Quelques Coutumes en ont des dispositions. (V. celle d'Orléans, art. 200.)

Au reste, il faut pour pouvoir intenter l'action criminelle, jouir des droits de Citoyen. Ainsi ceux qui sont morts civilement, comme les Religieux, ne le peuvent, & c'est au Couvent à agir pour eux.

Les bannis à perpétuité ne le peuvent non plus. Il faudroit dans ce cas leur créer un Curateur.

II°.

La demande à fin d'intérêts Civils peut être intentée, tant contre l'Auteur du crime que contre ses héritiers, & elle a lieu non-seulement contre les majeurs, mais encore contre les mineurs & contre les femmes mariées, sans être obligé d'agir en même-tems contre le Tuteur, le pere ou le mari. L'art. 200. de la Coutume d'Orléans en a une disposition à l'égard des femmes mariées.

Il y a plusieurs cas, où le pere est tenu civilement du fait de son fils, le maître de son serviteur, le Couvent de son Religieux, &c. ce qui arrive toutes les fois que le serviteur commet un délit dans les choses où il est préposé par son Maître, ou le fils dans celles où il est préposé par son pere.

L'Edit du mois de Mars 1685 concernant les Esclaves de l'Amerique va même plus loin. Il porte en l'article 34. que les Maîtres seront tenus du dommage commis par leur Esclave, si mieux ils n'aiment l'abandonner à celui auquel le tort a été fait ; ce qui est conforme au droit Romain. (Voyez le §. 3. *Instit. de noxalibus. action.*)

Le père est aussi quelquefois tenu du délit commis par son fils, & le mari de celui commis par sa femme, lorsqu'ils ont pû l'empêcher, & qu'ils ne l'ont pas fait en vertu de leur autorité, parce qu'alors ils sont censés avoir par leur silence participé au délit.

Les Maîtres des animaux qui viennent à blesser quelqu'un ou à occasionner quelque dommage, en répondent aussi civilement toutes les fois que cela arrive par la faute ou par la négligence du maître. Il pourroit même arriver que le Maître en fût tenu criminellement, comme s'il avoit excité son chien à mordre une personne, & que ce chien l'eût dangereusement blessée.

C'est en conséquence de ces mêmes principes, que la Coutume de Normandie art. 150 & 151, porte que les parens sont civilement responsables du dommage & tort causé par celui qui est furieux ou dérangé d'esprit. La Loi les répute coupables de négligence de n'avoir pas fait enfermer leur parent, & de ne l'avoir pas mis dans un état à ne pouvoir nuire à personne.

Les Hôteliers sont aussi responsables des vols commis en leurs maisons des effets appartenans à des passans ou Etrangers qui y logent, lorsque ces effets ont été donnés en garde aux Hôteliers, ou ont été mis en dépôt chez eux : il y en a un grand nombre d'Arrêts ; mais ils n'en sont tenus que civilement.

§. III.

Quand & comment se prescrit l'action Criminelle.

Toute action Criminelle se prescrit par vingt ans, & cette prescription court, tant contre les mineurs que contre les majeurs. (Arrêts de Louet Lettre C. n. 47.)

Elle n'est pas même interrompue par des Procédures qui se seroient faites, ni par des Sentences interlocutoires, s'il n'y a point eû de Sentence ou de Jugement définitif dans les vingt ans du crime commis, si ce n'est quand il s'agit du crime de duel. (Edit du mois d'Août 1679. art. 35.)

Mais quand la condamnation a été prononcée par un Jugement définitif, alors la peine ne se prescrit que par trente ans, à compter du jour de la Sentence ou Arrêt rendu; pourvû que le Jugement, s'il est rendu par contumace, ait été éxécuté par effigie conformément à l'art. 16. du tit. 17. de l'Ord. de 1670. Il faut cependant excepter de cette regle les peines qui courent de plein droit, à l'égard desquelles la prescription ne peut jamais avoir lieu. Telle est la mort Civile, qui est attachée à la peine des Galeres perpétuelles ou du bannissement à perpétuité hors du Royaume. La raison de cette différence est, que la mort Civile étant une peine qui ne s'inflige point sur la personne, & qui n'est point réduite en Acte par aucun fait extérieur, a lieu de plein droit du jour de l'exécution du Jugement ; au lieu que les autres peines, v. g. les peines corporelles, n'ayant pas lieu de plein droit, & ne pouvant s'exécuter que par un fait extérieur, ne subsistent qu'en puissance, jusqu'à ce qu'elles soient réduites en Acte. Or le condamné prescrit contre cette faculté ou puissance, comme contre tout autre droit en général.

Il en est de même de l'infamie attachée à la plûpart des peines. Car l'infamie, ainsi que la mort Civile, n'est point attachée à l'exécution de la peine, mais à la condamnation portée par le Jugement ; & par conséquent elle ne peut se prescrire quand le Jugement a été exécuté, même par effigie ou signification, s'il a été rendu par Contumace.

Les crimes successifs ne se prescrivent pas par vingt ans, parce que dans ces sortes de crimes on peut dire qu'il s'en commet un nouveau à chaque instant, contre lequel par conséquent la prescription ne peut être opposée. Tel est le crime de rapt, qui ne consiste pas seulement dans l'enlevement, mais encore dans la détention de la personne ravie.

Quelques crimes ne se prescrivent jamais, comme le crime de leze-Majesté. D'autres se prescrivent par un espace moindre que vingt ans. Tel est l'adultere qui se prescrit par cinq ans, & l'action d'injures qui se prescrit par un an.

Toutes les fois que la prescription a lieu, elle commence à courir du jour que le crime a été commis, quoiqu'il n'ait pas été connu. Il n'y a que le crime de faux, contre lequel la prescription ne court que du jour que la fraude a été découverte. (Brodeau sur Louet Lettre C. n. 47.)

La prescription de vingt ans dont on vient de parler, a lieu, non-seulement pour la peine, mais aussi pour la réparation Civile; & elle court également contre les mineurs comme contre les majeurs, & contre les héritiers de l'Accusé comme contre l'Accusé même. Cette prescription a même lieu dans le cas, où l'action pour raison des intérêts Civils auroit été intentée & suivie d'information dans les vingt ans, mais non suivie de condamnation définitive.

Cette regle est fondée, sur ce que l'action pour dommages & intérêts procédans d'un crime, est accessoire & dépendante du crime: ainsi l'une étant éteinte l'autre l'est aussi. (*L.* 178. *ff. de reg. Juris. L.* 42. *eod. tit.*) Suivant l'ancienne Jurisprudence du Royaume, plus conforme en cela aux vrais principes, la prescription de vingt ans n'avoit lieu que pour le Criminel, & l'action Civile pour raison des dommages & intérêts duroit trente ans. Mais les nouveaux Arrêts ont jugé le contraire, & ils ont décidé que l'action Civile se prescrivoit en même-tems que la Criminelle. (V. Louet *ibid.* Lettre C. n. 47.)

Dargentré sur cette question distingue, si l'Accusé a profité de quelque chose par son crime, v. g. si c'est un vol, &c. ou s'il n'a profité de rien. Dans le premier cas, il prétend que l'action Civile ne se prescrit pas en même-tems que la Criminelle, mais seulement dans le second cas. (V. Dargentré sur l'art. 274 de la Coutume de Bretagne verbo *action de crime* n. 6.) Cette distinction paroît fort judicieuse, & il semble qu'elle devroit être suivie.

Lorsque sur la demande à fin d'intérêts Civils il est intervenu un Jugement, qui en a prononcé la condamnation au profit de l'offensé ou de ses héritiers, soit que le Jugement ait été rendu par Contumace ou non, l'action ou contrainte pour raison des dommages & intérêts est prorogée à trente ans, à compter du jour du Jugement rendu, & ce tems ne court point contre les mineurs ; ce qui est fondé sur ce que la Sentence ou Arrêt de condamnation porte une nouvelle obligation contre la Partie condamnée, & que de cette obligation il naît une action personnelle qui dure trente ans, ainsi que toutes les autres.

§. IV.

De la Preuve en matiere Criminelle.

LEs preuves qui sont en usage en matiere Criminelle s'employent, où pour établir la vérité & l'existence du corps de Délit, ou pour constater l'auteur du crime, ou pour la défense de l'accusé. Les deux premieres ayant pour objet la conviction du Criminel, se font sur la poursuite de la Partie publique, ou des Parties civiles ; mais la derniere étant pour la juſtification de l'Accuſé, ſe fait ſur la pourſuite de cet Accuſé : quelquefois cependant elle eſt ordonnée d'office par les Juges.

Article Premier.

Des preuves qui s'emploient, tant pour conſtater le corps de Délit, que pour la conviction de l'Accuſé.

CEs preuves ſont de trois ſortes. La premiere, qui réſulte de la confeſſion de l'Accuſé.

La ſeconde, qui eſt fondée ſur la dépoſition des Témoins, ou ſur le rapport des Experts, qu'on appelle *preuve teſtimoniale*, ou *preuve par Experts*.

Et la troiſiéme, qui réſulte de l'examen des écrits & ſignatures, qu'on appelle *preuve littérale*, & qui, à proprement parler, eſt renfermée dans les deux autres ; ſçavoir, dans la premiere, quand l'acte qui renferme le Délit, eſt reconnu par l'Accuſé pour être écrit de ſa main ; & dans la ſeconde, quand il dénie ſa ſignature, & que ſur cette dénégation, il eſt prouvé par le rapport de Témoins qui l'ont vû ſigner, ou par celui d'Experts qui en font la comparaiſon avec d'autres actes, que cet écrit eſt de la main de l'Accuſé.

Outre ces trois genres de preuves, il y en a une autre particuliere qu'on appelle *preuve conjecturale*, qui conſiſte à conclure par des argumens l'exiſtence ou la vérité tité d'un fait, en conséquence de la liaison immédiate ou prochaine qu'il a avec d'autres faits connus. C'est une espece d'analyse morale que les Juges emploient, lorsqu'ils sont dans l'impossibilité de constater le fait par des dépositions de témoins du fait principal, & qu'ils ont la preuve d'autres faits qui conduisent à la connoissance de ce fait principal par la liaison qu'ils ont avec lui.

On peut appeller cette espece de preuve, *preuve indirecte*, à la différence de celle qui résulte de la confession de l'Acusé, ou de la déposition de Témoins ou rapport d'Experts, que l'on peut appeller *preuve directe*.

Quand il s'agit de constater le corps de Délit, on emploie aussi quelquefois un autre genre de preuve, qui est le transport du Juge sur les lieux où le crime a été commis, & le Procès-verbal que le Juge en dresse, fait à cet égard une preuve complette.

ARTICLE II.

Des preuves qui s'emploient en faveur de l'Accusé.

LEs preuves qui s'emploient pour la défense de l'Accusé, se font ou par titres ou par témoins: on se sert même quelquefois de la preuve conjecturale, comme dans le cas de *l'alibi*; mais la confession ou déclaration de l'Accusé ne peuvent jamais avoir ici lieu.

Toutes ces preuves s'emploient de la

b

même maniere que pour la conviction de l'Accusé, & il faut suivre à cet égard les mêmes regles: cependant on n'admet point ici indistinctement toutes sortes de témoins, & il dépend de la prudence du Juge de rejetter en cette occasion ceux qui lui paroissent suspects.

Les cas les plus ordinaires où l'Accusé emploie des preuves en sa faveur, sont 1°. Quand il s'agit de récuser des Juges ou des Experts. 2°. De proposer des reproches contre des Témoins. 3°. Quand l'Accusé allegue des faits justificatifs.

§. V.

Des peines qui sont en usage pour la punition des Crimes.

I.

LEs peines qui sont en usage en France pour la punition des Crimes peuvent être considérées, 1°. Par rapport à la personne de l'Accusé. 2°. Par rapport à son honneur & à sa réputation. 3°. Par rapport à ses biens.

1°. Celles qui regardent la personne de l'Accusé, se nomment *peines corporelles*; telles sont la mort naturelle, l'amputation de quelque membre, le fouet, la flétrissure & autres semblables. (Voyez ci-après le Commentaire titre 26. article 6. note 1.)

2°. Celles qui punissent l'Accusé dans son honneur & sa réputation seulement, sont l'amende honorable & le blâme.

3°. Celles qui l'affligent dans ses biens, sont la confiscation & l'amende pécuniaire.

On peut encore diviser les peines par rapport aux Accusés en *capitales*, *afflictives*, & *infamantes*.

Les peines *capitales* sont celles qui font perdre la vie, ou qui privent pour toujours de la liberté ou du droit de Citoyen. Telles sont la mort naturelle, le bannissement à perpétuité hors du Royaume, les Galeres perpétuelles, & la réclusion à perpétuité en un Hôpital ou Maison de force. Toutes les peines capitales sont aussi afflictives & infamantes, & emportent de droit la confiscation de biens, & la mort naturelle ou Civile.

Les peines *afflictives* & qui ne sont point capitales, sont la question, les Galeres à tems, le Fouet, la flétrissure, l'amende honorable, le bannissement à tems, & la réclusion à tems en une maison de force. (Voyez ci-après le Commentaire tit. 10. art. 19. note 1.) Toutes ces peines, à la réserve de la question, sont aussi infamantes.

Enfin les peines qui sont purement *infamantes*, sont le Carcan, le blâme & l'amende en matiere criminelle, quand elle est confirmée par Arrêt. (V. *ibidem* tit. 10 art. 19. note 2.)

II.

LEs peines considérées par rapport aux Juges sont, ou *légales*, ou fondées *sur l'usage*, ou *arbitraires*.

Les peines *légales* sont celles qui sont établies par les Loix du Royaume pour certains crimes; celles qui sont fondées *sur l'usage* sont presque uniformes dans tous les Tribunaux ; les peines *arbitraires* sont celles qui dépendent de la prudence du Juge, & qui s'infligent à proportion de la grandeur du crime.

Les peines qui sont en usage en France dans les Tribunaux ordinaires de Justice, sont la peine du *feu*, la *roüe*, la *potence*, la *tête tranchée*, la peine d'être traîné sur la *Claie*, la *question ordinaire ou extraordinaire*, le *bannissement perpétuel ou à tems*, le *poing coupé*, la *levre coupée*, la *langue coupée ou percée d'un fer chaud*, le *fouet*, la *flétrissure*, l'*amende honorable*, le *Pilori*, le *Carcan*, la *réclusion à tems ou à toujours en une Maison de force*, le *blâme* & l'*admonition*.

Outre ces peines, il y en a d'autres en usage dans les Tribunaux ou Conseils de Guerre, qu'on peut appeller pour cette raison *peines militaires*; comme sont l'*Estrapade*, la *condamnation à avoir la tête cassée*, celle de *passer par les baguettes*, d'être mis *sur un cheval de bois*, &c.

Il y en a aussi de particulieres pour la Marine ; comme de *faire donner la cale*, *mettre à la boucle*, &c. (Voyez l'Ordonnance de la Marine.)

L'Edit du mois de Mars 1685. concernant les esclaves de l'Amérique établit aussi des peines particulieres pour les esclaves, comme *d'avoir les oreilles coupées*, &c.

Les Juges d'Eglise infligent aussi des peines qui leur sont particulieres, & qu'on appelle *peines canoniques*; comme sont l'*excommunication*, la *dégradation des Ordres sacrés*, la *privation de bénéfice*, l'*interdic-*

tion ou suspension des fonctions Ecclésiastiques, le jeûne au pain & à l'eau, la censure, &c.

§. VI.

De la maniere de proportionner les peines aux crimes.

LA proportion des peines aux crimes dépend, 1°. De la qualité du Délit. 2°. De sa quantité. 3°. Des circonstances du tems, du lieu & de la maniere dont le crime est commis. 4°. De la personne qui le commet. 5°. De la disposition ou volonté du criminel. 6°. De la qualité de la personne offensée, ou des choses volées ou profanées. 7°. De l'évenement ou suite du crime. Suivant ces différentes considérations les crimes deviennent plus graves ou plus légers, & par conséquent ils doivent être punis d'une peine plus ou moins sévere.

1°. En ce qui regarde la qualité du crime en lui-même, il est constant que c'est principalement cette qualité qui fait la différence des grands crimes aux crimes simples, v. g. des assassinats aux injures, &c. & que les crimes suivant cette considération doivent être punis d'une peine plus ou moins rigoureuse.

2°. La quantité contribuë aussi à augmenter le délit. Ainsi c'est un plus grand crime de tuer trois personnes que d'en tuer une, de percer de plusieurs blessures que d'une seule, de voler une somme considérable qu'une somme légere, &c. (V. la Coutume de Bourgogne ch. 1. art. 5. celle de Nivernois ch. 1. art. 8. de Bourdeaux art. 107. & de Bretagne art. 628.)

3°. Les circonstances du tems, du lieu, & de la maniere dont le crime est commis, contribuent aussi à le rendre plus ou moins grave. Ainsi c'est un plus grand crime de voler dans un lieu Saint ou dans une maison Royale, que dans une maison particuliere. Un vol fait pendant la nuit est plus considérable que s'il étoit fait en plein jour. Un vol fait avec effraction ou à l'occasion d'un incendie ou d'une inondation, est plus qualifié qu'un vol simple. Un assassinat fait avec attroupement, port d'armes ou violence publique, est beaucoup plus grave, que s'il étoit fait sans ces circonstances. Une injure proferée en public & devant une assemblée nombreuse, est plus grande que si elle n'étoit proferée qu'en présence de quelques personnes, &c.

4°. La qualité de la personne qui commet le crime, contribue aussi beaucoup à en changer la nature. Ainsi un Juge qui exige de l'argent d'une de ses Parties, un Confesseur qui abuse de sa Pénitente même hors les fonctions de son ministere, un Geolier qui suborne la Prisonniere qui lui est confiée, un Tuteur qui abuse de sa Pupille, commettent un crime beaucoup plus considérable, que si c'étoient de simples Particuliers qui n'eussent point ces qualités.

Par la même raison les crimes commis par des vagabonds ou gens mal famés sont punis plus séverement, que s'ils étoient commis par des domiciliés, ou des personnes qui euſſent été juſques-là d'une réputation connuë ; & c'eſt en conséquence de cette maxime, que les premiers ſont jugés d'abord en dernier reſſort pour toutes ſortes de crimes, au lieu que les autres jouiſſent du bénéfice de l'appel, quoique pourſuivis pour les mêmes crimes.

5°. La diſpoſition ou volonté du Criminel eſt ce qui contribuë principalement à déterminer la nature du crime. Ainſi les crimes qui ſe commettent avec un deſſein prémédité, ſont beaucoup plus graves & doivent être punis d'une peine beaucoup plus ſévere, que s'ils étoient commis dans un emportement ou par imprudence.

Par la même raiſon, quand la volonté n'a point eu de part au crime, alors on ceſſe d'être Criminel. Ainſi les furieux, les enfans & les inſenſés, du moins ceux qui étoient tels au tems du crime commis, ne ſont point ſoumis aux peines attachées aux crimes ; & tel eſt l'uſage conſtant de toutes les Nations.

La néceſſité eſt auſſi une des excuſes les plus légitimes pour exempter de la peine dûe au délit. Ainſi un homme qui en tue un autre dans le cas d'une légitime défenſe, ne doit point être ſoumis à la peine de l'homicide, & il ſuffit qu'il obtienne des Lettres de grace du Prince, qu'on ne manque jamais de lui accorder en pareil cas.

Quelquefois même la crainte & la violence peuvent excuſer un crime, du moins pour faire diminuer la peine ; v. g. ſi on obligeoit quelqu'un le poignard à la main de donner du poison à une autre personne, &c. mais un ordre supérieur, comme celui d'un Maître à son Domestique, ou d'un pere à son fils, ne seroient pas suffisans pour excuser un crime que le serviteur ou le fils auroient commis en conséquence de ces ordres. Ils pourroient seulement servir dans des cas légers pour faire diminuer la peine. (V. la L. 157 ff. de Reg. juris.)

6°. La qualité de la personne offensée, ou des choses volées ou profanées, contribue aussi beaucoup à augmenter la qualité du crime. Ainsi une injure proferée ou un crime commis contre un Magistrat dans son Tribunal, ou contre un Prêtre dans les fonctions de son Ministere, celle d'un Domestique à l'égard de son Maître, sont des crimes graves qui méritent la peine la plus sévere.

Une injure qui donneroit atteinte à la réputation d'un Officier public, ou d'une femme d'honneur, devient aussi considérable; comme si on appelloit faussaire un Notaire, ou si l'on traitoit de prostituée une femme d'une vertu reconnuë. Une injure devient aussi d'autant plus grave, que la personne contre qui elle est proferée est plus élevée en dignité.

Les crimes à l'égard des choses sont aussi de différens degrés. Ainsi le vol d'une chose sacrée est plus grave que celui d'une chose profane; l'abus des Sacremens de la part d'un Prêtre, la séduction d'un Confesseur à l'égard de sa Pénitente dans les fonctions de son ministere, l'abus que fait le Magistrat de ses fonctions pour

Criminelle. xxxiij

commettre une injustice, rendent beaucoup plus criminel celui qui les commet. Une effraction faite à une Eglise ou à une Maison Royale, la profanation d'une chose sacrée, sont aussi de plus grands crimes que si cette effraction étoit faite à un lieu profane, &c.

7°. Les effets ou suites du crime peuvent aussi contribuer à augmenter ou à diminuer la peine qu'il mérite; & quoique ces suites ou effets ne changent rien à l'intention du Criminel, néanmoins on y a souvent égard. Ainsi de deux actions commises dans un emportement & dans les mêmes circonstances, si l'une est suivie de la mort de l'offensé, & que l'autre n'en soit pas suivie, la premiere sera punie plus séverement, & celui qui en est l'Auteur ne pourra éviter la peine de l'homicide, qu'en obtenant des Lettres de grace du Prince; au lieu que l'autre personne, qui avec la même intention n'aura pas tué, ne pourra être poursuivie pour homicide, & n'aura pas besoin de grace.

La raison de cette différence, est que dans ces sortes d'occasions il est difficile de juger du motif de l'action autrement que par l'événement; c'est pourquoi on ne peut gueres sans injustice supposer que le dessein de celui qui a commis l'action, ait été autre que l'événement & les circonstances le marquent: ainsi dans l'incertitude la présomption est du côté le plus favorable.

Mais lorsque le crime est nécessairement l'effet d'une détermination marquée, & d'un dessein prémédité, comme l'assassinat,

b v

le vol, le rapt, &c. l'intention seule manifestée par un Acte extérieur, quoique non suivie d'effet, suffit pour rendre coupable & mériter la peine dûe à ces crimes, parce qu'alors la présomption devient nécessaire, & que l'on ne peut jamais supposer que ces crimes ainsi commis ne soient pas l'effet d'une mauvaise volonté & d'une détermination absolue, sans renverser les Loix naturelles.

C'est pour cette raison, que dans le crime d'assassinat la seule machination ou attentat sont punis de mort, quoique l'effet s'en soit ensuivi. (Ordonnance de Blois art. 195.)

TITRE SECOND.

Des personnes qui sont préposées pour la punition des crimes.

CEs personnes sont les *Juges*, les *Procureurs du Roi* ou *Fiscaux*, & les *Ministres de la Justice*.

§. I.

Des Juges.

On peut considérer les Juges sous deux rapports principaux, 1°. Du côté de leur division; 2°. Du côté de leur compétence.

ARTICLE I.

De la Division des Juges en matière criminelle.

Les Juges peuvent être considérés, ou par rapport à leur qualité, ou par rapport à la nature des crimes dont ils peuvent connoître, ou par la nature des Jugemens qu'ils rendent.

Les Juges considérés par rapport à leur qualité peuvent être distingués, 1°. En Juges *Royaux* & en Juges *de Seigneur* ou *Subalternes* : les Juges *Royaux* sont ceux qui sont préposés par le Roi dans les Justices Royales ; les Juges de *Seigneur* sont ceux qui sont établis par les Seigneurs dans leur Justice. 2°. En Juges *Laïcs*, qui connoissent des Crimes commis par les Laïcs, même par des Ecclésiastiques, quand ces crimes troublent l'ordre public ; & en Juges *Ecclésiastiques*, qui connoissent seulement des Crimes commis par des Ecclésiastiques.

Par rapport à la nature des Crimes dont les Juges peuvent connoître, on peut les diviser en Juges *ordinaires* & en Juges *extraordinaires*.

Les Juges *ordinaires* sont ceux qui connoissent de toutes sortes de Crimes en général, excepté ceux dont la connoissance leur est nommément interdite. Tels sont les Juges de Seigneur, les Prevôts & Châtelains, les Lieutenans-Criminels, & les Chambres des Tournelles des Cours de Parlement.

Les Juges *extraordinaires* sont ceux qui ne peuvent juger que certains Crimes, dont la connoissance leur est attribuée par les Ordonnances du Royaume ; comme sont les Présidiaux, les Prevôts des Maréchaux & Lieutenans-Criminels de Robe-Courte, les Juges des Elections, Monnoyes & Gabelles, Intendans, Trésoriers de France, Chambres des Comptes, Cours des Aydes & des Monnoyes, Eaux & Forêts, Amirautés, Tables de Marbre, Conseils de Guerre, &c.

Enfin les Juges considérés par la nature des Jugemens qu'ils peuvent rendre, se divisent, 1°. En Juges de *premiere Instance*, comme sont les Juges de Seigneur, les Prévôts Royaux, les Officiers des Elections, Monnoyes, Gabelles, &c. & en *Juges d'Appel*, comme sont les Baillifs, & les Cours Souveraines. 2°. En Juges *à la charge de l'Appel*, comme sont les Juges de Seigneur, les Baillifs & Sénéchaux & Prévôts Royaux, les Juges des Elections, Monnoyes & Gabelles, les Officiaux, &c. & en *Juges en dernier Ressort*, comme sont les Présidiaux, les Prévôts des Maréchaux, Prévôts Généraux des Monnoyes, Lieutenans-Criminels de Robe-Courte, Parlemens, Cours des Aydes, & autres Cours Souveraines, Juges des Conseils de Guerre, &c.

Quelques-uns de ces Juges sont Juges de premiere instance en certains cas, & Juges d'Appel en d'autres, comme sont les Baillifs & Sénéchaux, qui peuvent connoître de l'Appel des Sentences Criminelles, lorsqu'elles ne prononcent aucune peine afflictive, & connoissent en premiere instance de tous les Crimes réputés cas Royaux.

Quelques Juges jugent en dernier ressort en certains cas, & à la charge de l'Appel en d'autres, comme les Prévôts des Maréchaux, & Juges Présidiaux, qui, quoique Juges en dernier ressort, ne connoissent néanmoins du crime de Duel qu'à la charge de l'Appel.

Enfin il y a des *Juges délegués*, qui connoissent de certaines affaires Criminelles en vertu de commissions qui leur attribuent cette connoissance, comme sont les Intendans, & autres Juges de Commissions extraordinaires. Quelquefois ces Commissions sont pour juger en dernier Ressort, & quelquefois à la charge de l'Appel; mais ordinairement c'est pour juger en dernier ressort.

ARTICLE II.

De la compétence des Juges en matiere Criminelle.

EN matiére criminelle, de même qu'en matiere civile, il faut deux choses pour régler la compétence d'un Juge: la premiere, que le crime ait été commis dans le ressort de la Jurisdiction du Juge; la seconde, que le crime soit de la nature de ceux dont le Juge peut connoître.

En géneral la connoissance des crimes appartient aux Juges des lieux où ils ont été commis; (*Ord. de 1670. tit. 1. art. 1.*) ce qui doit s'entendre de tous les Délits pour lesquels on se pourvoit en Justice par voie de plainte. (Voyez ci-après au Commentaire les Notes sur cet article 1.)

Le Juge du domicile de l'Accusé est aussi compétent pour en connoître jusqu'à ce que l'Accusé demande son renvoi; (*Ord. de Moulins art. 35.*) ce qui est porté aussi, quoique d'une maniere implicite, dans *l'art. de l'Ord. de 1670* qu'on vient de citer. (V. les Notes au Commentaire sur ce même article.)

Le crime d'être vagabond n'étant attaché à aucun lieu, c'est au Juge de la capture à en connoître. (Voyez *ibidem*.)

Cette regle, que la connoissance des crimes appartient aux Juges des lieux où ils ont été commis, reçoit plusieurs exceptions ; & ces exceptions sont fondées ou sur la *nature du crime*, ou sur la *qualité de l'Accusé*.

Celles qui sont fondées sur *la nature du crime* sont, 1°. Les *Cas Royaux*, dont la connoissance appartient aux Baillifs & Sénéchaux privativement à tous autres Juges, même aux Prévôts Royaux.

On entend par *Cas Royaux* tous ceux qui donnent atteinte à la Majesté Royale, soit dans sa personne ou celle de ses Officiers, soit dans ses droits, ses biens, ses fonctions & son autorité ; soit dans les choses ou personnes qui sont en la protection du Roi ; soit enfin dans tout ce qui peut troubler la sûreté publique, & la police du Royaume : une partie de ces cas est énoncée en *l'art. 11. du tit. 1. de l'Ord. de 1670*. (Voyez ci-après les Notes sur cet article.)

2°. Tous les Cas *Prévôtaux* ou *Présidiaux*, dont la connoissance appartient aux Présidiaux, aux Prévôts des Maréchaux, & aux Lieutenans-Criminels de Robe-Courte. Ces cas sont mentionnés en *l'art. 12. du même tit. 1. de l'Ord. de 1670*.

On a donné le nom de cas Prévôtaux ou Présidiaux aux crimes qui exigent une punition prompte, & qu'il seroit dangereux de différer, ou qui sont indignes de la faveur de l'Appel, ou qui sont commis par des personnes viles & méprisables.

3°. Tous les crimes qui concernent les droits du Roi, la Marine, les Eaux & Forêts, &c. (*V. les Ordonnances rendues sur ces matiéres.*)

Les exceptions fondées sur la *qualité de l'Accusé* regardent les Nobles, les Ecclésiastiques, les Juges & quelques autres personnes. (*V. les art.* 10. 13. 21 *&* 22 *de l'Ord. de* 1670.)

Il faut aussi observer, que les Seigneurs de Justice ne peuvent en matiére criminelle être poursuivis ni donner la plainte en la Justice dont ils sont Seigneurs; & ils doivent alors se pourvoir devant le Juge supérieur, à peine de nullité. Ainsi jugé par un grand nombre d'Arrêts.

Quoique les Ecclésiastiques, pour raison du Délit commun, ne puissent être naturellement poursuivis que devant l'Official, on peut néanmoins donner la plainte contr'eux devant le Juge ordinaire de leur domicile, sauf le renvoi, s'il est requis, devant le Juge d'Eglise.

Les Committimus n'ont point lieu en matiére criminelle. (*Ord. du mois d'Août* 1669. *tit. des Committimus art.* 1.) Il en faut excepter les Officiers des Eaux & Forêts, lesquels aux termes de *l'art.* 13. *du tit.* 1. *de l'Ord. des Eaux & Forêts du* 13 *Août* 1669. ont leurs causes commises au plus prochain Présidial de leur Ressort, tant en matiére Civile que Criminelle.

Il en est de même des Officiers de Maréchaussée. (*Déclar. du* 6 *Mai.* 1692.)

Mais ces privileges cessent, lorsque les Procureurs du Roi sont Parties. (*Ordon. du mois d'Août* 1669. *tit. des Committimus art.* 25.)

Il paroît même que les Ecoliers des Univerſités doivent jouir du privilége de ſcolarité en matiére criminelle, lorſque le crime dont ils ſont prévenus a été commis dans le lieu de la Juriſdiction du Conſervateur, & que ce Conſervateur a la Juriſdiction criminelle. Ainſi ſi un crime avoit été commis à Orleans par un Ecolier de Droit dans l'étenduë de la Juſtice de Ste. Croix, ce ſeroit au Bailliage Criminel, comme Juge de la conſervatoire, à en connoître, & non au Baillif de Sainte Croix.

Il y a des crimes dont tous les Juges en général peuvent connoître. Tels ſont 1°. Les inſcriptions de faux incidentes aux affaires pendantes pardevant eux, & les rébellions commiſes à l'exécution de leurs Jugemens. (*Ord. de 1670. tit. 1. art. 20.*) Il en faut ſeulement excepter les Juges Conſuls, & les moyens & bas Juſticiers, leſquels n'en peuvent jamais connoître, (*ibid.*) à quoi il faut ajouter les Officiaux.

2°. Tous Juges Criminels connoiſſent des affaires civiles incidentes aux Procès Criminels pendants par devant eux. (*L. 3. C. de ordine judiciorum.*)

3°. Quand un Procès Criminel eſt civiliſé, c'eſt toujours le Juge qui civiliſe qui doit continuer à connoître de l'affaire; (*Edit du mois de Mai 1553. raporté par Joly.*) ce qui a depuis été jugé par un grand nombre d'Arrêts.

4°. Quoique la Police des Priſons appartienne aux Lieutenans-Généraux des Bailliages, néanmoins le crime de bris de priſon, l'évaſion des priſonniers, & les

Criminelle.

crimes commis par les prisonniers dans les prisons, sont de la compétence du Juge Criminel. (*Voyez l'art. 31. du Reglement de la Cour du 1. Septembre 1717.*)

Les principaux devoirs des Juges en matiére Criminelle, sont 1°. De procurer avec soin la punition de tous crimes & délits. 2°. De vaquer avant toutes choses à l'expédition des Procès Criminels. (*Ord. de 1670. tit. 25. art. 1.*) 3°. De vaquer en personne à l'instruction de ces Procès sans confier ce soin à des Greffiers; (*Ibid. tit. 3. art 2. & tit. 6. art. 9.*) & ils sont tenus des nullités qu'ils commettent dans ces sortes d'instructions. (*Ibid. tit. 15. art. 24.*)

§. II.

Des Procureurs du Roi ou Fiscaux.

ON a déja parlé ci-dessus des fonctions des Procureurs du Roi & Fiscaux en matiere criminelle, que l'on appelle à cet égard *Parties publiques*, & de la maniere dont ils doivent agir dans la poursuite des Procès Criminels. Voici quelques-uns des principaux devoirs qui les regardent. On en peut faire aussi l'application aux Promoteurs des Officialités & des autres Jurisdictions Ecclésiastiques.

1°. Ils doivent poursuivre exactement tous ceux qui sont prévenus de crimes capitaux, ou auxquels il échet de prononcer quelque peine afflictive, nonobstant toutes transactions & cessions de droits faites par les Parties. (Ord. de 1670. tit. 25. art. 19.)

2°. Ils doivent faire exécuter exactement les Decrets & Jugemens. (Ord. de 1535. ch. 2. art. 20.)

3°. Ils doivent visiter exactement leurs Prisons toutes les semaines. (Ord. de 1670. tit. 13. art. 35.) &c.

§. III.

Des Ministres de la Justice.

Les Ministres de la Justice en matiere criminelle sont les *Greffiers*, *Geoliers*, *Exempts & Archers de Maréchaussée & de Robe-Courte*, *Sergens*, & autres Exécuteurs de Justice.

Touchant les devoirs des *Greffiers*, voyez l'Ord. de 1670. tit. 1. art. 19. tit. 6. art. 15. tit. 13. art. 29. tit. 17. art. 27. &c.

Touchant ceux des *Geoliers*, voyez le titre 13. de la même Ordonnance.

A l'égard des *Exempts & Archers de Maréchaussée*, voyez ibidem tit. 2. art. 3. & 4. tit. 10. art. 15. & les autres Ordonnances, Edits & Déclarations qui les concernent.

Ceux des *Exempts & Archers de Robe-Courte*, *Sergens*, & autres Exécuteurs de Justice, se trouvent répandus dans plusieurs Ordonnances, Reglemens, & Arrêts de la Cour, dont il seroit trop long de faire ici l'énumeration.

TITRE TROISIÉME.

De la maniere d'instruire & de juger les Procès Criminels.

§. I.

De l'Instruction judiciaire.

ON peut procéder criminellement de deux manieres différentes, ou *d'Office*, ou *sur plainte*.

L'information *d'Office* est celle qui se fait par le Juge indépendamment d'aucune plainte. Elle n'a gueres lieu, que dans le cas de flagrant délit.

L'information *sur plainte* se fait, ou sur la plainte de la Partie privée, ou sur l'accusation de la Partie publique. Cette derniere est ordinairement précédée de dénonciation ; mais elle se fait aussi quelquefois sans dénonciation.

Comme tout l'objet de la procédure judiciaire en matiere criminelle se réduit à constater le délit, & à découvrir l'auteur du crime, pour lui infliger la peine qu'il mérite, de quelque maniere que l'on procéde, il ne faut jamais perdre ces deux points de vûë pendant tout le cours de l'instruction.

1°. L'ordre de la procédure demande que l'on constate d'abord l'existence ou corps du Délit ; car si le crime n'est constant, il est inutile d'en chercher l'Auteur.

Le corps de Délit se constate, ou par Experts, ou par le transport & examen du Juge, quelquefois aussi par la déposition des témoins, mais rarement par la confession de l'Accusé, si ce n'est dans le cas où l'on ne peut le prouver d'une autre maniére.

2°. L'information pour découvrir l'auteur du crime se fait ordinairement par témoins, & quelquefois par comparaison d'écritures; mais ces informations sont inutiles, lorsqu'on a une preuve suffisante par les interrogatoires de l'Accusé. (*V. l'art. 5. tit. 25. de l'Ord. de 1670.*)

Les témoins doivent être administrés par les Procureurs du Roi ou des Seigneurs, & aussi par les Parties civiles. (*Ord. de 1670. tit. 6. art. 1.*)

3°. Si l'on ne trouve pas de témoins suffisans, on emploie quelquefois la voie des Lettres Monitoires. (*V. le tit. 7. de la même Ordonn.*)

4°. Lorsque le Juge ne trouve, ni témoins, ni indices contre l'Accusé, il est inutile qu'il continue la procédure; mais s'il y a contre lui un commencement de preuve, alors il doit le faire comparoître en Justice & le constituer prisonnier, quand le crime est grave, & mérite une peine corporelle ou afflictive; ou le décreter d'ajournement personnel ou d'assigné pour être oui, si le crime est moindre; le tout suivant la qualité des preuves & des personnes. (*Ord. de 1670. tit. 10. art. 1.*) Tous ces decrets doivent être rendus sur les conclusions des Procureurs du Roi ou Fiscaux.

Criminelle.

5°. L'Accusé étant arrêté, ou cité en Justice, il faut l'interroger pour sçavoir s'il a commis le crime dont il est accusé, & pour tirer de lui la vérité ; ce qui est d'autant plus juste, que dans cet interrogatoire il peut opposer des défenses & des exceptions légitimes sur l'accusation intentée contre lui.

6°. Il arrive quelquefois que l'Accusé qu'on veut arrêter prisonnier, ne se trouve point chez lui & disparoit, ou qu'étant ajourné, il refuse de comparoître en Justice ; alors on saisit & annote ses biens, & l'on instruit contre lui la contumace, comme il sera dit ci-après n. 16.

7°. Souvent l'Accusé cité en Justice est dans l'impuissance de se représenter, comme lorsqu'il est absent d'une absence nécessaire, ou qu'il est malade, & qu'il ne peut se mettre en voyage sans péril de sa vie : il faut alors qu'il propose ses exoines, & si elles se trouvent légitimes, le Juge donne un délai raisonnable à l'Accusé pour se représenter.

8°. Lorsque l'Accusé doit être jugé en dernier ressort, il faut avant de passer au Reglement, à l'extraordinaire & au Jugement du fond, commencer par faire juger sa compétence, c'est-à-dire, faire juger si le crime & l'Accusé sont de nature à être jugés en dernier Ressort, ou seulement à la charge de l'Appel.

9. Si l'Accusé interrogé convient de tout, on ne laisse pas d'achever la recherche des preuves qui peuvent résulter des dépositions des Témoins, s'il y en a : souvent même le Juge peut & doit condam-

ner l'Accusé sur sa simple confession, & sans qu'il soit nécessaire de passer à plus ample instruction, ni de faire entendre des témoins, suivant l'article 5 du tit. 25. ci-dessus cité. Mais si l'Accusé dénie, il faut nécessairement achever l'instruction.

10°. Quelquefois la peine du crime dépend d'Actes écrits ou signés de la main de l'Accusé, qu'il refuse de reconnoître : il faut en ce cas les faire vérifier, & procéder par Experts à la reconnoissance de ces Actes. (*V. le Titre 8. de l'Ord. de 1670.*)

11°. Il n'est pas nécessaire que la preuve soit complette, pour pouvoir prononcer au profit de la Partie civile une Sentence de provision ; il suffit alors d'un commencement de preuve. Cette maxime est générale dans tous les cas qui requierent célerité.

12°. Lorsque l'accusation ne mérite pas d'être instruite, les Juges peuvent juger l'affaire en l'état où elle se trouve, sans qu'il soit besoin de passer au Reglement à l'extraordinaire, c'est-à-dire, au récolement & à la confrontation des Témoins ; & s'il n'y a aucune preuve contre l'Accusé, ou qu'il n'y ait pas lieu à l'action criminelle, il faudra ou le renvoyer absous, ou convertir le Procès Criminel en Procès Civil ou ordinaire.

13°. Mais si l'accusation est grave, & que l'affaire soit de nature à être jugée par la voie du Reglement à l'extraordinaire, le Juge doit ordonner que les témoins entendus en déposition, & ceux qui pourront être entendus dans la suite, seront récollés, & si besoin est, confrontés à l'Accusé. Car il peut se faire que les témoins, ou se rétractent, ou changent quelque chose à leurs dépositions; ce qui peut aller ou à la décharge ou à la conviction de l'Accusé : or le bien de la Justice demande, surtout dans les grands crimes, que l'on prenne toutes les précautions nécessaires pour découvrir la vérité.

Les témoins qui font charge contre l'Accusé, doivent nécessairement lui être confrontés, pour pouvoir former une preuve contre lui; (*Ord. de* 1670. *tit.* 15. *art.* 8.) car la confrontation est la voie la plus naturelle à l'Accusé pour se défendre, & pour justifier son innocence. (*V. l'art.* 22. *du même titre.*)

14°. Lorsqu'on ne peut avoir une preuve complette contre un Accusé, & qu'il s'agit d'un crime qui est constant & qui mérite peine de mort, on peut ordonner, avant de faire droit, que l'Accusé sera appliqué à la question, pour sçavoir de lui la vérité, si d'ailleurs la preuve est considérable; ce qui s'ordonne aussi quelquefois à l'égard des Accusés condamnés à mort, pour avoir révelation de leurs complices. (*Ord. de* 1670. *tit.* 19. *art.* 1.)

15°. S'il est juste d'employer tous les moyens par lesquels on peut parvenir à faire la preuve du crime contre un Accusé, il est juste aussi de lui accorder ses moyens de défense. Il peut en proposer de plusieurs sortes; sçavoir, 1°. Contre la compétence du Juge, en déclinant sa Jurisdiction, s'il a connu du crime mal-à-propos. 2°. Contre la personne même du Juge, ou contre des Experts, s'il a contr'eux des causes de de récusation. 3°. Contre les témoins, s'il a des reproches valables. 4°. En proposant ses faits justificatifs, & offrant de les prouver. 5°. Enfin en employant les défenses de Droit, comme si le crime est prescrit, s'il a des Lettres de grace ou de pardon, &c.

Toutes ces défenses peuvent être proposées, non-seulement par les interrogatoires & à la confrontation, mais encore par des Requêtes particuliéres. (*Ord. de 1670 tit. 23. art. 3.*)

16°. Quand l'Accusé ne comparoît pas sur le Decret qui est décerné contre lui, sans apporter d'excuses valables de son défaut de comparution, alors on instruit contre lui la Contumace ; ce qui se fait par une procédure particuliere. 1°. Si l'Accusé est seulement décreté d'assigné pour être oui ou d'ajournement personnel, on convertit les Décrets, & on le décrete de prise de corps. (*Ord. de 1670. tit. 19. art. 3 & 4.*) 2°. En vertu du Décret de prise de corps on fait perquisition de sa personne, & si on ne le trouve point, on l'assigne à quinzaine, & ensuite à huitaine. (*Même Ord. tit. 17. art. 1. 2. & 3.*) 3°. On ordonne ensuite sur les conclusions de la Partie publique que les témoins seront récolés & confrontés, & que le récolement vaudra confrontation. (*Ibidem art. 13.*)

17°. Il arrive quelquefois que l'Accusé s'évade de prison avant ou depuis le Reglement à l'extraordinaire ; il peut arriver aussi qu'après s'être évadé ou avoir été en contumace, il vienne ensuite à se repré-

Dans tous ces cas il faut une procédure particuliere, qui est marquée par l'Ordonnance (*tit.* 17. *art.* 24 & 26.)

10. Enfin quand le Procès est instruit, il faut le communiquer au Procureur du Roi, ou Fiscal, qui doit donner ses Conclusions définitives, après quoi on passe au Jugement du Procès, lors duquel on doit interroger de nouveau l'Accusé, s'il n'est Contumax.

§ II.

Des Jugemens, & de leur exécution.

LEs Jugemens sont, ou *préparatoires & interlocutoires*; comme les Jugemens de compétence, les Arrêts ou Sentences de provision rendues sur récusation des Juges, les Jugemens ou Sentences qui condamnent à la question préparatoire, les Jugemens portant qu'il en sera plus amplement informé, &c. ou *définitifs*; comme sont ceux qui prononcent définitivement sur la condamnation ou absolution de l'Accusé.

La premiere attention du Juge, avant de rendre son Jugement, est d'examiner si la preuve du corps de Délit & celle du Crime sont constantes. Il doit pour cela apporter toutes les considérations nécessaires, soit dans l'examen des Procès-verbaux, ou rapports des Experts qui constatent le Délit, surtout quand ces Procès-verbaux different dans des circonstances essentielles, ou qui se détruisent; soit dans la déposition des Témoins qui diffèrent, ou se contrarient, ou qui se sont rétractés; soit dans les interrogatoires de l'Accusé, suivant qu'ils sont uniformes, ou qu'ils varient & se contredisent; soit enfin dans l'examen des différens indices ou présomptions du Procès, tant ceux qui établissent la conviction de l'Accusé, que ceux qui vont à sa décharge.

La seconde attention nécessaire au Juge, est de prononcer une peine qui soit dans une juste proportion avec le crime: car c'est en cela principalement que consiste l'équité & la prudence des Juges; c'est-là cette balance qui est comme l'ame de la Justice, & qui en fait le principal attribut.

Lorsque les Jugemens ont été prononcés, il faut procéder sur le champ à leur exécution, s'ils sont de nature à n'être pas suspendus par la voie de l'Appel, comme sont les Jugemens de contumace, & toutes les Sentences ou Arrêts rendus en dernier ressort. Les Jugemens de contumace s'exécutent par effigie, ou sont écrits dans un Tableau, & quelquefois se signifient simplement. (*Ord. de 1670. tit. 17. art. 16.*) A l'égard des Jugemens en dernier Ressort, l'exécution en est quelquefois suspendue & différée, comme si une femme condamnée à mort déclare qu'elle est grosse, &c. (*V. les art. 21. & 23. du tit. 25. de l'Ord. de 1670.*)

Mais quand il y a Appel du Jugement, ou que l'Appel est de droit, alors il faut surseoir à l'exécution de la peine, excepté quand elle n'est que pécuniaire, & qu'il

Criminelle.

ne s'agit que d'une certaine somme, suivant *l'art. 6. du tit. 25. de l'Ord. de 1670.* auquel cas elle s'exécute par provision.

§. III.

De la maniere dont on peut se pourvoir contre les Jugemens.

IL y a plusieurs maniéres de se pourvoir contre les Arrêts & Sentences renduës en matiére Criminelle.

1°. Si la Sentence n'est pas en dernier ressort, la premiere & la plus simple est d'en interjetter Appel : cet Appel est même de droit, quand la peine prononcée par la Sentence est corporelle, de Galeres à perpétuité ou d'amende honorable, suivant *l'art. 6. du tit. 26. de l'Ord. de 1670.*

L'effet de cet Appel par rapport au jugement définitif, est de suspendre & arrêter l'exécution du Jugement, excepté dans le cas de *l'art. 6. du tit. 25.* dont on vient de parler.

Mais à l'égard des décrets & de tous Jugemens d'instruction, l'Appel n'en suspend point l'exécution, & les Juges peuvent dans tous ces cas passer au Jugement définitif. (*Ord. de 1670. tit. 26. art. 3.*) Il n'y a alors d'autre voie que d'obtenir des défenses devant le Juge supérieur, lesquelles ne peuvent se donner qu'en de certains cas. (*V. l'art. 9. du tit. 7. l'art. 8. du tit. 12. & l'art. 4. du tit. 26. de la même Ordonnance.*)

2°. Si le Jugement est rendu en dernier

ressort, on peut encore en empêcher l'effet, en obtenant des *Lettres d'abolition* qui éteignent la peine düe au crime, ou en obtenant des *Lettres de rappel de ban, ou de commutation de peine*, qui font cesser la peine, ou la changent en une moindre. (*V. le tit.* 16. *de la même Ordonnance.*)

Il y a même des cas, où il n'est pas nécessaire de recourir à l'autorité du Souverain, & où l'on peut se pourvoir par *Requête civile* contre un jugement rendu en dernier ressort en matière criminelle, ce qui se fait pardevant les mêmes Juges qui ont rendu le jugement; on se pourvoit aussi devant les mêmes Juges, quand il s'agit de *purger la mémoire d'un défunt* condamné par contumace, & mort dans les cinq ans, & même après les cinq ans, que l'on prétend avoir été condamné injustement. (*V. la même Ordonnance tit.* 27.)

Enfin au défaut de tous ces moyens, on peut obtenir du Roi des *Lettres de révision de Procès*, ou en *cassation d'Arrêt*. (*V. l'Ord. de* 1670. *tit.* 16. & *le nouveau Reglement du Conseil du* 28 *Juin* 1738. *partie* 1. *tit.* 4. & *tit.* 7.)

§. IV.

De quelques procédures criminelles particulières.

LEs procédures dont on vient de parler, s'emploient dans l'instruction de tous les crimes en général; mais outre ces regles, il y en a encore quelques-unes

Criminelle. liij

qui font particulieres à l'égard de *certaines personnes*, & pour *certains crimes*.

Celles qui font particulieres à *certaines personnes*, regardent 1. Les Eccléfiaftiques, lorfqu'il s'agit d'inftruire contr'eux un crime, tant pour le Délit commun, que pour le Cas privilegié.

2. Les Communautés, Villes & Bourgs, Corps & Compagnies.

3. Les cadavres, & la mémoire de perfonnes défuntes.

4. Les fourds & muets, & ceux qui refufent de répondre.

5. Les filles de mauvaife vie, &c. (*V. les tit.* 18. 21. *&* 22. *de l'Ord. de* 1670. *L'Edit du mois de Février* 1678. *& la Déclar. du* 26 *Juillet* 1713.)

Celles qui font particulieres à *certains crimes*, regardent les infcriptions de faux, les crimes commis en la préfence des Juges faifant leurs fonctions dans leurs Tribunaux, &c. (*V. le tit.* 9. *de l'Ord. de* 1670. *& l'Ord. du mois de Juillet* 1737.)

Enfin il y en a de particulieres à *certains Juges*, comme les Prévôts des Maréchaux, & Lieutenans - Criminels de Robe-Courte. (*V. le tit.* 2. *de l'Ord. de* 1670.)

COMMENTAIRE

COMMENTAIRE
SUR L'ORDONNANCE
CRIMINELLE
Du mois d'Août 1670.

TITRE PREMIER.
De la Compétence des Juges.

ARTICLE PREMIER.

1. *Es Crimes.*) C'est-à-dire, de tous délits pour lesquels on peut rendre plainte en Justice, soit qu'ils soient graves ou légers ; & en général de toute action qui peut être poursuivie criminellement.

2. *Appartient.*) Par prévention, non par exclusion. L'effet de cette

prévention est de donner au Juge du lieu du délit le droit de requérir le renvoi de l'affaire à tout autre Juge qui en seroit saisi, & qui d'ailleurs en pourroit connoître sans cette révendication; par exemple, au Juge du domicile, ou à celui de la capture dans le cas où ce dernier peut en être Juge. (Voyez ce qui est dit ci-après en la Note 6 de cet Article, page 12.)

Mais si le crime, pour lequel le Juge du lieu où il a été commis voudroit revendiquer, faisoit partie & étoit incident à une accusation principale, dont le Juge du domicile ou de la capture de l'Accusé auroient auparavant informé, en ce cas ces derniers ne seroient pas tenus de déférer au renvoi requis par le Juge du lieu du délit. (Voyez ce qui est dit ci-après en la Note 5. page 7.)

3. *Aux Juges.*) Cela s'entend des Juges ordinaires, comme sont les Juges de Seigneur, Prevôts, Vicomtes, Châtelains, Viguiers, & autres qui ont la connoissance du Criminel; mais non des Juges extraordinaires, comme sont les Lieutenans de Police, &c. si ce n'est dans quelques cas dont la connoissance leur est attribuée, ni des

Juges qui n'ont la connoissance que du Civil. Et c'est par cette même raison que les Lieutenans-Civils des Bailliages & Sénéchaussées n'ont pas la connoissance des délits qui se commettent dans les prisons, quoiqu'ils ayent la connoissance de la police de ces mêmes prisons, suivant l'Article 31 de l'Arrêt du premier Septembre 1717, servant de Réglement pour les Prisons du Ressort du Parlément de Paris.

Il faut aussi observer qu'un crime de Duel commis dans l'enceinte, ou aux environs des Villes où il y a des Parlemens, c'est à ces Cours à en connoître à l'exclusion de tous autres Juges. (Déclaration du 30 Décembre 1679, sur les Duels.)

Cette regle, que la connoissance des crimes appartient aux Juges des lieux où ils ont été commis, reçoit néanmoins quelques exceptions qui sont fondées, ou sur la qualité du crime, ou sur celle de l'Accusé.

Ainsi, par la qualité du crime, il y a des délits dont la connoissance est attribuée à certains Juges, comme sont :

1°. Les cas Royaux, dont la connoissance appartient aux Baillis & Sénéchaux, à l'exclusion de tous autres Juges. (*Infrà* tit. 1. art. 11.)

2°. Les délits purement Ecclésiastiques, dont la connoissance appartient aux Juges d'Eglise privativement à tous autres Juges.

3°. Les délits Militaires, qui sont de la compétence des Officiers de Guerre. (Voyez les Réglemens sur cette matiere.)

4°. Les crimes Maritimes, dont la connoissance est attribuée aux Officiers des Amirautés. (Ordonnance de la Marine du mois d'Août 1681, liv. 1. tit. 2. art. 10.)

5°. Les délits commis à l'occasion des droits du Roi, dont la connoissance est attribuée aux Elections, Officiers des Gabelles, Traites foraines, &c. (Ordonnance des Fermes du mois de Juillet 1681, titre dernier, art. 36. Ordonnance des Gabelles du mois de Mai 1680. tit. 17. art. 12. Ordonnance des cinq grosses Fermes du mois de Février 1687. tit. 12. art. 1.)

6°. Ceux incidens au fait des Forêts, dont la connoissance appartient aux Officiers des Eaux & Forêts,

(Ordonnance des Eaux & Forêts du mois d'Avril 1669. tit. 1. art. 7.)

7°. Les délits & malversations commises par Officiers de Judicature dans leurs fonctions, qui sont toujours de la compétence de leurs Supérieurs, & non du Juge ordinaire du lieu du délit.

8°. Ceux commis par les Officiers de Maréchaussée dans leurs fonctions, qui sont de la compétence de la Connétablie. (Voyez les Réglemens concernant cette Jurisdiction.)

La qualité de l'Accusé forme une seconde exception à la regle ci-dessus établie. Ainsi,

1°. Les Ecclésiastiques pour raison du délit commun sont justiciables de l'Official, & ils peuvent demander leur renvoi devant lui, lors même qu'ils ont reconnu la Jurisdiction. L'Official peut aussi requérir ce renvoi en tout état de Cause.

2°. Les Nobles pour raison des crimes par eux commis, ne peuvent être justiciables des Prévôts & Châtelains Royaux. (*Infrà* article 10 de ce titre.)

3°. Il y a aussi des personnes privilégiées, qui ont leurs causes Criminelles commises devant certains Juges. Ainsi,

Les Officiers des Eaux & Forêts ont leurs Causes criminelles commises au plus prochain Présidial de leur Ressort. (Ordonnance des Eaux & Forêts de 1669. tit. 1. art. 13.)

Les Trésoriers de France ont leurs Causes commises au Grand Conseil. (Lettres Patentes du 10 Août 1628. Edit de Mai 1635.)

Les Huissiers au Châtelet de Paris, devant le Prevôt de cette Ville. (Edit du mois de Septembre 1672. Autre du mois d'Octobre 1712. art. 5.)

Au reste, tous ces priviléges n'ont lieu que de Particulier à Particulier, & non quand ils sont poursuivis à la Requête des Procureurs du Roi. (Ordonnance des Committimus du mois d'Août 1669. tit. 4. art. 25.)

4. *Des Lieu* .) Si on ignore l'endroit où le crime a été commis, & qu'il y ait à ce sujet conflit entre deux Juges voisins, ou s'il y a contestation sur le lieu de la Jurisdiction, il faut avant tout, que celui qui requiert le renvoi prouve que le crime a été commis en sa Jurisdiction, sinon celui qui a prévenu sera préféré. (Voyez la

Coutume de la Marche, chap. 3, art. 21, & celle d'Auvergne, titre des Renvois, art. 9.)

Si le délit est commis sur une rivière, c'est au Juge du lieu le plus proche adjacent à l'endroit où il a été commis, à en connoître. Il en est de même des noyés trouvés sur le rivage; c'est au Juge ordinaire de l'endroit où est trouvé le cadavre.

5. *Où ils auront été commis.*) Quand le crime est commis en deux Justices différentes, comme dans le cas de celui qui étant dans le territoire d'une Justice, tireroit un coup de fusil & tueroit une personne qui seroit dans une autre Jurisdiction, alors les deux Juges en peuvent connoître concurremment, & celui qui prévient est préféré.

Dans les crimes successifs, comme dans le crime de rapt, il semble que tous les Juges, tant celui de l'enlevement, que ceux des différens lieux par où passe le Ravisseur avec la personne ravie, sont en droit d'en connoître. (C'est ainsi que le déclare M. Pussort sur l'art. 1. du tit. 1 du Procés-verbal de l'Ordonnance Criminelle de 1670. pag. 6. *in fine.* Voyez là Loi 1. *in fine*, Cod. *de raptu virginum*.)

Cependant il paroît plus régulier (à ne considérer la compétence que du côté du lieu du délit) de dire que c'est au Juge du lieu de l'enlevement, ou du moins à celui du viol, ou de la séduction consommée, à connoître du crime, & non aux différens Juges des lieux par où le Ravisseur a passé. (C'est ainsi que le pense Farinacius *in Theoriâ Criminali*, *quæst*. 7. *n*. 45. Voyez aussi d'Argentré sur la Coutume de Bretagne, art. 12. note 2. num. 1.)

Dans les crimes commis successivement par deux ou plusieurs personnes, comme dans un mandat exécuté, la regle générale est, que c'est le Juge du lieu où le mandat reçoit son exécution, qui en doit connoître; par exemple, s'il se fait un complot dans un lieu pour tuer une personne dans un autre. Car alors il est vrai de dire, que le lieu du délit est celui où se fait l'homicide, & non celui où se fait le complot, puisque la déliberation ne fait pas le crime, & qu'elle marque seulement la volonté de le commettre; au lieu que la consommation du délit est l'exécution de la volonté qui attire tout ce qui précéde l'effet, & qui par conséquent rend non-seulement le Mandataire, mais encore le Mandant, sujets pour raison de ce délit à la Jurisdiction du lieu où il a été commis. Cependant on peut dire aussi, que le Juge du lieu où le complot a été formé en peut connoître, & c'est le sentiment de Farinacius à l'endroit qu'on vient de citer, quest. 7. n. 48. mais avec cette restriction, que si le Juge du lieu où le délit a été consommé requiert que les Accusés lui soient renvoyés, il faudra déferer à sa requisition, à cause de ce qui est dit en la fin de cet article 1.

Lorsque des Causes sont connexes, le Juge qui est saisi d'une affaire Criminelle peut connoître aussi des crimes ou délits qui y sont accessoires, *ne continentia causæ dividatur.* Ainsi,

1°. Le Juge qui connoît du crime d'un Accusé, peut aussi connoître incidemment des autres crimes de cet Accusé, quoique commis hors son Ressort, & quoique cet Accusé ait son domicile en une autre Jurisdiction; ce qui a lieu même dans le cas où le Juge du lieu du délit requéreroit que l'Accusé y fût renvoyé, pourvû qu'il n'y ait point eu ailleurs de plainte en Justice pour raison de ces autres crimes. (Coutume de Cambray, tit. 22. art. 3. ce qui résulte aussi de l'art. 23. du tit. 22. ci-après.) En effet il est convenable que les crimes ne soient point divisés : le Juge connoît mieux par ce moyen la vie de l'Accusé & quelles peines il mérite ; au lieu que si les accusations étoient divisées, chaque crime en particulier ne pourroit être puni avec la même sévérité, ni avec la juste proportion que mérite la mauvaise conduite de l'Accusé. (Voyez *infrà* les Notes sur l'art. 23. du tit. 2.)

Il faut cependant que le Juge soit d'ailleurs compétent pour connoître de ces autres crimes par la qualité du délit. Ainsi, si le Juge saisi de l'Accusé étoit un Juge de Seigneur, & que les nouvelles accusations formées contre cet Accusé fussent pour cas Royaux, dans ce cas il n'en pourroit connoître, & la connoissance du tout appartiendroit au Bailliage Supérieur du Juge qui a prévenu. (Argum. tiré de l'art. 17 de la Déclaration du 5 Février 1731.)

Il faut aussi observer, que dans le cas de Duel, le Juge qui en est saisi est en droit de se faire rapporter toutes les Procédures faites pour d'autres actions en d'autres Jurisdictions, qui se seroient passées entre les mêmes Parties & qui autoient rapport à celle du duel; & qu'à cet effet il doit être surcis à toutes ces autres Procédures pardevant les Juges qui les ont instruites, sauf à être renvoyées ensuite pardevant eux pour y être pourvû après le Jugement du Procès instruit pour raison du Duel. (Lettres d'ampliation du 30 Décembre 1679, rendues sur l'Edit des Duels du mois d'Août de la même année.)

2°. Le Juge qui connoît du crime d'un Accusé, connoît aussi de ses Complices; par exemple, le Juge qui connoît d'un vol, connoît aussi du recel, quoique commis hors son Ressort.

3°. Le Juge qui connoît d'une accusation, est aussi compétent pour connoître de l'accusation injuste, & punir le Calomniateur de l'Accusé. (Arrêt du 6 Septembre 1694, rapporté au Journal des Audiences, tome 5.) à la réserve des Prevôts des Maréchaux. (Arrêt du 15 Janvier 1724.)

Une troisiéme exception à la regle établie dans ce premier article, est le cas d'*Adultere*, où l'action du mari se doit donner devant le Juge du domicile de la femme, qui est le seul Juge compétent pour en connoître; ce qui est fondé sur ce que ce crime regarde personnellement le mari. Mais si la Partie publique intentoit cette action contre la femme, v. g. dans le cas de scandale & de débauche publique, ou dans le cas de connivence de la part du mari, alors ce seroit au Juge du lieu du délit à en avoir la connoissance.

Le faux incident & la rébellion aux Mandemens d'un Juge, sont aussi de la compétence du Juge qui a donné le Mandement, ou qui est saisi de l'affaire à laquelle le faux est incident. (Voyez *infrà* art. 20 de ce titre, avec les notes.)

6. *Si le renvoi en est requis.*) C'est-à-dire requis par le Juge du lieu du délit, non par l'Accusé, ce qu'indique assez ce mot *requis*, qui ne peut convenir qu'au renvoi demandé par le Juge. Cette conséquence d'ailleurs

résulte clairement des termes qui sont à la fin de cet Article, & de l'Article 6 de ce même Titre: car si le renvoi pouvoit être demandé par l'Accusé, les frais de ce renvoi & ceux du transport devroient être par lui payés, du moins quand il le peut, comme il est établi dans tous les cas où il se fait quelque Procédure en faveur de l'Accusé. (Voyez-en des exemples dans les articles 19. du tit. 17. & art. 7. du tit. 28. ci-après.)

En effet, il est évident que le droit attribué ici par l'Ordonnance aux Juges du lieu du délit, de connoître par prévention & préférablement à tous autres Juges des crimes commis en leur Ressort, n'a été introduit que par des motifs qui ne peuvent jamais regarder l'Accusé; sçavoir, 1°. Afin d'avoir plus facilement la preuve du crime, qui se fait & plus promptement, & à moins de frais sur les lieux. 2°. Parce que la tranquillité & l'ordre public ayant été troublés principalement dans l'endroit où le délit a été commis, & l'offense ayant été faite principalement aux Magistrats de ce lieu, ausquels la vengeance des crimes a été confiée, il est juste que ce soit à eux à en procurer la punition. 3°. Parce qu'il est de l'intérêt public que les crimes soient punis dans l'endroit où ils ont été commis, à cause de l'exemple, afin d'empêcher les autres de tomber dans de semblables crimes par la crainte d'un pareil châtiment. Or toutes ces raisons cessent à l'égard de l'Accusé, à qui au contraire cette facilité de preuve ne peut être que préjudiciable. C'est ainsi que le pense Farinacius, to. 1. tit. 1. qu. 7. *de Jurisdic. competente circa delicta.* En effet, toutes les fois que cet Auteur parle du cas où le renvoi doit être fait, soit par le Juge de la capture, ou du domicile de l'Accusé, au Juge du lieu du délit, il n'entend jamais parler que du renvoi qui est requis par le Juge qui en doit connoître, & non du cas où l'Accusé demanderoit son renvoi au Juge de la capture, ou au Juge du domicile qui a prévenu : d'où il suit que cet Auteur suppose, que dans tous ces différens cas le renvoi ne peut être demandé par l'Accusé, mais seulement par le Juge du lieu du délit. (Voyez le même Auteur *ibid.* qu. 7. n. 14 & 23. Julius Clarus, *lib.* 5. *sententiarum* §. *ult. quæst.* 38. n. 19. suppose la même chose. Voyez aussi Covarruvias *Pract. quæst. cap.* 11.)

Si le Juge est totalement incompétent pour connoître du crime, & qu'il ne soit Juge ni du lieu du délit, ni du domicile, ni de la capture, alors l'Accusé pourra demander son renvoi devant le Juge du lieu du délit, ou de son domicile. (C'est ainsi que pense d'Argentré, sur l'article 14 de la Coutume de Bretagne, note F.)

Le renvoi requis par le Juge du lieu du délit peut être par lui demandé en tout état de cause; mais si ce Juge du lieu du délit étoit d'un autre Royaume, il n'y auroit pas lieu au renvoi, pourvû que le Juge saisi fût d'ailleurs compétent, comme s'il étoit Juge du domicile de l'Accusé ou de la capture. (Voyez ce qui est dit ci-après pages 16 & 17. n°. 1 & 2.)

Il faut aussi observer, que si le crime est poursuivi civilement devant le Juge du domicile de l'Accusé, il n'y a pas lieu au renvoi, (Covarruvias *Pract. quæst. cap.* 11. n. 7. Julius Clarus, *lib.* 5. *sent.* ⸿. *ult. qu.* 38. *n.* 24.) à moins que l'Accusé ne fût aussi poursuivi criminellement pour le même crime devant le Juge du lieu du délit.

Ces mots, *si le renvoi en est requis?* prouvent évidemment qu'il y a des cas où d'autres Juges, que celui du délit, peuvent connoître des crimes commis. Ces Juges sont:

1°. Le Juge du domicile (Ordonnance de Moulins, art 35. Theveneau sur les Ordonnances, liv. 5. tit. 2. art. 1.) Il faut même observer à l'égard du Juge du domicile, qu'il peut connoître régulierement du délit non-seulement sur la plainte de la Partie offensée, mais encore d'office, ou sur l'accusation de la Partie publique. Car il est intéressant pour la république & les Magistrats préposés pour l'administration de la Justice, de purger la Province des Citoyens qui la deshonorent par leurs crimes, ou du moins de les punir de quelque peine exemplaire, de peur que ces mêmes crimes demeurant impunis, ceux qui les ont commis ne se portassent à en commettre encore de plus grands, & que leur exemple ne vint à corrompre les autres Citoyens. (C'est le sentiment de Farinacius, *Pract. crimin. to.* 1. *tit.* 1. *qu.* 7. *n.* 24. & de Covarruvias, *Pract. quæst. cap.* 11. *n.* 6.) Julius Clarus, après avoir agité amplement cette question, est aussi favorable à cette opinion. (Voyez Jul. Clar. ꝗ. *fin. Pract. quæst. qu.* 39. *n.* 4.)

C'est ce qui résulte aussi évidemment des termes mêmes du présent article, à cause de ces mots, *ou aux frais de la Partie Civile s'il y en a* : car il s'ensuit par une conséquence nécessaire, que n'y ayant point de Partie Civile, & le renvoi n'étant pas requis, le Juge du domicile peut connoître du crime même *per viam inquisitionis*, c'est-à-dire d'office, ou sur la plainte de la Partie publique.

Au reste, quand on parle du Juge du domicile de l'Accusé, cela doit toujours s'entendre du domicile qu'avoit l'Accusé au tems de la plainte ou demande donnée en Justice pour raison de ce délit, & non au tems où il a été commis. (D'Argentré sur la Coutume de Bretagne, note 1. n°. 1.)

2°. Le Juge de la capture de l'Accusé peut aussi connoître du délit quoique commis hors son Ressort, à l'égard de ceux qui n'ont point de domicile, comme sont les vagabonds & les gens sans aveu, qui n'ayant aucun domicile, sont par conséquent justiciables de tous Juges; (Theveneau sur les Ordonnances, liv. 5. tit. 2. art. 1. Jul. Clar. *lib.* 5. *sent. qu.* 39. *n.* 7. 8. 9. *& quæst.* 38. *n.* 19. note G. Farinacius, *Pract. crim. to.* 1. *qu.* 7. *n.* 13 *&* 25.) & le Juge de la capture en peut même connoître régulièrement d'office, ou sur la plainte de la Partie publique, de même que le Juge du domicile.

Il y a même un cas où le Juge de la capture, sans être Juge du domicile de l'Accusé, ni du lieu du délit, & quoique le crime ait été commis par un autre que par un vagabond, peut connoître du crime. C'est lorsqu'après avoir intimé au Juge du lieu du délit & à celui du domicile à ce qu'ils ayent à envoyer chercher l'Accusé, ces derniers refusent ou négligent de le faire; (Coutume de Bretagne art. 4.) ce qui n'a pas lieu cependant dans le cas où le Juge qui auroit arrêté l'Accusé, seroit entièrement incompétent pour connoître de ce crime par la nature du délit.

30. Le voleur peut aussi être poursuivi criminellement *in loco contrectationis*, c'est-à-dire dans le lieu où il est trouvé saisi de la chose volée, quoique d'ailleurs ce Juge ne soit Juge

des Juges. T IT. I.

ni du domicile de l'Accusé, ni du lieu du délit. (Theveneau sur les Ordonnances, liv. 5. tit. 2. art. 1. sur la fin. Arrêt du 13 Février 1671, au Journal du Palais tome 1. Farinacius *Pract. crim. to.* 1. *qu.* 7. *n.* 7.)

4°. Enfin tout Juge ordinaire qui a droit de Jurisdiction Criminelle, est compétent pour connoître du délit commis par un Accusé, quoique d'ailleurs il ne soit Juge ni du domicile de cet Accusé, ni du lieu du délit, pourvû que le Plaignant & l'Accusé y consentent; (Jul. Clar. *lib.* 5. *qu.* 42. *n.* 1 & 2. Farinacius tom. 1. quest. 7. n. 3 & 4.) & il peut même en connoître d'office *& per viam inquisitionis*, si l'Accusé y consent. (Jul. Clar. *ibid. qu.* 42. *n.* 3.) Mais il n'en peut connoître qu'à la charge du renvoi, dans le cas où le Juge du lieu du délit, ou du domicile de l'Accusé, viendroient à le revendiquer.

7. *Sinon à nos frais ou des Seigneurs.*) C'est-à-dire du Seigneur de la Jurisdiction qui en doit connoître. (Voyez *infrà* l'article 6 de ce titre.)

Article II.

1. *Ne pourra.*) Car quand on a une

fois reconnu une Jurisdiction, il n'est plus permis de la décliner. Au reste, cela ne s'entend que du cas où la plainte est rendue devant un Juge compétent, v. g. devant le Juge du domicile de l'Accusé, ou devant le Juge supérieur du lieu où le délit a été commis, ou devant celui de la capture : ou bien dans le cas où le Plaignant étant privilégié & ne se servant pas de son privilége, donne sa plainte devant le Juge du lieu du délit, ou autre Juge compétent, parce qu'au moyen de cette reconnoissance, le Plaignant semble renoncer à son privilége ; ce qui ne doit pas néanmoins s'entendre du cas de flagrant délit, où la nécessité obligeroit d'avoir recours à un Commissaire, ou autre Juge trouvé sur le lieu. (Ainsi jugé par Arrêt du 29 Août 1719, rendu toutes les Chambres assemblées au profit de M. ** Conseiller au Parlement de Paris, qui avoit rendu plainte devant un Commissaire du Châtelet dans un cas de flagrant délit, & qui cependant fut autorisé par cet Arrêt à porter l'affaire au Parlement, où elle fut jugée conformément aux Priviléges des Officiers de cette Cour.)

des Juges. TIT. I.

Si le Juge devant lequel la plainte est rendue étoit tout-à-fait incompétent, alors le Plaignant n'a d'autre voie que de se désister en payant tous les frais, & de donner une nouvelle plainte pardevant un autre Juge compétent; ce qui ne doit pas souffrir la moindre difficulté dans le cas où la plainte auroit été donnée par erreur devant le Juge incompétent.

ARTICLE III.

1. *Ne pourra aussi demander son renvoi.*) Il y a plusieurs cas où l'Accusé peut demander son renvoi; ce qui a lieu,

1°. S'il est privilégié, & qu'il soit poursuivi criminellement à la requête d'une Partie privée; alors il peut demander son renvoi pardevant le Juge de son Privilége.

2°. Si le Juge saisi de la connoissance du crime est totalement incompétent pour en connoître, alors l'Accusé peut demander son renvoi devant le Juge du lieu du délit, ou de son domicile. (Voyez ce qui a été dit ci-dessus sur l'art. 1. note 6. page 15.)

Mais dans le premier de ces deux cas, le renvoi ne peut plus être demandé par l'Accusé après qu'il a entendu la déposition d'un témoin à la confrontation, aux termes de cet article.

A l'égard des Accusés qui ne sont point privilégiés, ils ne peuvent jamais demander leur renvoi, si le Juge est d'ailleurs compétent, comme si l'Accusé est poursuivi devant le Juge de son domicile, &c. (Voyez ci-dessus la note 6. sur l'art. 1. page 12.)

De même si l'Accusé poursuivi devant un Juge Royal supérieur, demandoit son renvoi devant un Juge inférieur, même de Pairie, il ne doit point être écouté; (Arrêt du 15 Novembre 1554, rendu sur l'enregistrement de la Déclaration du 17 Juin de la même année. Autre Arrêt du 20 Novembre 1559, rapporté par Bacquet en son Traité des Droits de Justice, ch. 9. n. 4.) mais si c'étoit le Seigneur qui demandât le renvoi, il faudroit y déférer. (Voyez *ibidem.*)

Si le Juge devant lequel l'Accusé est traduit, étoit tout-à-fait incompétent, dans ce cas il paroît que l'Accusé est toujours à tems de demander son renvoi, parce qu'un Juge naturellement incompétent ne peut jamais devenir compétent.

2. *Lui aura été faite.*) C'est-à-dire volontairement écoutée par l'Accusé. Car cette audition volontaire de témoin est une reconnoissance de la Jurisdiction : or celui qui a une fois reconnu une Jurisdiction, ne peut plus la décliner, du moins si elle est compétente ; il en seroit autrement si l'Accusé avoit auparavant fait ses protestations par des raisons particuliéres d'incompétence.

Ce cas de déclinatoire peut aussi arriver, lorsque l'Accusé se présente après une Contumace instruite contre lui.

Article IV.

1. *Les premiers Juges.*) Ces termes font voir que la disposition portée par cet article, n'a pas lieu à l'égard des Juges d'appel, qui ne sont jamais tenus de renvoyer les Causes mêmes qui ne sont pas de leur compétence, lorsque l'affaire est dévolue par appel devant eux.

2. *De renvoyer.*) Le Juge qui fait l'instruction ne peut seul faire ce renvoi ; il faut que ce soit le Tribunal

entier. (Voyez ci-après tit. 14. art. 8. aux notes.)

3. *Qui ne sont de leur compétence.*) C'est-à-dire dont la connoissance est attribuée à d'autres Juges, quand même ces premiers Juges ne seroient pas d'ailleurs incompétens pour connoître de ces sortes de Procès. *A fortiori* s'ils n'ont pas caractère pour en connoître.

4. *Après qu'ils en auront été requis.*) Soit par l'Accusé, s'il est privilégié, soit par le Juge du lieu du délit. Ce renvoi peut être requis en tout état de cause par le Juge du lieu du délit, pourvû que ce soit avant le Jugement définitif.

Les Juges doivent faire droit sur le renvoi requis, sans forcer l'Accusé de subir interrogatoire avant que le déclinatoire ait été jugé; & faute d'y faire droit dans les trois jours, ils sont tenus des dommages & intérêts des Parties. (Arrêt de Réglement de la Cour du 10 Juillet 1665, rendu pour les Siéges du Ressort, art. 8.)

Lorsque le Juge saisi de l'affaire est entièrement incompétent pour en connoître, il n'est pas nécessaire qu'il soit requis; il doit renvoyer d'office.

ART.

Article V.

1. Les Grosses des informations.) Et non les minutes, qui doivent toujours rester au Greffe du Juge qui a informé. (Déclaration du 15 Juillet 1681, rendue pour le Parlement de Toulouse. Autre du trois Décembre audit an, rendue pour le Parlement de Dijon. Autre du 19 Juin 1691, rendue pour tout le Royaume, article 10.)

2. Seront portées.) Cela suppose que le Juge du Greffe duquel on veut retirer les charges & informations y consente : car si c'est dans le cas d'un conflit, il n'y a que la voie du compulsoire. (Voyez *infrà* tit. 16. art. 25. *in fine*.)

Article VI.

1. Et Procédures.) L'Ordonnance ne parle ici que des frais de translation du Prisonnier, & de ceux du port des charges & informations. A l'égard des frais faits pour la capture du Prisonnier, & autres faits avant sa translation, ils n'y sont point compris. (Déclaration du 26 Juin 1745, rendue pour le Parlement de Bourdeaux.) L'article 4 de cette Déclaration porte : » Que les frais de garde & nourriture » des Accusés arrêtés en vertu du Dé- » cret d'un Juge, faits jusqu'au jour » qu'ils auront été transférés des Pri- » sons de sa Jurisdiction en celles de » la Jurisdiction qui en doit connoî- » tre, sont à la charge de ce premier » Juge, ainsi que ceux de l'informa- » tion par lui faite. «

2. *S'il y en a.*) Ou si elle est insolvable. (*Infrà* tit. 25. art. 17.) Cette insolvabilité se constate par un Procès-verbal de carence, fait par l'Huissier chargé de la poursuite des exécutoires décernés contre les Parties Civiles, attesté par le Juge du lieu où se fait la poursuite. (Arrêt de Réglement du Parlement du 23 Août 1745.)

3. *Sinon par le Receveur de notre Domaine.*) Ces sortes de frais ne se prennent jamais sur l'Accusé : car il n'est pas juste que le Procès se fasse à ses dépens. (Ainsi jugé par Arrêt du 13 Mars 1603, & par un autre du 11 Février 1707.)

4. *De la Jurisdiction qui en devra connoître.*) C'est-à-dire, qui doit juger

le Procès & l'inſtruire en premiere Inſtance; car tous les frais de tranſlation du Priſonnier & de l'apport du Procès, même en cauſe d'appel, ſe payent par le Domaine du Seigneur de la Juſtice dont eſt appel, & où le Procès a été jugé, lorſqu'il n'y a point de Partie Civile.

Dans le cas de négligence ou de refus des Juges de Seigneur, ſi le Juge Royal vient à connoître de l'affaire par prévention ou autrement, les frais d'inſtruction du Procès Criminel doivent ſe payer par le Seigneur qui devoit connoître de l'affaire. (Ordonnance de Châteaubriant du mois d'Octobre 1565, art. 8. Arrêt du Conſeil du 12 Août 1710. Coutume de Cambray, tit. 22. art. 9.) Pourvû qu'il ne s'agiſſe point de cas Royaux, parce que les Juges de Seigneur n'en peuvent connoître, ſuivant l'article 11 ci-après, (même Arrêt de 1710.) ſi ce n'eſt pour informer & décreter. (*Infrà* art. 16.)

Les frais des compétences de Maréchauſſées dans le cas où le Prevôt des Maréchaux a été déclaré incompétent, ſe payent ſur le Domaine du Lieu où la compétence a été jugée.

Bij

De la Compétence.
(Arrêt du Conseil du 25 Mars 1685.)

5. *Qui en aura ordonné le renvoi.*)
Et non par le Juge qui doit connoître de l'affaire.

Article VII.

1. *N'auront aucune prévention entr'eux.*) Il y a deux sortes de préventions. 1°. La prévention parfaite qui se fait sans charge du renvoi. Telle est celle des Présidiaux & des Bailliages sur les Maréchaussées, dont il est parlé ci-après en l'article 15 de ce titre. (Voyez la Déclaration du 29 Mai 1702, & celle du 5 Février 1731, art. 9.)

On prétend aussi que la prévention des Juges laïcs (Royaux ou non) sur les Officiaux, est parfaite en matière de délit commun. (Arrêt du mois de Janvier 1605, rapporté par Forget, titre des personnes & choses Ecclésiastiques, sommaire 9. Autre Arrêt du 18 Novembre 1664, rapporté par Basnage sur la Coutume de Normandie, art. 1.)

2°. La prévention imparfaite, qui se fait à la charge du renvoi. Telle est celle du Juge du domicile de l'Accusé

des Juges. Tit. I.

ou de la capture, par rapport à celui du lieu du délit.

2. *Après le crime commis.*) La prévention après trois jours dont il est parlé dans cet article & le suivant, & de même celle de 24 heures dont il est parlé dans l'article 9, n'ont lieu que pour les crimes poursuivis d'office, ou à la requête de la Partie publique, & cette privation de la connoissance du délit est la punition de leur négligence ; mais à l'égard des crimes qui se poursuivent seulement par une Partie privée, la prévention du Juge supérieur n'a pas lieu, & le Juge inférieur est toujours en état de requérir le renvoi. (Ainsi jugé par Arrêt du 5 Juin 1659, rapporté au Journal des Audiences, tome 2.)

Quand le Juge supérieur informe avant les trois jours, le Juge inférieur est en droit de revendiquer ; mais il faut que cette revendication se fasse dans les trois jours, aux termes de cet article & du suivant, ou dans les 24 heures, aux termes de l'article 9 ; car autrement comment le Juge inférieur pourroit-il constater sa vigilance pendant ce tems ?

L'Accusé peut aussi demander son

renvoi, lorsque le Juge supérieur a prévenu avant le tems porté par cet article & les deux suivans ; mais il faut pour cela que ce soit de Juge de Seigneur à Juge de Seigneur, ou de Juge Royal à Juge inférieur. (Par Argument tiré de l'Arrêt du 15 Novembre 1554.)

Il y a des Coutumes, où la prévention des Baillis & Sénéchaux sur les Prevôts de leur Ressort est parfaite, & a lieu même avant les trois jours : telle est la Coutume d'Anjou, &c. Les Officiers du Présidial d'Angers ont été maintenus dans cette possession par Arrêt du 18 Avril 1741.

3. *N'ayent informé & décreté.*) Il ne suffit pas d'informer & de décreter pour acquérir la prévention ; mais il faut encore que le Décret soit exécuté, soit par sa signification (s'il s'agit d'un Décret d'ajournement personnel ou d'assigné pour être oui) soit par la capture, ou du moins par le Procès-verbal de perquisition de l'Accusé : car il n'y a, à proprement parler, que cette exécution qui établisse la vigilance du Juge. L'Edit du mois de Novembre 1554, art. 5. porte, *décreté & le Décret exécuté.* C'est aussi le sentiment

de Farinacius *in theoriâ crimin. to. 1. qu. 7. n. 60.* & il a été ainsi réglé par Arrêt du Conseil du 7 Septembre 1662, qui ordonne : « Qu'à l'avenir celui des Juges Royaux qui aura décrété & fait emprisonner un Délinquant, sera réputé avoir prévenu, quoiqu'il parût un Décret beaucoup antérieur à celui en vertu duquel l'Accusé auroit été emprisonné. »

Quelques Auteurs pensent aussi, qu'en cas de concurrence de Décrets signifiés & exécutés, le Juge qui est saisi de la personne de l'Accusé doit être préféré. (Voyez Farinacius *ibid. qu. 7. n. 53.* qui semble néanmoins restreindre cette préférence, dans le cas où les Juges qui ont décrété dépendent de Seigneuries différentes.)

En crime de Duel, celui des Juges à qui la connoissance en est attribuée par l'Edit des Duels du mois d'Août 1679, qui arrête le premier les Accusés, en connoît par préférence aux autres Juges. (Déclaration du 30 Décembre 1679, servant d'ampliation à cet Edit.)

Au reste, la prévention faite contre un Accusé n'est pas censée avoir lieu à l'égard des Complices de cet

Accusé. (Farinacius *ibid. qu.* 7. n°. 62.)

4. *Les Juges supérieurs.*) Les Présidiaux & les Bailliages, dans l'étendue desquels il y a des Siéges particuliers, ont aussi la prévention sur ces Siéges particuliers en cas de négligence des Officiers de ces Siéges. (Edit du mois de Novembre 1554, art. 5. Arrêt du Grand Conseil du 15 Juillet 1651, rendu pour le Présidial d'Orleans.)

Article VIII.

1. *Sur la fin de l'article.*) Voyez les notes sur l'article précédent.

Article IX.

1. *Baillis & Sénéchaux.*) Ces mots excluent la prévention de la part des Prevôts & Châtelains Royaux: car les Baillis & Sénéchaux Royaux sont les seuls Supérieurs immédiats des Juges de Seigneur en matiere Criminelle, quand même dans les affaires Civiles ces Juges ressortiroient aux Prevôtés.

Néanmoins il y a des Coutumes où

des Juges. T I T. I.

les Prevôts ont la prévention en matiere Criminelle sur les Juges de Seigneur de leur Ressort, comme à Tours, Mondidier, &c. (Arrêts du 22 Juin 1617, & 7 Juin 1679.)

2. *Ni à l'usage de notre Châtelet de Paris.*) L'usage dont il est parlé en cet article, est celui où étoient les Officiers du Châtelet de Paris, d'avoir la prévention sur les Seigneurs Hauts-Justiciers qui avoient leur Jurisdiction dans l'étendue de la Ville & Fauxbourgs de Paris; mais comme toutes ces Justices ont été réunies à celle du Châtelet par Edit du mois de Février 1674, cette partie de l'article ne paroît plus d'aucune utilité.

A R T I C L E X.

1. *Par des Gentilshommes.*) Et autres qui jouissent du Privilége de Noblesse, comme sont les Trésoriers, Sécretaires du Roi, &c. ce qui a lieu même dans le cas où un seul des Accusés est Noble ou Officier de Judicature. (Arrêt du 22 Juin 1651, rendu entre le Lieutenant-Criminel & le Prevôt d'Orleans.)

2. *Ou par des Officiers de Judica-*

ture.) Ces mots doivent s'entendre des Juges & des Avocats & Procureurs du Roi ou Fiscaux, non des Notaires, Greffiers, Procureurs & Sergens, qui ne sont que des Ministres inférieurs de Justice.

3. *La Jurisdiction des Seigneurs.*) Les Seigneurs peuvent connoître des délits commis par des Gentilshommes. (Déclaration du 24 Février 1536, rendue en interprétation de l'Edit de Cremieu.)

Article XI.

1. *Privativement.*) On peut douter si ce mot *privativement* ne s'entend que du pouvoir qu'ont les Baillis & Sénéchaux Royaux, de revendiquer en tout état de cause les affaires où il s'agit de cas mentionnés en cet article; ou s'il établit une incapacité absolue dans tous les autres Juges de pouvoir connoître des cas Royaux, ensorte qu'ils puissent seulement informer & décreter, mais non pas juger, ni même passer au Réglement à l'extraordinaire.

Il y a des Arrêts qui font défenses aux Juges de Seigneur de connoître

des Juges. T I T. I. 35
d'aucuns cas Royaux. (Arrêt du Parlement de Bretagne du 6 Octobre 1562, contre les Officiers de la Justice de S. Malo, rapporté par du Fail, liv. 1. ch. 45. Arrêt du Conseil du 9 Mars 1635, en faveur des Juges Royaux d'Usez, rapporté par Descorbiac, tit. 9. ch. 40.)

Voyez cependant une exception à cette regle *infrà*, art. 16. *in fine*, note derniére.

2. *Des Cas Royaux.*) Les cas Royaux en matiére Criminelle considérés en général, sont tous les crimes dans lesquels la Majesté du Prince, les Droits de sa Couronne, la Dignité de ses Officiers, & la sûreté publique dont il est le Protecteur, ont été violés. C'est la définition qu'en donne M. Talon, Avocat Général, dans le Procès-verbal de l'Ordonnance de 1670, sur cet article pag. 25.

3. *Le Crime de leze-Majesté en tous ses chefs.*) Tels sont tous les crimes commis contre l'Etat; (Chopin *de doman. lib. 2. tit. 6. n. 2.*) tous ceux qui attaquent la Personne ou la Majesté du Roi; les Libelles composés contre son service. (Arrêt du 16 Mars 1573, rendu pour le Comté de Laval.)

B vj

Au reste, cet article ne s'entend que du crime de léze-Majesté Humaine, & non de léze-Majesté Divine, comme est le blasphême, le sortilége, &c. dont les Juges même de Seigneur peuvent connoître. (Arrêts du 16 Décembre 1678, & 12 Mars 1588. Voyez Chopin *de doman. lib. 2. tit. 7. n. 20.* & Bacquet *des Droits de Justice*, chap. 11. n. 19.) Voyez aussi ci-après page 46 la note 12 sur cet art. au mot *Hérésie.*

4. *Sacrilége avec effraction.*) Le Sacrilége à proprement parler est, ou le vol d'une chose sacrée, ou le vol d'une chose, même profane, dans un lieu sacré.

Tout vol d'Eglise est Sacrilége, & s'il est accompagné d'effraction intérieure ou extérieure, il devient Cas Royal. (Procès-verbal de l'Ordonnance de 1670, tit. 1. art. 11. p. 27. Arrêt du 20 Mars 1743, rapporté par la Combe en son Traité des Matiéres Criminelles, troisiéme Edition, page 144. *in fine.*)

5. *Rébellion aux Mandemens émanés de Nous, ou de nos Officiers.*) Les Mandemens émanés du Roi sont ceux qui sont donnés par la personne même

du Roi, ou par les Sécretaires d'Etat de l'Ordre exprès de Sa Majesté.

Rébellion aux Mandemens des Officiers, & Rébellion à l'exécution de leurs Jugemens, ne sont point synonimes. *Mandement* est tout ordre ou commission émanée du Juge, v. g. un Décret de prise de corps, une injonction de faire une chose, &c. Recousse de Prisonnier est aussi une rébellion à un Mandement de Juge ; mais *la Rébellion à l'exécution d'un Jugement* est tout ce qui est fait pour empêcher l'exécution d'un Jugement par voie de fait. (Voyez *infrà* art. 20. note derniére.)

La Rébellion & l'excès fait à un Sergent Royal exécutant un Mandement du Juge, est un Cas Royal ; (Imbert en sa Pratique, liv. 3. ch. 6. n. 3. Ordonnance de Louis X. rapportée par Chopin *de doman. lib. 2. tit. 8.*) parce que c'est une espéce de crime de léze-Majesté, comme il est dit en l'art. 190. de l'Ordonnance de Blois.

6. *Ou de nos Officiers.*) Cela ne s'entend pas des Mandemens des Prevôts : car la Rébellion à leurs Mandemens, ainsi que celle faite à l'exécution de leurs Jugemens, est de la

compétence de ces Juges. (Ainsi jugé par Arrêt du 30 Juillet 1629, rapporté par Bardet, tom. 1. liv. 3. ch. 58. ce qui résulte aussi de l'article 20 ci-après, qui sert d'exception à celui-ci, & ne lui est point contraire.)

Sous le terme de *Rébellion aux Mandemens émanés des Officiers Royaux*, on doit comprendre les crimes commis contre les Officiers Royaux, ou injures à eux faites dans leurs fonctions ; (Arrêt du premier Juin 1556, pour Sens. Autre du 10 Décembre 1611, rendu pour Angers.) & aussi les injures, excès ou autres empêchemens commis en haine ou mépris d'un Jugement rendu par un Juge Royal, soit contre le Juge même ou contre ses Officiers. (Réglement du 5 Juil. 1499, rapporté par Chopin en son Traité *de Doman*. lib. 2. tit. 6. n. 1. Arrêt du 16 Mars 1573, rendu pour Laval. Autre Arrêt du 2 Mars 1574, rendu pour Montpellier. Voyez aussi Jul. Clar. *in Pract. crimin. quæst.* 35. n. 26. & Papon en ses Arrêts, liv. 6. tit. 2. n. 1. aux additions.)

Si l'excès est commis en haine ou mépris du Prevôt, c'est à lui à en connoître. (Arrêt du 10 Décembre 1611, pour Angers.) Voyez *infrà* l'article 20 de ce titre.

7. *La Police pour le Port-d'Armes.*) La Police pour le Port-d'Armes est quand quelqu'un est trouvé portant des armes défendues; ainsi le simple Port-d'Armes contre la disposition des Ordonnances qui le défendent à toutes personnes, excepté aux Gentilshommes & aux Officiers, est un Cas Royal, quoiqu'il ne soit point accompagné d'attroupement, ni de violence publique, & il est par conséquent de la compétence des Baillis & Sénéchaux. C'est à eux à poursuivre les Personnes qui portent l'épée contre la disposition des Ordonnances, & à leur faire leur Procès s'ils continuent à en porter, soit de jour, soit de nuit, contre ces défenses. (L'Edit de Cremieu, art. 10. met en général le Port-d'Armes au nombre de Cas Royaux.)

Sous le mot de *Port-d'Armes* sont compris non-seulement les fusils, pistolets & épées, mais encore les épieux, hallebardes, & bâtons ferrés. (Arrêt d'Angers de 1611. ci-dessus cité.)

8. *Assemblées illicites.*) Quoique faites sans Port-d'Armes, comme peuvent être aujourd'hui les Assem-

blées des Religionnaires pour l'exercice de leur Religion. La raison est, que toutes Assemblées illicites sont défendues, comme pouvant tendre à troubler le repos de l'État & de l'Église, & par conséquent c'est un Cas Royal.

9. *Séditions, Émotions populaires.*) Il en est de même de tout ce qui tend à les exciter, comme discours séditieux tenus dans des lieux publics, Prédications scandaleuses tendantes à sédition, &c. (Arrêt du Parlement de Bourdeaux du 30 Décembre 1606, contre le Cardinal de Sourdis.)

10. *Force publique.*) Pour bien entendre ces termes, il faut recourir aux titres *ad l. Juliam de vi publicâ* du code & du digeste.

La *force publique* est celle qui est commise ou avec armes, même par un seul homme, ou avec attroupement, même sans armes ; ainsi la force publique ne suppose point que la violence soit commise avec Port-d'Armes. En effet il suffit de comparer cet article avec l'article 12, qui met au nombre des Cas Prévôtaux les vols faits avec Port-d'Armes & violence publique ; d'où il suit que la violence publique ne renferme pas nécessairement le Port-d'Armes.

L'attroupement suppose un certain nombre de personnes, comme de quatre ou plus, ce qui dépend des circonstances & de la prudence du Juge. (Voyez l'Arrêt de Sens, & celui d'Angers ci-dessus cités. Voyez aussi la Déclaration du 18 Juillet 1724, art. 6.)

11. *Correction de nos Officiers, malversations par eux commises dans leurs Charges.*) Sous ce mot d'*Officiers Royaux* sont compris les Receveurs, Commissaires, Contrôleurs, Greffiers, Notaires, Procureurs, Huissiers, Sergens & autres Officiers Royaux. (Arrêt du 30 Juillet 1678, rendu pour Moulins.)

Ces mots *correction*, & *malversation*, ne sont point synonimes. *Correction* doit s'entendre, à proprement parler, de tout ce qui regarde les mœurs de ces Officiers, ou ce qu'ils ont omis de leur devoir dans les fonctions de leurs Charges, & de la peine qui se prononce contr'eux par forme de police *de plano*, *& sine formâ judicii*, par amende, prison, ou interdiction.

Malversation est tout crime commis

par un Officier dans les fonctions de sa Charge, & qui mérite d'être poursuivi extraordinairement; ainsi, aux termes de cet article, toute malversation commise par un Officier Royal dans les fonctions de son Office, est Cas Royal, & par conséquent de la compétence des Baillis & Sénéchaux. Mais cette regle souffre cependant quelques exceptions. Ainsi,

1°. Une malversation commise par un Officier de Judicature d'un Bailliage ou d'une Sénéchaussée Royale, même par un Avocat ou Procureur du Roi dans les fonctions de son Office, ne peut être jugée par les Officiers de la même Compagnie, & c'est au Parlement à en connoître. (Arrêt du Conseil du 15 Mars 1632, art. 13. rendu pour le Présidial de Toulouse, rapporté par Descorbiac, tit. 2. ch. 14. Arrêt de la Cour du 20 Février 1655. Autre du 17 Juin 1656, rendu pour Orleans. Autre Arrêt du 24 Février 1628 pour Angers, rapporté par Henris, tom. 2. liv. 2. quest. 6.)

2°. Les Officiers des Jurisdictions extraordinaires, quoique Royales, ne peuvent être jugés que par leurs Supérieurs pour crimes ou délits commis

des Juges. TIT. I.

dans leurs fonctions ; ainsi les Elûs & Officiers des Greniers à Sel, Contrôleurs, Receveurs des Aydes & Tailles, Juges des Traites, Maîtres des Ports & leurs Lieutenans, doivent être jugés par les Cours des Aydes. (Edit de Mars 1571, art. 6.)

Il en est de même des Juges & premiers Officiers des Eaux & Forêts, qui pour malversations par eux commises dans leurs fonctions, ne peuvent être jugés que par leurs Juges Supérieurs.

Mais si ce sont des Officiers inférieurs, ils sont de la compétence du Tribunal dont ils dépendent.

Ainsi les Juges des Eaux & Forêts ont la connoissance des malversations de leurs Officiers exécutant leurs Ordonnances ou Mandemens. (L'Ordonnance de 1515. art. 74. rapportée par Saint-Yon en sa Conférence, page 144, & par Rousseau en son Recueil de Réglemens concernant les Eaux & Forêts, pag. 100. porte que pour les cas des Forêts, les Sergens ne répondront devant nul autre Juge que devant les Maîtres des Forêts. Voyez aussi l'Ordonnance des Eaux & Forêts de 1669, tit. 3. des

Grands Maîtres, articles 4 & suivans jusqu'au 8. tit. 12 des Assises, art. 4 & tit. 32 des Peines, art. 5. 6. 18 & 26.)

De même les Juges des Traites connoissent des malversations de leurs Commis & Gardes. (Ordonnance des cinq Grosses Fermes du mois de Février 1687, tit. 12. art. 3.)

Et aussi les Elections & Greniers à Sel. (Ordonnance des Fermes du mois de Juillet 1681, tit. commun des Fermes, art. 36.)

Ainsi que les Juges des Amirautés. (Ordonnance de la Marine, liv. 1. tit. 2. art. 11.)

Il faut cependant observer, que quand il s'agit de malversations commises par des Huissiers ou Sergens en faisant des saisies & exécutions, quoiqu'en vertu de condamnations d'amendes, ou autres condamnations prononcées par des Juges extraordinaires, ils sont justiciables des Baillis Royaux.

3°. Dans le cas où l'Officier délinquant exécute les Mandemens d'un autre Juge que de celui dont il est inférieur, il semble que pour raison de la malversation par lui commise, il doit être jugé par le Juge dont le Mandement est émané. L'Ordonnance du mois d'Août 1560, rapportée en la Conférence des Ordonnances, tom. 1. liv. 7. tit. 6. §. 9. porte : » Que si les Huissiers, Sergens, ou autres Exécuteurs font ou commettent quelques abus ou malversations, les Juges des lieux où seront commis ces abus, en pourront informer, mais qu'ils enverront les informations pardevant les Juges qui auront ordonné lesdits Jugemens, pour procéder contre les Délinquans, sans que lesdits Juges qui auront informé, ni autres que ceux qui auront donné lesdits Jugemens, en puissent prendre connoissance, laquelle leur est interdite à peine de tous dépens, dommages & intérêts, &c. «

De même s'il s'agit de malversations commises par les Sergens Royaux des Prévôtés, & autres exécutant les Mandemens, Décrets & Ordonnances des Prevôts, les Prevôts en doivent connoître. (Arrêt du 30 Juillet 1629, rapporté par Bardet, tom. 1. liv. 3. ch. 58.) L'Arrêt du 10 Décembre 1611, rendu pour Angers,

& celui du 11 Février 1612, rendu pour Mehun-sur-Gèvre, portent aussi, que le Prevôt aura connoissance des abus & malversations commises par les Sergens exécutant les Actes passés sous le Scel de la Prévôté.

Cependant il paroît que cet article onze de l'Ordonnance a dérogé à ces Réglemens, puisque cet article s'exprime d'une façon générale, en établissant que les Baillis & Sénéchaux Royaux connoîtront, à l'exclusion de tous autres Juges, des malversations commises par Officiers Royaux dans les fonctions de leurs Offices.

Il n'y a que les Officiers qui en ont été exceptés par des Réglemens postérieurs, qui ne doivent point être compris dans cette regle : comme sont les Officiers inférieurs des Elections, Greniers à Sel, Traites, & autres qui ont la connoissance des Droits du Roi, les Sergens & Gardes des Forêts, & autres ci-dessus mentionnés.

12. *Crimes d'Hérésie.*) L'Hérésie est de la compétence du Juge d'Eglise, lorsqu'il s'agit de décider si une Doctrine est hérétique ou non. Mais lorsqu'il s'agit de punir des Héréti-

ques qui, sous prétexte de Religion, causent du trouble dans l'état, & contreviennent aux Ordonnances, soit en faisant des Assemblées, ou enseignant une Doctrine défendue, &c. alors c'est aux Juges laïcs à en connoître, & ce crime devient même un Cas Royal, dont la connoissance est attribuée aux Baillis & Sénéchaux Royaux.

Sous le crime d'*Hérésie* sont compris l'Idolâtrie, l'Athéisme, la Religion prétendue Réformée, ses Ministres & Prédicans, le crime de Relaps, &c.

Le Blasphême est aussi compris sous l'Hérésie, lorsqu'il marque un dessein formé de décrier la Religion. (Chopin *de Doman. lib.* 2. *tit.* 7. *n.* 20, qui rapporte un Arrêt du 31 Mars 1544, qui l'a ainsi jugé.)

Mais le Blasphême simple, quoique proféré en Public, n'est point Cas Royal. En effet, par les Ordonnances de 1347, du 14 Octobre 1460, & du 9 Mars 1510, les Juges de Seigneur sont chargés de punir les Blasphémateurs.

Le crime de Magie ou de Sortilége ne doit pas non plus être mis au nombre des Cas Royaux. (Ainsi jugé par Arrêt du 12 Mars 1588, rapporté par Guenois en ses Notes sur Imbert, liv. 1. ch. 23. n. 4. note K. Autre Arrêt du 8 Février 1653, rendu pour les Officiers de la Justice des Comtes de Lyon.)

13. *Trouble public fait au Service Divin.*) Ces mots ne s'entendent point d'une simple irréverence commise pendant l'Office, mais seulement lorsque cela va à faire abandonner ou interrompre le Service Divin, comme s'il arrivoit un meurtre dans une Eglise.

Sous ces mots, *Service Divin*, sont compris non-seulement les Offices, mais aussi les Prônes & Sermons.

14. *Rapt & enlevement des personnes par violence.*) Ainsi le Rapt sans violence n'est pas Cas Royal, comme il est observé dans le Procesverbal de l'Ordonnance sur cet article.

Le *Rapt de violence* comprend aussi le Viol simple sans enlevement, qui par conséquent est aussi Cas Royal. (Coutume de Tours, art. 55 & 59. & de Loudun ch. 4. art. 1.)

15. *Et autres Cas expliqués par nos*

des Juges. T I T. I. 49

nos Ordonnances.) Tels sont :

1°. L'infraction de Sauve-Garde. (Edit de Cremieu, art. 10. Arrêt du 16 Mars 1573, rendu pour le Comté de Laval. Autre du 10 Décembre 1611, rendu pour Angers. Autre du 5 Juin 1659, rendu pour Montdidier.) C'est une espece de rébellion aux Mandemens émanés de l'Autorité Royale.

2°. Les injures ou excès commis contre les Messagers Royaux, ou ceux que le Roi mande de venir vers lui, parce qu'ils sont en la Sauvegarde du Roi. (Arrêt de Laval. Chopin *de Doman. lib.* 2. *tit.* 6. *n.* 1. *& lib.* 2. *tit.* 7. *n.* 22. Arrêt de Montpensier ci-dessus cité. Loyseau, Traité des Seigneuries, ch. 14. n. 4. Imbert en sa Pratique, liv. 3. ch. 6. n. 4.)

3°. Le crime de Péculat. (Mêmes Arrêts pour Angers & pour Montdidier ci-dessus. Autre du premier Juin 1556. pour Sens.)

4°. Levée d'impôts sans Commission du Roi. (Ordonnance de Blois, art. 275 & 280.)

5°. La falsification du Scel Royal. (Chopin *de Doman. lib.* 2. *tit.* 6. *n.* 2 *&* 5.) Mais si la falsification

C

étoit du Scel Royal de la Prévôté, alors c'est au Prevôt & non au Bailli à en connoître. (Arrêt de Montdidier du 5 Juin 1659.)

6°. Tout transport d'or & d'argent hors le Royaume. (Même Arrêt de Montdidier.

7°. Trafic & commerce de marchandises défendues par les Ordonnances, soit aux Sujets du Roi, soit aux Etrangers. (Arrêt de Sens de 1556. Autre d'Angers de 1611. Autre de Montdidier de 1659.)

8°. Incendies de Villes Royales, démolition des murs & fortifications desdites Villes. (Mêmes Arrêts d'Angers, de Sens & de Montdidier.)

9°. Vol des deniers Patrimoniaux & d'Octrois desdites Villes. (Même Arrêt d'Angers.)

10°. Bris de Prison Royale. (Arrêt de Laval de 1573. Arrêt de Montpensier de 1574. Arrêt du Grand Conseil du 20 Décembre 1714, rapporté par Brillon, au mot *Bris-de-Prison*.)

11°. Infraction de Chemins Royaux. (Même Arrêt de Laval.)

12°. Usurpations des biens dépendans des Bénéfices. (Edit d'Amboise,

des Juges. Tit. I. 51
art. 7. Ordonnance de Blois, art. 47.
Edit de Melun, art. 30.)

13°. Tous excès & violences commises aux Bénéfices. (Edit de Chanteloup du mois de Mars 1545.)

14°. Crime de simonie contre les Laïcs qui en sont coupables ou participans. (Ordonnance de Blois, article 21.)

15. Mariages clandestins contre ceux qui les ont procurés, ou favorisés, ou y ont participé. (Edits de Février 1556, & de Mars 1697, articles 3 & 4. Déclaration du 15 Juin 1697.) Mais ces Ordonnances disent simplement que les Juges Royaux en doivent connoître, sans dire précisément les Baillis & Sénéchaux.

16. Diffamation de Mariages bien-famés. (Arrêt de Laval.) Néanmoins celui du 2 Mars 1574, rendu pour Montpensier, donne dans ce cas la concurrence aux Juges de Seigneur.

17°. Oppressions, exactions & violences commises par les Seigneurs & Gentilshommes à l'égard de leurs Sujets, pour raison de contributions, corvées ou autres exécutions semblables. (Ordonnance de Blois, art. 283 & 284. Ordonnance de 1629, art. 206.)

C ij

18°. Monopoles faits par conspiration avec attroupement, jusqu'au nombre de six ou plus. (Arrêt de Sens de 1556. Arrêt d'Angers de 1611.)

19°. Assassinat prémédité, ou meurtre de guet-à-pens. (Arrêt de Laval. Chopin *de Doman. lib.* 2. *tit.* 7. *n.* 13. qui rapporte à ce sujet une Ordonnance de Philippe Auguste. La Coutume de Tours, art. 55 & 59. & celle de Lodunois chap. 4. art. 1. en ont des dispositions expresses. Voyez aussi le Bret en son Traité de la Souveraineté, liv. 4. ch. 4.) Ce qui est fondé sur ce que ce crime tombe toujours dans le cas de la force publique.

Au reste, on ne doit pas mettre au nombre des coupables d'assassinat prémédité ceux qui se tuent eux-mêmes, (Bacquet, des Droits de Justice, ch. 7. art. 16.) ni les Empoisonneurs, (Arrêt du 8 Février 1653, rendu pour les Officiers de la Justice des Comtes de Lyon. Autre Arrêt du 7 Septembre 1743.) ni les simples meurtres commis dans une querelle & sans agression, (Arrêt de Montdidier du 5 Juin 1659. Arrêt d'Angers de 1611.) quand même ce seroit un

Parricide, à moins qu'il ne tombe dans le cas de la force publique.

20°. Il faut mettre aussi au nombre des cas Royaux le crime d'*Encise*, qui est toujours mis au nombre des trois grands Cas dont la connoissance est réservée au Roi dans quelques Coutumes & Provinces. Ces trois grands Cas sont le *Rapt*, le *Meurtre* ou Assassinat de guet-à-pens, & l'*Encise*, que plusieurs ont pris mal-à-propos pour l'Incendie, apparemment à cause de la ressemblance du nom.

L'*Encise* est le meurtre d'une femme enceinte, ou de l'enfant dont elle est grosse : c'est ainsi que ce crime est défini au chapitre 25 des Etablissemens de S. Louis de l'année 1270. Voyez aussi l'art. 44 de la Coutume d'Anjou, & l'article 51 de celle du Maine. Dans tous les anciens Aveux & Ports de foi rendus par les Seigneurs Hauts-Justiciers au Domaine du Duché d'Orléans, ces trois Cas sont exceptés de ceux dont les Juges de Seigneurs peuvent connoître, & la connoissance en est expressément réservée au Roi.

21°. Le crime de Duel. (L'Ordonnance du mois d'Avril 1602 déclare ceux qui se battent en Duel criminels de léze-Majesté. Il en est de même par l'Edit du mois de Septembre 1651, article 13. & par l'Edit du mois d'Août 1679, aussi art. 13.)

22°. Incendie des Eglises & lieux Publics. (Arrêt de Sens. Autre de Montdidier.)

Mais l'Incendie simple, quoique volontaire, d'une ou plusieurs Maisons, Fermes, &c. sans aucun dessein prémédité qui puisse regarder le Public, n'est point un Cas Royal, à moins qu'il ne soit fait dans le dessein d'exciter une émotion ou un désordre dans une Ville, ainsi que l'observe M. le Premier Président dans le Procès-verbal de l'Ordonnance de 1670, tit. 1. art. 11. (Ainsi jugé par Arrêt du Parlement de Grenoble du 6 Juin 1683, rapporté par Chorier en sa Jurisprudence sur Guy-Pape, & depuis quelques années par un Arrêt de la Tournelle du Parlement de Paris, du 3 Mars 1741, en faveur des Officiers de la Justice de l'Evêché de Beauvais.)

23°. Crimes contre nature. (*Carol. de Grassalio Regalium lib.* 1, *jur.* 14. *n.* 20. où il dit que *ita servatur de consuetudine in toto regno.* Chopin *de Doman. lib.* 2. *tit.* 7. *n.* 20. & sur l'article 65 de la Coutume d'Anjou. Chassanée sur la Coutume de Bourgogne, n. 101. tit. des Droits de Justice, verb. *de iis qui luxuriantur contra naturam*, & tit. 56. liv. 2. feud. *quæ sunt Regalia*, verb. *bona contrahentium incestas nuptias*.) L'Arrêt de Sens de 1556 porte cependant, que le Prevôt pourra aussi connoître de ces sortes de crimes.

24°. Quelques Auteurs prétendent aussi que tous les crimes commis sur les grands Chemins Royaux, soit vols, meurtres ou autres délits, sont Cas Royaux. (C'est ainsi que le pensent Bacquet en son Traité des Droits de Justice, ch. 7. n. 13, & les deux nombres suivans. Mornac *ad l.* 8. *viæ latitudo*, *ff. de servit. præd. rustic.* Le Bret en son Traité de la Souveraineté, liv. 2. ch. 16. pag. 151 de l'Edition in-folio de 1635. Bouteillier en sa Somme Rurale, ch. 85. Voyez aussi la Coutume de Boulenois, art. 158.) Mais Loyseau est d'un sentiment contraire en son Traité des Seigneuries, ch. 9. n. 79. & ch. 14. n. 37 ; ainsi que d'Argentré sur l'art. 54

C iv

de la Coutume de Bretagne. Boniface en ses Arrêts, tom. 1. liv. 1. tit. 2. ch. 4. rapporte deux Arrêts du Parlement de Provence, des 21 Novembre 1654 & 20 Octobre 1663, qui ont jugé que des crimes commis sur des chemins Royaux étoient de la compétence du Juge de Seigneur dans la Justice duquel ces chemins sont situés. La Coutume de Tours, art. 59. en a même une disposition, ainsi que celle de Lodunois, tit. 5. art. 1.

Si le délit avoit été commis sur une riviere navigable, quoique touchant de part & d'autre à des Justices Seigneuriales, alors c'est le Juge Royal qui doit en avoir la connoissance. (Voyez Pallu sur l'article 59 de la Coutume de Tours.)

25°. Recélemens de coupables de Cas Royaux est aussi Cas Royal. (Arrêt de Montdidier.)

26°. Il faut encore ajouter au nombre des Cas Royaux tous les Cas qui sont Prévôtaux par la nature du crime, dont il est fait mention dans l'article 12 de ce titre. Tels sont le *vol de grand chemin*; & le *vol fait avec effraction extérieure*. Car tout Cas Prévôtal est Cas Royal; & M. Talon,

Avocat Général, établit cette maxime constante, sur l'art. 11. du tit. 1. au Procès-verbal de l'Ordonnance de 1670, p. 33; ce qui se prouve encore par l'article 16 de ce titre, & par l'article 21 de la Déclaration du 5 Février 1731. En effet, ces articles permettent à la vérité à tous Juges Royaux ou autres, d'informer & décreter pour Cas Prévôtaux; mais ils ajoutent ensuite, à la charge d'en avertir incessamment les Baillis & Sénéchaux dans le Ressort desquels ils exercent la Justice. Or ils ne seroient pas tenus de renvoyer, s'ils en pouvoient connoître par eux-mêmes. D'ailleurs, l'article 10 de la même Déclaration du 5 Février 1731, portant que les Prevôts Royaux & autres Juges ordinaires, même les Hauts-Justiciers, pourront connoître des Cas qui ne sont point du nombre des Cas Royaux par leur nature, il s'ensuit qu'ils ne peuvent connoître des Cas Royaux, ni des Cas Prévôtaux par leur nature. D'où il résulte que l'esprit de ces Ordonnances est d'en interdire la connoissance aux Prevôts-Royaux, ainsi qu'aux Juges de Seigneur.

L'Auteur des Loix Criminelles,

C v

tom. 1. tit. 1. art. 16. paroît être à la vérité d'un sentiment opposé à cette maxime, & il cite à cet effet plusieurs Arrêts confirmatifs de Sentences rendues par des Juges de Seigneur sur des vols faits avec effraction, vols de grands chemins, & même sur des assassinats prémédités ; ce qui prouve, dit cet Auteur, que l'usage & l'intention du Parlement est, que les Prevôts Royaux & même les Juges de Seigneur connoissent de ces crimes. Mais il me semble que ces Arrêts ne prouvent rien ; car de ce que des Juges de Seigneur ou simples Prevôts Royaux ont connu de quelques crimes qu'on nomme Prévôtaux par leur nature, il ne s'ensuit pas que ces crimes ne soient pas Cas Royaux, ainsi qu'il résulte des autorités qu'on vient d'établir, parce qu'il se peut faire que les Juges de Seigneur ne soient pas absolument incompétens pour connoître de ces sortes de crimes, sous la peine de nullité, (du moins dans le cas où il n'y a ni évocation, ni revendication de la part du Juge qui en doit connoître) & qu'il leur soit seulement défendu d'en prendre connoissance.

Le vol avec effraction simple n'étant plus aujourd'hui Cas Prévôtal depuis la Déclaration du 5 Février 1731, ne doit plus être au nombre des Cas Royaux.

27°. Lorsqu'il y a contestation entre un Juge Royal & un Juge de Seigneur qui lui est subalterne, sur la nature du crime, pour sçavoir s'il est Royal ou non, le Juge Royal doit en connoître par main souveraine. (Chopin *de Doman. lib. 2. ch. 8. n. 3.*)

ARTICLE XII.

1. *Les Vice-Baillis & Sénéchaux.*) Les Vice-Baillis & Vice-Sénéchaux ont été supprimés par l'Edit du mois de Mars 1720, ainsi que les Lieutenans-Criminels de Robe-Courte. Il y a cependant quelques Villes où les Lieutenans-Criminels de Robe-Courte ont été conservés, comme à Paris, & à Orléans. Ce dernier a été conservé par Arrêt du Conseil du 9 Juin 1722.

2. *Vagabonds, Gens sans aveu & sans domicile.*) Il en est de même par l'article premier de la Déclaration du 5 Février 1731.

Vagabonds & Gens sans aveu sont

ceux qui n'ayant ni profession, ni métier, ni domicile certain, ni bien pour subsister, ne peuvent être avoués, ni faire certifier de leurs vie & mœurs par Gens dignes de foi. (Même Déclaration de 1731, art. 1.)

Les Mendians qui sont sans domicile & qui courent le Pays, sont regardés comme Vagabonds.

Par ce même art. 1 de la Déclaration de 1731, il est enjoint aux Prevôts des Maréchaux d'arrêter les Vagabonds & Gens sans aveu, encore qu'ils ne fussent prévenus d'aucun autre crime ou délit, pour leur être leur Procès fait & parfait conformément aux Ordonnances. Et il leur est enjoint pareillement d'arrêter les Mendians valides qui sont de la même qualité, pour procéder contr'eux suivant les Edits & Déclarations qui ont été donnés sur le fait de la mendicité. (Les principaux de ces Réglemens sont la Déclaration du 18 Juillet 1724. & celle du 20. Octobre 1750.)

3. *Ou qui auront été condamnés à peine corporelle, bannissement ou amende honorable.*) Même disposition par la Déclaration du 5 Février 1731,

4. *A peine corporelle.*) Voyez l'explication de ces mots *infrà*, tit. 26. art. 6.

5. *Bannissement ou amende honorable.*) *Idem* par l'article 2 de la Déclaration du 5 Février 1731, qui ajoute, que les Prevôts des Maréchaux ne pourront prendre connoissance de la simple infraction de ban que lorsque la peine du bannissement aura été par eux prononcée ; & veut que dans les autres Cas, les Juges qui auront prononcé la condamnation connoissent de cette infraction, si ce n'est que la peine du bannissement ait été prononcée par Arrêt des Cours de Parlement, soit en infirmant, soit en confirmant les Sentences des premiers Juges, & quand même l'exécution auroit été renvoyée ausdits Juges : ausquels cas le Procès ne pourra être fait & parfait à ceux qui seront accusés de ladite infraction de ban, que par ces mêmes Cours de Parlement. Cette Déclar. ordonne au surplus, que les Déclarations du Roi des 8 Janv. 1719 & 5 Juillet 1722, soient exécutées selon leur forme & teneur en ce qui concerne la Ville de Paris.

Ces deux dernieres Déclarations

font défenses à tous ceux & celles qui auront été condamnés aux Galeres ou au bannissement par quelques Juges, & de quelques lieux que ce puisse être, de se retirer en aucun cas, ni en aucun tems, même après le tems de leur condamnation expirée, dans la Ville, Fauxbourgs & Banlieue de Paris, ni à la suite de la Cour du Roi ; ce qui n'a lieu cependant par rapport aux Bannis, dont le tems de leur condamnation est expiré, qu'au cas qu'ils ayent aussi été condamnés au carcan ou à d'autres peines corporelles, ou qu'ils eussent subi deux fois la condamnation du bannissement, ou quelqu'autre condamnation faute d'avoir subi leur ban ; le tout sous les peines portées par les Déclarations des 31 Mai 1682 & 29 Avril 1687, c'est-à-dire, à peine contre les hommes des Galeres à tems ou à perpétuité, & contre les femmes d'être enfermées dans les Hôpitaux Généraux les plus prochains, à tems ou à perpétuité, le tout ainsi que les Juges l'estimeront à propos.

6. *Des oppressions, excès, ou autres crimes commis par Gens de Guerre.*) Même disposition par la Déclaration

du 5 Février 1731, article 3.

7. *Que d'assemblées & de séjour pendant leur marche.*) C'est-à-dire, dans les lieux où les Troupes séjournent, ou sont en Garnison, ou en quartier d'hyver.

Les crimes de Soldat à Soldat hors leurs fonctions Militaires, v. g. pour Duel, Homicide, &c. sont de la compétence des Juges ordinaires ou des Prevôts des Maréchaux. (Arrêt du Conseil du 15 Septembre 1702, rendu entre le Prevôt des Maréchaux de Saumur & les Officiers du Présidial d'Angers, rapporté au Code Militaire, tome 2. tit. 9. pag. 132.)

8. *Des Déserteurs d'Armée.*) Même disposition par la Déclaration du 5 Février 1731, art. 3. qui ajoute, que les Prevôts des Maréchaux connoîtront de ceux qui auroient suborné ces Déserteurs, ou qui auroient favorisé leur désertion, & ce quand même les Accusés de ce crime ne seroient pas gens de guerre.

Tous les cas ci-dessus énoncés, & qui ne sont réputés Prévôtaux que par la qualité des personnes accusées, sont de la compétence des Prevôts des Maréchaux, quand même il s'agiroit de crimes commis dans les Villes de leur résidence. (Même Déclaration de 1731, art. 4.)

3. *Assemblées illicites avec Port-d'Armes.*) Idem par la Déclaration du 5 Février 1731, art. 5, qui dit, *attroupemens, ou assemblées illicites avec Port-d'Armes*. Mais ces mots sont presque synonimes.

Il résulte de ces termes, que les assemblées illicites sans Port-d'Armes ne sont point un Cas Prévôtal, quoique d'ailleurs elles soient au nombre des Cas Royaux, comme il est porté en l'article précédent de ce titre.

10. *Levée de gens de Guerre sans commission de Nous.*) Même disposition par la Déclaration du 5 Février 1731, art. 5.

11. *De vols faits sur les grands chemins.*) Idem par la Déclaration du 5 Février 1731, art. 5, qui ajoute, sans que les rues des Villes & Fauxbourgs puissent être comprises à cet égard sous le nom de grands chemins.

Sous le terme de *grands chemins*, on doit comprendre aussi les routes qui sont dans les bois & forêts voisines des grands chemins, lorsque ces routes sont à côté & le long des grands chemins, & fervent aux paſſans & voyageurs.

Le vol de grand chemin ſuppoſe une aggreſſion ou attaque de guet-à-pens faite à un paſſant pour le voler, ainſi qu'il eſt dit dans les anciennes Ordonnances ; mais un ſimple vol commis dans une voiture ſur un grand chemin par un de ceux qui ſeroient dans cette voiture, ou bien un vol ſimple d'un Particulier à l'égard d'un autre Particulier avec lequel il voyageroit, ne paroît pas compris ſous le terme de grand chemin.

12. *Des vols faits avec effraction, Port-d'Armes & violence publique.*) Voyez ci-deſſus en la note 10. ſur l'article 11. pag. 40. l'explication de ces mots, *force publique.*

L'article 5 de la Déclaration du 5 Février 1731, renferme des diſpoſitions qui expliquent ces termes. Cet article porte, que les Prevôts des Maréchaux connoîtront des vols faits avec effraction dans deux cas. 1°. Lorſque ces vols ſeront accompagnés de Port-d'Armes & violences publiques. 2°. Lorſque l'effraction ſe trouvera avoir été faite dans les murs de clôture ou toîts des maiſons, portes & fenêtres extérieures, & en quand même il n'auroit eu ni Port-d'Armes, ni violence publique.

Au reste il faut observer que l'effraction faite aux toîts, portes, fenêtres & murs, n'en est pas moins extérieure, quand même il y auroit un jardin & mur de clôture à franchir, soit par le moyen d'une échelle ou autrement; car l'effraction extérieure est en général celle qui se fait aux cenacles qui sont clos, & qui défendent l'entrée de la maison. (Ainsi jugé au Présidial d'Orléans, par Sentence du 19 Janvier 1750.)

Il suit de cet article 5 de la Déclaration du 5 Février 1731, que le simple vol accompagné d'effraction intérieure, comme celle qui se fait aux coffres & armoires dans l'intérieur des maisons, n'est point de la compétence des Prevôts des Maréchaux, lorsque ces vols ne sont accompagnés d'ailleurs ni de Port-d'Armes, ni de violence publique.

13. *Des Sacriléges avec effraction.* Voyez ci-dessus en la note 4, sur l'article précédent, page 56. l'explication de ces mots.

L'article 5 de la Déclaration du 5

Février 1731, a restraint la connoissance du Sacrilége avec effraction à l'égard des Prevôts des Maréchaux, au cas où l'effraction est extérieure ou accompagnée de Ports-d'Armes & de violence publique; ainsi le Sacrilége avec effraction n'est plus aujourd'hui Cas Prévôtal, que lorsqu'il est accompagné de ces deux circonstances.

14. *Assassinats prémédités.*) L'assassinat prémédité n'est plus aujourd'hui de la compétence des Prevôts des Maréchaux depuis la Déclaration du 5 Février 1731, qui a ôté la connoissance de ce crime aux Maréchaussées & aux Présidiaux; ce qui résulte de l'article 5 de cette Déclaration, qui porte, qu'aucuns crimes ne pourront être réputés Cas Prévôtaux par leur nature, que ceux mentionnés dans les articles 3 & 5, qui ne parlent point des assassinats prémédités.

15. *Fabrication, altération, ou exposition de fausse monnoye.*) L'article 5 de la Déclaration de 1731 dit simplement, *fabrication* ou *exposition*.

16. *Hors des Villes de leur résidence.*) Même disposition par l'article 6 de la Déclaration du 5 Février 1731, qui porte, que les Prevôts des Maré-

chaux ne pourront connoître des crimes Prévôtaux par la qualité du délit, comme les assemblées illicites & autres mentionnées ci-dessus, lorsque ces crimes auront été commis dans les Villes & Fauxbourgs du lieu, où lesdits Prevôts ou leurs Lieutenans font leur résidence.

Par l'article 16 de cette même Déclaration il est dit, que les Prévôts des Maréchaux, ni les Juges Présidiaux ne pourront connoître d'aucuns crimes, lorsqu'il s'agira de crimes commis dans l'étendue des Villes où les Cours de Parlement sont établies, & Fauxbourgs desdites Villes, & ce quand même lesdits Prévôts des Maréchaux ou leurs Lieutenans n'y feroient pas leur résidence, le tout à l'exception des Cas qui ne sont Prévôtaux que par la qualité des Accusés, suivant les articles 1 & 2 de la même Déclar. (V. ci-dessus p. 59. les notes 1 & 2 sur le présent article.) Desquels Cas lesdits Prevôts des Maréchaux ou Présidiaux pourront connoître même dans les Villes où lesdites Cours ont leur Séance, à la charge de se conformer par eux à la disposition de l'article de la présente

Déclaration, en ce qui concerne l'infraction de ban.

Article XIII.

1. *Dont les Ecclésiastiques.*) Ces mots s'expliquent par l'article 11 de la Déclaration du 5 Février 1731, qui porte, que les Ecclésiastiques ne seront sujets en aucuns cas, ni pour quelque crime que ce puisse être, à la Jurisdiction des Prevôts des Maréchaux. Ce Privilége est fondé sur l'article 9 de la Déclaration du 10 Juillet 1566.

L'article 12 de la même Déclaration du 5 Février 1731, veut qu'à l'avenir les Gentilshommes jouissent du même Privilége; si ce n'est qu'ils s'en fussent rendus indignes par quelque condamnation qu'ils eussent subie, soit de peine corporelle, ou de bannissement, ou amende honorable. (V. ci-dessus page 60. notes 3 & 4.)

L'article 13 porte, que les Sécretaires du Roi & Officiers Royaux de Judicature du nombre de ceux dont les Procès Criminels ont coutume d'être portés en la Grande ou Premiere Chambre des Cours de Parlement,

(Voyez *infra* article 21.) ne pourront être jugés en aucuns cas par les Prévôts des Maréchaux, ou Juges Présidiaux en dernier Ressort.

L'article 14 ajoute : Que si dans le nombre de ceux qui seront accusés du même crime, il s'en trouve un seul qui ait une des qualités marquées par les articles précédens, (c'est-à-dire qui soit Ecclésiastique, ou Gentilhomme, ou Sécretaire du Roi, ou Officier de Judicature privilégié,) les Prevôts des Maréchaux n'en pourront connoître, & qu'ils seront tenus d'en laisser la connoissance aux Juges à qui elle appartiendra, quand même la compétence auroit été jugée en leur faveur ; & que dans ce cas les Juges Présidiaux n'en pourront aussi connoître qu'à la charge de l'appel.

L'article 19 porte : Qu'en procédant au Jugement des accusations qui auront été instruites conjointement par les Prevôts des Maréchaux, ou Juges Présidiaux au Cas de l'article 18, (rapporté ci-après en la note 1 de l'art. 23 du titre 2.) les Juges seront tenus de marquer distinctement le Cas dont l'Accusé sera atteint & convaincu ; au moyen de quoi le Juge

[...]nt sera exécuté en dernier Ressort, [si] l'Accusé est déclaré atteint & convaincu du Cas Prévôtal; sinon le Jugement ne sera rendu qu'à la charge de l'appel, dont il sera fait mention expresse dans la Sentence: le tout à peine de nullité, même d'interdiction contre les Juges qui auroient contrevenu au présent article.

L'article 20 porte: Que si dans le même Procès Criminel il y a plusieurs Accusés, dont les uns soient poursuivis pour un Cas ordinaire, & dont les autres soient chargés d'un crime Prévôtal, la connoissance des deux accusations appartiendra aux Baillis & Sénéchaux préférablement aux Prevôts des Maréchaux & Sieges Présidiaux, soit que les Juges qui auront informé & décreté pour le Cas ordinaire, ayent prévenu lesdits Prevôts des Maréchaux ou Juges Présidiaux, soit qu'ils ayent été prévenus par eux; & que si les Juges Présidiaux s'en trouvent saisis, ils n'en pourront connoître qu'à la charge de l'appel. Ce même article porte qu'il en sera usé de même s'il se trouve plusieurs Accusés, dont les uns soient de la qualité marquée par les articles 1 & 2 de la même Déclaration (rapportés ci-dessus p. 59. art. 12, notes 1 & 2.) & dont les autres ne soient pas de la même qualité.

Article XIV.

1. *En aucuns cas à la charge de l'appel,*) Excepté le Cas de Duel, dont les Prévôts des Maréchaux peuvent aussi connoître par concurrence avec les Baillis & Sénéchaux, mais seulement à la charge de l'appel. (Edit du mois d'Août 1679, article 19, Déclaration du 5 Février 1731, article 27.)

Il y a encore une autre exception à cette regle portée en l'article 19 de la même Déclaration (rapportée ci-dessus p. 69. en la note 1 sur l'art. précédent, & en l'article 20 de ce titre.)

Au reste cette défense ne s'entend que des Jugemens rendus pour affaires Prévôtales; car quand il s'agit de prononcer quelque peine contre leurs Archers pour fait de discipline, ils ne le peuvent faire qu'à la charge de l'appel au Siege de la Connétablie. (Arrêt du Conseil du 16 Mai 1608.)

Art.

ARTICLE XV.

1. *Mentionnés ès articles précédens.*) Même disposition par l'article 7 de la Déclaration du 5 Février 1731, qui ajoute : « à l'exception néanmoins de » ce qui concerne les Déserteurs, Su- » bornateurs & Fauteurs desdits Déser- » teurs, dont les Prevôts des Maré- » chaux connoîtront seuls à l'exclusion » de tous Juges ordinaires.

L'article 8 de la même Déclaration porte : Que les Sieges Présidiaux ne prendront connoissance des Cas qui sont Prévôtaux par la qualité de l'Accusé ou par la nature du crime, que lorsqu'il s'agira de crimes commis dans la Sénéchaussée ou Bailliage dans lequel le Siege Présidial est établi ; & qu'à l'égard de ceux qui auront été commis dans d'autres Sénéchaussées ou Bailliages, quoique ressortissans audit Siege Présidial dans les deux cas de l'Edit des Présidiaux, les Baillis & Sénéchaux en connoîtront à la charge de l'appel aux Cours de Parlement, conformément à la Déclaration du 22 Mai 1702.

Il faut cependant observer, que cet article n'ôte point aux Présidiaux le droit de connoître comme tous les autres Juges des crimes commis par ceux qui ont leur domicile dans l'étendue du Bailliage où ils font établis; ni de connoître incidemment des autres crimes d'un Accusé dont ils instruisent le Procès quoique commis hors leur Ressort, lorsqu'il n'y a point eu auparavant de plaintes rendues en d'autres Justices pour raison de ces crimes. (Voyez ce qui a été dit ci-dessus article 1. note 6. & *infrà* tit. 2. art. 23. note 1.)

Il faut aussi observer que sous ces mots de *Sénéchaussée & Bailliage*, il ne faut pas seulement entendre le Siege principal où est situé le Siege Présidial, lorsque le Bailliage ou la Sénéchaussée est composée de plusieurs Sieges particuliers, mais encore tous ces Sieges particuliers dont le Bailliage est composé, ainsi qu'il s'observe pour l'entérinement des Lettres de grace. (Voyez ci-après la note 2. sur l'article 13 du titre 16.)

Voyez encore pour la compétence des Présidiaux, les notes sur l'article 23 de ce titre.

2. *S'ils ont décreté ou avant eux, ou le même jour.*) L'article 9 de la

Déclaration du 5 Février 1731, dit *informé & décreté* avant eux ou le même jour. (Voyez la note 3 sur l'article 7 ci-dessus, sur ces mots *informé & décreté*.)

Article XVI.

1. *Pris en flagrant délit.*) L'article 21 de la Déclaration du 5 Février 1731 renferme une disposition beaucoup plus générale. Cet article veut, que tous Juges du lieu du délit puissent informer & décreter contre tous Accusés, quand même il s'agiroit de Cas Royaux, ou de Cas Prévôtaux; & il leur est enjoint d'y procéder aussi-tôt qu'ils auront eu connoissance desdits crimes. D'où il suit que les Prevôts & autres Juges subalternes peuvent informer, même contre des Privilégiés, (sur-tout dans les endroits où il n'y a point de Bailliage Royal) ce qui semble être une dérogation 1º. A l'article 22. du titre 1 de la présente Ordonnance, 2º. A l'article 35 du titre commun des Fermes du mois de Juillet 1681, qui porte, que les Juges de Seigneur ne pourront informer contre les personnes

employées dans les Fermes de Sa Majesté, même pour les ordinaires hors leurs fonctions.

Ces mots, *quand même il s'agiroit de cas Royaux ou Prévôtaux*, semblent exclure les autres cas, & prouvent que quand il s'agit de crimes, dont la connoissance est attribuée à des Juges extraordinaires, dont il a été parlé ci-dessus en la Note 3 sur l'art. 1. de ce titre, le Juge ordinaire du lieu n'est pas compétent pour en informer, si ce n'est peut-être dans le cas de flagrant délit, & lorsque les Juges qui en doivent connoître ne demeurent point sur le lieu. (Voyez l'Ordonnance des Forêts de 1669, tit. 1, art. 8.)

L'art. 10. de cette même Déclaration de 1731. attribue à tous Juges ordinaires, même de Seigneurs, la connoissance par concurrence des crimes commis par vagabonds & gens sans aveu, ou qui ont été repris de Justice. Cet article porte que les Prevôts, Châtelains & autres Juges Royaux ordinaires, même ceux des Seigneurs Hauts-Justiciers, connoîtront, à la charge de l'appel aux Cours de Parlement, des crimes qui ne sont pas du nombre des cas Royaux ou Prevôtaux par leur nature, & qui auront été commis dans l'étendue de leur Siége & Justice par les personnes mentionnées dans les articles 1. & 2. de la même Déclaration, même de la contravention aux Edits & Déclarations rendus sur le fait de la mendicité, & ce concurremment & par prévention avec les Prevôts des Maréchaux, & préférablement à eux, s'ils ont informé & décreté avant eux ou le même jour.

2. *Le Juge des lieux.*) C'est-à-dire le Juge ordinaire des lieux, Royal ou non, qui a la Jurisdiction Criminelle.

Cependant s'il s'agit d'un Cas Royal ou Prévôtal, & qu'il y ait un Lieutenant-Criminel sur le lieu, comme dans les Villes de Bailliages Royaux où il y a aussi des Justices Seigneuriales, le Juge de Seigneur ne doit pas informer, même dans l'étendue de sa Justice située dans cette Ville, sur-tout hors le cas de flagrant délit.

Les Prevôts des Maréchaux peuvent aussi informer de tous cas ordinaires. Ce droit leur est accordé par l'article 2 de la Déclaration du 5

Février 1731, qui porte: Que les Prevôts des Maréchaux pourront informer de tous cas ordinaires commis dans l'étendue de leur Reſſort, même décreter les accuſés & les interroger, à la charge d'en avertir inceſſamment les Baillis & Sénéchaux Royaux, & de leur remettre les Procédures & les Accuſés, ſans attendre même qu'ils en ſoient requis. Ils peuvent auſſi informer contre les Eccléſiaſtiques & Gentilshommes, & même contre ceux dont les Procès ont coutume d'être portés aux Grandes Chambres, Chambres des Cours de Parlement, & les arrêter, à la charge de renvoyer les Procédures par eux faites aux Bailliages & Sénéchauſſées dans l'étendue deſquels le crime aura été commis, pour y être le Procès fait & parfait auſdits Accuſés ainſi qu'il appartiendra, à la charge de l'appel aux Cours de Parlement. (Même Déclaration du 5 Février 1731, article 15.)

Mais les Subdélégués des Intendans ne ſont pas compétens pour faire ces ſortes d'informations. (Arrêt du 13 Mars 1710, qui caſſe une Procédure Criminelle pour raiſon d'un meurtre commis par un Soldat en maraude contre un Habitant du Village des Rivieres, & fait défenses au Subdélégué de plus connoître à l'avenir de semblables cas.)

3. *A la charge d'en avertir incessamment nos Baillis & Sénéchaux, ou leurs Lieutenans-Criminels.*) L'article 22 de la Déclaration du 5 Février 1731, interprète ces mots. Voici les termes de cet article.

» Interprétant en tant que besoin
» seroit l'article 16. du titre 1 de
» l'Ordonnance de 1670, voulons,
» que si les Coupables d'un Cas Royal
» ou Prévôtal ont été pris soit en
» flagrant délit, soit en exécution d'un
» Décret décerné par le Juge des
» lieux avant que le Prevôt des Maréchaux ait décerné un pareil Décret
» contr'eux, le Lieutenant-Criminel
» de la Sénéchaussée, ou du Bailliage
» Supérieur, soit censé avoir prévenu ledit Prevôt des Maréchaux par
» la diligence du Juge inférieur. «

Si le délit est arrivé dans l'étendue d'un Bailliage, ou Sénéchaussée, où il y ait Siege Présidial, il paroît que ce doit être au Présidial à en connoître, & il est censé alors avoir prévenu par le Juge inférieur.

4. Ils seront tenus d'envoyer querir.) Mais s'ils ne l'envoient pas querir, il semble que le Juge inférieur qui a informé, pourra connoître du Cas Royal ou Prévôtal. (Ainsi réglé pour les Officiers du Duché de Montpensier, par Arrêt du 21 Juin 1614, rapporté par Filleau.)

ARTICLE XVII.

1. *Faire juger leur compétence.*) Quand même l'Accusé seroit en Contumace, mais s'il est arrêté avant ou depuis le Jugement de Contumace, ou s'il se représente volontairement, il faudra faire juger la compétence de nouveau. (Edit du mois de Décembre 1680.)

2. *Pour être ouis.*) Voyez *infrà* tit. 2. art. 19.

3. *En présence de tous les Juges.*) Au nombre de sept au moins. (Voyez *infrà* tit. 2. art. 18.) Cette compétence se juge à la Chambre Civile du Présidial, & non à la Chambre Criminelle. (Ainsi jugé par Arrêt du Conseil du 18 Juillet 1678, rendu pour le Châtelet de Paris.) La minute de ce Jugement doit être signée de tous les Juges.

Quand l'Accusé est en Contumace, on juge la compétence sur le vû des charges. Le Lieutenant-Criminel peut y assister. (Transaction du premier Mars 1652. entre les Officiers du Présidial d'Orleans.) A Paris le Lieutenant-Criminel du Châtelet peut aussi assister aux Jugemens de compétence, suivant l'Arrêt du Conseil du 18 Juillet 1678. qu'on vient de citer.

Article XVIII.

1. *Seront prononcés aux Accusés & baillé copie.*) L'article 25 de la Déclaration du 25 Février 1731 porte : Que cette prononciation doit être faite en présence de tous les Juges, & qu'il en doit être fait mention au bas de la Sentence, laquelle mention sera signée de tous ceux qui auront assisté au Jugement, ensemble de l'Accusé s'il sçait signer, sinon sera fait mention de sa déclaration, qu'il ne sçait signer, ou de son refus.

2. *Sera encore déclaré.*) Car dès le premier Interrogatoire qui précede le Jugement de compétence, les Prévôts des Maréchaux, Lieutenans-Criminels de Robecourte, & Officiers

des Sieges Présidiaux sont tenus de déclarer à l'Accusé qu'ils entendent le juger en dernier ressort, & d'en faire mention dans cet Interrogatoire; le tout sous les peines portées par l'article 13. du titre 2 ci-après. Et faute par eux d'avoir satisfait à cette formalité, le Procès ne peut-être fait à l'Accusé qu'à la charge de l'appel, à l'effet de quoi ce Procès doit être porté au Siege de la Sénéchaussée, ou du Bailliage dans le ressort duquel le crime a été commis, pour y être instruit & jugé ainsi qu'il appartiendra. (Déclaration du 5 Février 1731, article 24.)

On observe aussi lors de l'Interrogatoire qui se fait à la Chambre pour procéder au Jugement de compétence, de déclarer à l'Accusé que le Juge qui fait juger sa compétence, entend le juger en dernier ressort & sans appel.

Voyez ci-après article 20. titre 2. note 3. ce qui doit s'observer dans le cas où l'Accusé est déclaré incompétent; & aussi comment l'Accusé peut se pourvoir contre les Jugemens de compétence. (Même note 3 sur la fin.)

Article XIX.

1. *N'entendons rien innover.*) La réserve accordée par cet article aux Officiers du Châtelet de Paris, a été abrogée par la Déclaration du 5 Février 1731, article 24 & 30.

2. *Ou par la confession des Accusés.*) Voyez ci-après l'article 5. du tit. 25. & l'article 21. du tit. 10. avec les notes.

La confession est la plus forte preuve qu'un Accusé est vagabond : ainsi quand il confesse être sans domicile & sans profession, on le déclare compétent sans autre preuve ; mais s'il dit avoir un domicile, & que la présomption soit qu'il est vagabond, on ordonne dans ce cas qu'avant faire droit, il sera tenu dans un tel délai qui lui est imparti, de faire certifier de ses vie & mœurs par gens dignes de foi, & faute d'y satisfaire on le déclare compétent.

Article XX.

1. *Tous Juges.*) Même Juges extraordinaires, comme Officiers des

Eaux & Forêts, Élections, Trésoriers, Lieutenans de Police, &c. (Voyez pour les Lieutenans de Police la Déclaration du 2 Septembre 1724.)

Lorsque les Présidiaux, Prévôts des Maréchaux, Lieutenans-Criminels de Robecourte, & les Lieutenans de Police, dans le cas où ces derniers jugent en dernier ressort, connoissent de la rébellion à l'exécution de leurs Jugemens, ils n'en peuvent connoître qu'à la charge d'appel ; (L'Edit du mois de Janvier 1691, articles 2 & 3. en a une disposition à l'égard du Lieutenant-Criminel de Robecourte du Châtelet de Paris.) à moins que les Accusés & leurs Complices ne fussent d'ailleurs compétens par la qualité de la personne.

La Déclaration du 2 Septembre 1724, rendue pour les Lieutenans de Police, qui porte, qu'ils connoîtront de la rébellion à l'occasion des Mendians, n'ajoutant point qu'ils en connoîtront en dernier ressort, il s'ensuit qu'ils n'en peuvent connoître qu'à la charge d'appel.

A l'égard des inscriptions de faux incidentes, il semble qu'elles peuvent toujours être jugées en dernier ressort à l'égard des Accusés contre lesquels le Procès s'inftruit, lorfque ces accufations font incidentes à des Procès Prévôtaux & Préfidiaux; c'eft une fuite de ce qui eft dit en l'article 23. du tit. 2 de l'Ordonnance de 1670, & de l'article 18 de la Déclaration du 5 Février 1731, *infrà* en la note fur cet article 23. du tit. 2.

Dans les Bailliages & Sénéchauffées, fi le faux eft incident au Civil, & qu'il s'inftruife extraordinairement, c'eft au Lieutenant-Criminel à en connoître. (Ordonn. du mois de Juillet 1737, titre du faux incident, art. 22. Voyez cette Ordonnance ci-après à la fin.)

Il en eft de même des rébellions à l'exécution des Sentences rendues au Bailliage Civil, c'eft au Lieutenant-Criminel du même Siege à en connoître. (Arrêt du 26 Août 1606 pour Angers. Autre du 28 Mars 1609 pour Laon. Autre du 6 Septembre 1678, article 6. rendu pour le Pui. Autres du Parlement de Touloufe des 26 Août 1602 & 13 Janvier 1624, rapportés par Defcorbiac tit. 3. ch. 33 & 37. *ita etiam* M. l'Avocat Général Talon, fur l'article 14. au titre des Décrets, dans le Procès-verbal de l'Ordonnance de 1670, page 119.)

2. *Des bas & moyens Justiciers.*) Il en faut aussi excepter les Officiaux & autres Juges d'Eglise, qui non-seulement ne peuvent connoître des rébellions à leurs Sentences, mais encore des rébellions aux inscriptions de faux incidentes aux Procès pendans devant eux. (Ainsi jugé par Arrêt du 18 Août 1736, rendu à l'Audience de la Tournelle contre l'Official du Mans.)

3. *Des inscriptions de faux incidentes.*) Les Juges de Seigneur peuvent même connoître de la falsification du Scel Royal, lorsqu'elle est incidente aux Procès pendans pardevant eux. (Arrêt de Réglement du 7 Décembre 1621 pour Noyon, rapporté par Filleau, tom. 2. pag. 360. Autre du 21 Juin 1624 pour les Officiers du Duché de Montpensier contre ceux du Bailliage de Riom.)

Sous les termes de faux incident sont aussi comprises les accusations de faux incidentes contre un ou plusieurs témoins.

4. *Et des rébellions commises à l'exécution de leurs Jugemens.*) Ceci est une exception à l'article 11 ci-

dessus verb. *Rébellion aux Mandemens émanés de Nous, ou de nos Officiers.*

On entend par *rébellion à l'exécution d'un Jugement*, tout ce qui se fait, 1°. Pour empêcher l'exécution d'un Jugement par voie de fait, tant de la part du condamné que d'autres personnes, par exemple, de ceux qui empêchent la mise en possession de biens prononcée par Sentence ou Arrêt, dont il est parlé dans l'article 7. du tit. 27 de l'Ordonnance de 1667. 2°. Tout ce qui se fait contre un Huissier, ou autre Ministre de Justice exécutant un Jugement ou un Décret, &c.

Mais il ne paroît pas qu'on doive entendre, sous le terme de *rébellion à l'exécution des Jugemens*, la rébellion qui se feroit à une saisie faite en vertu d'une Sentence rendue soit au Civil, soit au Criminel, même la rébellion qui se feroit à un emprisonnement fait en vertu d'une Sentence rendue au Civil, portant condamnation par corps de payer.

Au reste, le Juge connoît des rébellions à l'exécution de ses Jugemens même hors le Ressort de sa Jurisdiction, du moins il est en droit d'en connoître. (Voyez le Procès-verbal

88 *Des Procès particuliers*
de l'Ordonnance de 1670.) article IV.
au titre des Décrets, pag. 118 & 119.
C'est ce qui résulte aussi de l'article 2.
du titre ci-après.)

ARTICLE XXI.

1. *Ont accoutumés d'être jugés.*)
Voyez la Déclaration du 26 Mars
1676.

TITRE SECOND.

Des Procédures particulières des Prevôts des Maréchaux, &c.

ARTICLE PREMIER.

1. *Enoncés dans l'article 12. du titre de la Compétence des Juges.*) Il faut entendre cet article 12 avec les modifications & changemens que la Déclaration du 5 Février 1731, & les autres Réglemens postérieurs à l'Ordonnance de 1670. y ont apportés. (Voyez les notes sur cet article 12.)

Article III.

1. *Les Décrets.*) Voyez *infrà*, titre 10. article 15.

2. *Requis par nos Juges.*) Arrêt du Conseil du 9 Juin 1733, qui fait défenses au Prevôt d'Orleans de se servir des termes de *mandons & enjoignons* contre les Officiers & Archers de Maréchauffée, lorsqu'il les requiert de prêter main-forte à Justice, sauf à mettre celui de *Requerons*.

Autre Arrêt du Conseil du 28 Février 1742, rendu contre le Lieutenant-Criminel de Poitiers, qui contient une semblable disposition.

Article IV.

1. *En flagrant délit, ou à la clameur publique.*) Voyez ce que c'est que flagrant délit, ci-après titre 6. article 4. aux notes.

Il faut aussi y ajouter les vagabonds & gens sans aveu. (Déclaration du 5 Février 1731, article 1. ci-dessus, titre 1. article 12. notes 1 & 2.)

Mais il est défendu aux Prevôts des Maréchaux d'arrêter aucuns Domici-

Des Procéd. particulieres
liés fans Décret, hors le cas de flagrant délit & de clameur publique, à peine de demeurer responsables des dommages & intérêts des Parties. (Déclaration du 26 Février 1724.)

Article V.

1. *A leurs Archers.*) Par l'Edit de Mars 1720, article 8. les Exempts de Maréchauffée peuvent informer en flagrant délit, & lors de la capture feulement. La Déclaration du 9 Avril 1720 ajoute » en se faisant assister du » Greffier de la Maréchauffée, à peine » de nullité « ; & en cas d'abfence du Greffier, il leur est permis de commettre d'office pour Greffier telle personne majeure qu'ils jugeront à propos, en lui faisant prêter le serment, & aussi à la charge de remettre aussitôt les informations au Greffe de la Maréchauffée.

Article VI.

1. *Ecrouer les Prisonniers.*) La Déclaration du 28 Mars 1720, article 5. leur donne le pouvoir d'affigner les Témoins, & de faire les fignifications

dans les instructions & procédures, & tous Actes concernans les affaires de la compétence des Prevôts des Maréchaux.

Article VIII.

1. *Pour y faire juger la compétence.*) Ou pour décliner la Jurisdiction; pourquoi les Accusés peuvent donner leurs moyens, pour y être fait droit lors du Jugement de compétence.

Article IX.

1. *Inventaire.*) Voyez ci-après titre 13. article 7.

2. *Au Greffe.*) La Déclaration du 28 Mars 1720, article 8, dit simplement que l'équipage, argent, & effets de ceux qui seront prévenus de crimes qui peuvent emporter peine de bannissement à perpétuité, de Galeres à perpétuité, ou de mort, dont ils seront trouvés saisis lors de leur capture, seront remis entre les mains du Greffier, les Chevaux, s'il y en a, vendus par autorité de Justice, & les deniers pareillement remis entre les mains du Greffier, pour y demeurer avec les

autres effets jusqu'au jugement définitif du Procès & trois mois après, pendant lequel tems, s'ils sont réclamés, & que la réclamation soit jugée bonne & valable par le Prevôt ou son Lieutenant, & les Officiers du Siege où le Procès aura été jugé, ils seront rendus, sans que sur lesdits effets il puisse être pris aucuns frais, ni épices de Procès; ce qui aura lieu même à l'égard des Réclamans qui ne se seront pas déclarés Parties au Procès.

ARTICLE XII.

1. *Au moment de la capture.*) Suivant l'article 28 de la Déclaration du 5 Février 1631, le Prevôt des Maréchaux peut interroger l'Accusé non-seulement au moment de la capture, mais encore dans les 24 heures de cette capture.

ARTICLE XIII.

1. *Qu'ils entendent le juger Verbalement.*) Voyez ci-dessus titre I, article 18, note 2., page 81.

L'article 24 de la Déclaration du 5 Février 1731 porte, que les Pré-

... droit
... commencé
... interrogatoire, qu'il
... juger en dernier ressort,
... les Inter-
... peines portées par
... de l'Ordonnance

... de maître.) L'article 28
... du 5 Février 1731
... que faute d'avoir la
... formalité requise par cet
... ne pourra être jugé
... de l'appel; à l'effet de
... porté au Siège de la Sé-
... ou du Bailliage dans le
... le crime aura été com-
... y être instruit & jugé ainsi
... iendra.
... 27 de cette même Décla-
... 1731 porte, que dans les
... de Duel, que les Prévôts
... ne peuvent juger qu'à
... l'appel, ils ne déclare-
... ... qu'ils entendent
... dernier ressort, & qu'il ne
... aucun Jugement de com-
... à cet égard aucun
... les Juges, sauf en cas de
... deux Sièges sur la

compétence, à être pourvû par les Cours de Parlement fur la Requête des Accufés, ou fur celle des Procureurs du Roi aufdits Sieges, ou fur la réquifition des Procureurs Généraux.

Article XIV.

1. *Dans les vingt-quatre heures.*) L'article 23 de la Déclaration du 5 Février 1731 porte, que ces 24 heures ne commenceront à courir que du jour du premier Interrogatoire auquel ils font tenus de procéder dans les 24 heures de la capture.

Article XV.

1. *Dans le Reffort duquel la capture aura été faite.*) Si l'Accufé fe met de lui-même en prifon pour faire juger fa compétence, il peut choifir les Prifons du Préfidial du lieu du délit, & y faire juger fa compétence. (Voyez ci-deffus article 8 du préfent titre, pag. 91.)

Si l'Accufé eft en Contumace, c'eft au Préfidial, dans le Reffort duquel le crime a été commis, que le Prevôt des Maréchaux doit faire juger la compétence. (Edit du mois de Décembre 1680.)

Article XVI.

1. *Les Récusations.*) La Déclaration du 23 Septembre 1678 porte, qu'au cas que les Présidiaux, en jugeant les Récusations, trouvent que les Prevôts ayent contrevenu à l'Ordonnance pour avoir instrumenté hors leur Ressort, ou pour avoir fait chartre privée, & que par la qualité du crime ou de celle de la personne, les Accusés soient sujets au Jugement en dernier ressort, les Présidiaux seront tenus de renvoyer les Accusés, & les charges & informations au Présidial dans le ressort duquel le crime aura été commis, pour y être le Procès instruit & jugé par Jugement dernier, sans que le Prevôt des Maréchaux, ainsi récusé, en puisse connoître.

2. *Au Présidial.*) C'est-à-dire au Présidial qui doit juger la compétence.

1. Par ses Jugemens [...] l'article 24 de ce titre [...] sans fit ni Procès d'y [...] Il ne faut que [...] que les Prevôts des [...] séance & voix d[...] mens de competence. [...] du Roi du [...] Décembre [...] l'Ordonnance de Moulins [...] ces Officiers ne pourront [...] opiner aux Jugemens de [...] tence ou incompétence [...] ce qui s'observe dans les Présidiaux.

L'Assesseur de la Maréchaussée n'est pas Conseiller du Siege, ne peut aussi assister aux Jugemens de [...] tence. (Arrêt du Grand Conseil du 13 Octobre 1637.) [...] l'article 16 du présent titre, [...] les récusations contre les Prevôts des Maréchaux, avant le Jugement de compétence, doivent être jugées sur le rapport de l'Assesseur en la [...] chauffée, ou d'un Conseiller du [...] il semble que l'Assesseur a droit de séance & voix délibérative à [...] de Jugemens.

ART.

Article XIX.

1. *En présence de tous les Juges.*) Voyez ci-dessus titre 1. art. 17. p. 80.

Lorsque sur la compétence il y a eu un Jugement préparatoire, par exemple, que l'Accusé se feroit avouer, il paroît nécessaire d'entendre de nouveau l'Accusé à la Chambre, dans le cas du moins où il n'a pû faire sa preuve. (Voyez ce qui est dit *infrà*, sur l'article 21. du titre 14.)

2. *Ensemble du motif.*) C'est-à-dire des raisons de compétence fondées, ou sur la qualité du délit, ou sur celle des Accusés; ainsi qu'il est porté par l'article 13 de l'Edit d'Amboise du mois de Janvier 1572.

Article XX.

1. *Sera prononcée.*) L'article 25 de la Déclaration du 5 Février 1731 porte, que quand les Prevôts des Maréchaux, ou autres Officiers qui sont obligés de faire juger leur compétence, auront été déclarés compétens par Sentence du Présidial, à qui il appartiendra d'en connoître, cette Sen-

tence sera prononcée sur le champ à l'Accusé en présence de tous les Juges, & que mention sera faite par le Greffier de cette prononciation au bas de la Sentence, laquelle mention sera signée de tous ceux qui auront assisté au Jugement, ensemble de l'Accusé s'il sçait ou veut signer, sinon qu'il sera fait mention de sa déclaration qu'il ne sçait signer, ou de son refus, le tout à peine de nullité, & sans préjudice des autres dispositions portées par l'article 20. du titre 2. de l'Ordonnance de 1670.

L'article 26 de cette même Déclaration porte, que lorsque les Prevôts des Maréchaux, & autres Juges en dernier ressort qui sont obligés de faire juger leur compétence, auront été déclarés incompétens, par Sentence des Juges Présidiaux, ni les Parties civiles, ni lesdits Prevôts, ni les Procureurs du Roi aux Sieges Présidiaux ou aux Maréchaussées, ne pourront se pourvoir, en quelque maniere que ce soit, contre les Jugemens par lesquels lesdits Prevôts des Maréchaux, ou autres Juges en dernier ressort auront été déclarés incompétens, ni demander que l'Accusé soit renvoyé pardevant eux ; mais que ladite Sentence sera exécutée irrévocablement à l'égard du Procès sur lequel elle sera intervenue : n'entend néanmoins Sa Majesté, que si ces Officiers prétendent que ce Jugement donne atteinte aux droits de leur Jurisdiction & peut être tiré à conséquence, ils n'en portent leurs plaintes, pour y être pourvû par le Roi ainsi qu'il appartiendra.

Lorsque l'Accusé a été déclaré compétent, il a la voie de se pourvoir au Conseil par demande en cassation. (Voyez là-dessus le nouveau Réglement du Conseil du 28 Juin 1738, Partie 1re tit. 5, qui regle la Procédure qui doit se tenir sur les demandes en cassation des Jugemens de compétence.) Il faut observer seulement, 1°. Que l'Accusé ne peut se pourvoir en cassation contre le Jugement qui l'a déclaré compétent, à moins qu'il ne soit actuellement prisonnier dans les Prisons où le Procès est pendant. (Même Réglement du Conseil, article 2.) 2°. Que cette demande en cassation n'empêche pas que la Procédure soit continuée jusqu'au Jugement définitif exclusivement. (Même

100 *Des Procès particulieres*
Réglement, *ibidem* article 9.)

Avant l'année 1731 ces demandes en cassation des Jugemens de compétence se portoient au Grand Conseil ; mais par Arrêt du Conseil Privé du 9 Juillet de la même année 1731, le Roi a réservé à son Conseil la connoissance de ces sortes de demandes.

Article XXI.

1. *Dans les deux jours.*) Voyez l'art. 4. du tit. 1 de la présente Ordon.

Article XXII.

1. *Avec son Assesseur.*) Même dans le cas de Duel, quoique les Prévôts n'en puissent connoître qu'à la charge de l'appel. (Déclaration du 5 Février 1731, article 29.)

2. *Qui en sera faite par le Président.*) L'article 28 de la Déclaration du 5 Février 1731 dit, qu'en cas d'absence de l'Assesseur, celui qui doit le remplacer pour l'instruction, sera commis par le Siege où se doit faire cette instruction.

Article XXIII.

1. *De nouvelles accusations.*) Cet article s'explique par les articles 17 & 18 de la Déclaration du 5 Février 1731.

L'article 17 de cette Déclaration porte, que si les Accusés se trouvent poursuivis pour des Cas ordinaires, soit pardevant les Baillis & Sénéchaux, soit pardevant les Prevôts, Châtelains ou autres Juges Royaux, même ceux des Hauts-Justiciers, & qu'ils soient aussi prévenus de Cas qui soient Prévôtaux par leur nature, & qui ayent donné lieu aux Prevôts des Maréchaux, ou aux Juges Présidiaux de commencer des Procédures contr'eux; la connoissance des deux accusations appartiendra ausdits Baillis & Sénéchaux à l'exclusion des Prevôts, Châtelains ou autres Juges subalternes, & préférablement ausdits Prevôts des Maréchaux & Juges Présidiaux, si lesdits Baillis & Sénéchaux, ou autres Juges à eux subordonnés ont informé & décreté avant lesdits Prevôts des Maréchaux & Juges Présidiaux, ou le même jour. Et lorsque le crime, dont le Prevôt des Maréchaux aura connu, n'aura pas été commis dans le Ressort des Bailliages & Sénéchaussées où les Cas ordinaires sont arrivés, il en sera donné avis aux Procureurs Généraux par leurs Substituts, tant ausdits Bailliages & Sénéchaussées, que dans la Jurisdiction du Prevôt des Maréchaux, pour y être pourvû par les Cours de Parlement, sur la réquisition des Procureurs Généraux, par Arrêt de renvoi des deux accusations dans tel Siege ressortissant nuement esdites Cours de Parlement, ainsi qu'il appartiendra.

Et l'article 18 veut réciproquement, que si dans le cas de l'article 17 précédent, les Prevôts des Maréchaux ou les Juges Présidiaux ont informé & décreté pour le crime qui est de leur compétence, avant que les autres Juges nommés dans ledit article ayent informé & décreté pour le Cas ordinaire, la connoissance des deux accusations appartienne entiérement ausdits Prevôts des Maréchaux ou ausdits Sieges Présidiaux, pour être instruites & jugées par eux, même pour ce qui regarde les Cas ordinaires; & lorsque lesdits Cas ne seront pas arrivés dans le département du Prevôt des Maréchaux qui aura connu des Cas Prevôtaux, Sa Majesté se réserve d'y pourvoir sur l'avis qui en sera donné à M. le Chancelier, en renvoyant les deux accusations pardevant tel Présidial ou Prevôt des Maréchaux qu'il appartiendra. N'entend Sa Majesté comprendre dans la disposition du présent article, les accusations dont l'instruction seroit pendante ès Cours contre des Coupables prévenus de crimes Prévôtaux, auquel cas, en tout état de cause, seront toutes les accusations jointes & portées esdites Cours.

2. *Et jugées Prévôtalement.*) Cette disposition est fondée sur la regle générale, que le Juge qui connoît d'un crime peut aussi connoître incidemment des autres crimes commis par cet Accusé, même hors son Ressort, du moins s'ils sont de la compétence de ce Juge par la nature du délit, si ce n'est dans le cas où pour raison de ces autres crimes il y a eu déja des plaintes & informations en d'autres Jurisdictions. (Voyez ci-dessus article 1, titre 1. note 5. page 9.)

Il est vrai que les articles 17 & 18 de la Déclaration du 5 Février 1731, qu'on vient de rapporter, portent que les Baillis & Sénéchaux, Prevôts des Maréchaux, ou autres Juges qui ont prévenu par Décret & information, ne peuvent connoître des autres crimes dont il y a eu plainte en Justice, lorsque ces crimes ont été commis hors leur Reſſort ; & qu'alors il doit y être pourvû, ſoit par Arrêt de renvoi du Parlement, ou par M. le Chancelier, pour renvoyer les deux accuſations en tel Siege qu'il appartient. Mais il faut obſerver que ces articles doivent être reſtraints au Cas, où pour raiſon de ces accuſations incidentes il y a eu plainte en Juſtice en d'autres Juriſdictions, enſorte que dans l'eſpece de cet article, à, du titre 2, lorſque qu'il n'y a point eu de plainte, ni d'information faite ailleurs pour raiſon de ces accuſations incidentes, il n'eſt pas néceſſaire de ſurſeoir l'inſtruction, ni de ſe pourvoir au Conſeil pour y être pourvû ſur l'avis de M. le Chancelier, quoique le Cas ordinaire ne ſoit pas arrivé dans le département du Preſidial, ou du Prevôt des Maréchaux qui a prévenu & informé le premier pour raiſon du Cas Prevôtal ; mais ces derniers Tribunaux en doivent connoître

[...] règle générale; ce qui [...] même des termes de cet arti[...] de la Déclaration de 1731.

ARTICLE XXIV.

[...] *nombre de sept.*) Même les [...] de récolement & de con[...]on. (Déclaration du 3 Octo[...]

[...] article 28 de la Déclaration du [...] 1731, porte, que dans le [...] Duel, les Jugemens prépara[...], interlocutoires ou définitifs, [...] être rendus qu'au nombre [...] juges au moins.

[...] Sentences doivent être [...] nom du Prevôt; (Dé[...] 28 Mars 1720, article [...] doit être fait mention à la fin [...] qu'il a été donné par le [...] Lieutenant qui y a as[...]

ARTICLE XXV.

[...] *Jugemens Prévôtaux.*) Mê[...] Jugemens Prévôtaux rendus [...] (Déclaration du 5 [...], article 28.)

E v

ARTICLE XXVII.

1. *Seront taxés.*) A l'égard des Exécutoires pour les frais nécessaires à l'instruction des Procès Prévôtaux, ils doivent être décernés par les Lieutenans-Criminels & Procureurs du Roi du Siege où le Procès a été jugé, & visés par les Intendans. (*Arrêt du Conseil du 5 Mai 1685.*)

Le Prevôt peut aussi taxer de la même maniere les Provisions alimentaires, & liquider les dommages & intérêts en exécution de Jugemens Prévôtaux ; mais les épices des Jugemens rendus au Siege Présidial, de l'autorité des Prevôts, doivent être taxées par le Siege. (*Arrêt du Grand Conseil du 30 Juin 1628, pour Orléans.*)

ARTICLE XXVIII.

1. *Aux Vice-Baillis, &c.*) Tous ces Officiers ont été supprimés par l'Edit du mois de Mars 1749. (*Voyez la note 1. sur l'article 12. du titre 11.*)

TITRE TROISIE'ME.

Des Plaintes, Accusations, & Dénonciations.

1. **D**Es *Plaintes*) La plainte n'est pas absolument nécessaire pour pouvoir informer, lorsque le Criminel est arrêté en vertu d'un Ordre supérieur, ou qu'il est pris en flagrant délit ou à la clameur publique, & en général toutes les fois qu'il a été emprisonné par l'autorité du Juge. A Paris, les Commissaires du Châtelet peuvent aussi informer par eux-mêmes des crimes sans réquisition ni Ministere du Procureur du Roi ou de ses Substituts, dans le cas de flagrant délit, sans plainte d'aucune Partie privée. (Voyez la Marre, Traité de la Police, tom. 1. liv. 1. tit. 11. ch. 7. pag. 205. col. 2.)

Il n'est pas même nécessaire, lorsque le Juge a informé d'office, que le Procureur du Roi ou Fiscal donne ensuite la plainte; il suffit que cette Partie publique agisse en conséquence contre l'Accusé. Il y a plusieurs Pro-

E vj

il n'y a aucune plainte. J'ai une copie de celui fait en l'année 1674 à M. le Chevalier de Rohan & à ses Complices, pour crime de leze-Majesté, dans lequel il n'y a aucune plainte, & où le premier Acte qui paroît de la part du Procureur Général en la Commission établie pour l'instruction de ce Procès, sont les Conclusions pour recommander ledit sieur de Rohan qui avoit été arrêté par Ordre du Roi, & mis prisonnier au Château de la Bastille.

En effet, l'objet de la plainte n'étant que pour parvenir à s'assurer du Coupable & à instruire son Procès, si le Criminel est arrêté, il est évident que cette plainte devient inutile, & qu'il suffit que la Partie publique agisse ensuite pour la poursuite & l'instruction du Procès sur le vû de l'information, soit en concluant au Décret, ou à quelqu'autre Jugement d'instruction, & quelquefois même à la peine.

Airault, en son Instruction Judiciaire, liv. 2. partie première, n. 35 & suivans, page 172, établit aussi comme une maxime incontestable, que le Juge peut informer d'office, &

& Dénonciations. Tit. III. 109
par lui-même, si le Procureur du Roi ou Fiscal ne se porte Partie; ce qui résulte d'ailleurs de la disposition des Ordonnances.

Par l'Ordonnance de 1539, article 145, il est dit, que si-tôt que la plainte des crimes, excès ou maléfices aura été faite, *ou que les Juges en auront autrement été avertis*, ils en informeront diligemment, pour après l'information faite & communiquée au Procureur du Roi, & vû ses Conclusions, être décerné par le Juge ce qu'il appartiendra.

M. Bourdin Procureur Général, sur cet article, dit: « Qu'en France » quand il s'agit d'un crime public, » la poursuite en est faite à l'instiga- » tion de l'Accusateur qui se rend Par- » tie, *ou du seul Office du Juge sans » Accusateur*, laquelle doit être in- » continent communiquée au Procu- » reur du Roi pour prendre ses Con- » clusions, comme il verra être rai- » sonnable selon la qualité du crime » ou de l'Accusé. «

L'art. 63, de l'Ordonnance d'Orleans est conforme à cette maxime, & il enjoint à tous Juges d'informer promptement des crimes & délits sitôt qu'ils seront pourvûs à leur connoissance ; ce qui est aussi ordonné par l'article 184 de l'Ordonnance de Blois, qui ajoute, qu'ils dresseront Procès-verbal des plaintes & dénonciations qui leur en seront faites.

L'article soixante-quatre de l'Ordonnance d'Orléans va même plus loin, & porte, que les Juges ne seront astraints de communiquer les Procès Criminels pendant l'instruction aux Procureurs du Roi ou Fiscaux, mais que d'eux-mêmes & de leur Office ils ordonneront ce qu'il appartiendra jusqu'à l'entiere instruction. (*Voyez aussi Jul. Clar. in Pract. crim. qu. 10. n. 3.*)

L'Ordonnance de Châteaubriant, du mois d'Octobre 1565, article 1, porte, que sitôt que les crimes auront été commis, ceux qui en auront connoissance seront tenus d'en avertir les Juges les plus proches du lieu pour y pourvoir promptement ; desquels crimes lesdits Officiers seront tenus d'informer promptement & diligemment, & de décreter lesdites informations sans attendre la requisition des Parties, *ou des Procureurs du Roi ou Fiscaux.*

L'Ordonnance de 1670, titre des Décrets, article 1, a à la vérité dérogé à cet article 64 de l'Ordonnance d'Orleans, en voulant que tous Décrets soient rendus sur les Conclusions des Procureurs du Roi ou Fiscaux; mais elle n'a pas dérogé au surplus de ce qui s'étoit toujours observé depuis l'Ordonnance de 1539, pour le pouvoir qu'ont les Juges d'informer par eux-mêmes des délits sans réquisition de la Partie publique.

Lizet, en sa Pratique Criminelle, liv. 1, tit. 1, dit aussi : » Qu'ès crimes » le Juge doit informer par lui-même » de son Office & à la requête des Avo- » cats & Procureurs du Roi, qui sont » tenus de lui faire part de leur devoir, » & de requérir & poursuivre envers le » Juge ce qu'ils aviseront pour le bien » de la Justice. «

Carondas, en sa note sur cet endroit de Lizet, dit : » Qu'encore qu'il » n'y ait Partie privée, si est-ce qu'il y » a toujours un Accusateur public, soit » Procureur du Roi ou Fiscal, encore » que le Juge informe d'Office, lequel » peut dire qu'il procede à la requête » d'icelui, & ne le peut ledit Procureur » du Roi désavouer, sinon qu'il y ait

» de l'animosité, ou de l'abus & con-
» versation de la part du Juge, & qui
» l'auroit fait prendre à partie. «

Au reste cette maxime, que le Juge
peut agir d'Office sans Accusateur, a
son fondement dans les Loix Romai-
nes. (Voyez la Loi 7, ff. de Officio
præsidis. Et la Novelle 128, §. fin. Et
Voyez aussi la Loi ult. ff. de quæstionibus. Et la Loi 4. ff. ad L. Jul. pe-
culatûs.)

ARTICLE PREMIER.

1. *Les Plaintes.*) Plainte, à proprement parler, s'entend de celle qui
se donne par la Partie privée : néanmoins ce mot se dit aussi le plus souvent de celle qui est rendue par la Partie publique. A l'égard de l'*Accusa-*
tion, elle ne se dit que des Procureurs
du Roi ou Fiscaux, n'y ayant qu'eux
qui soient les véritables Accusateurs.
(Voyez le Procès-verbal de l'Ordonnance de 1670, titre 1, article 1,
page 8.)

Toute plainte doit contenir l'exposition du fait & les Conclusions du
Plaignant.

Article II.

1. *Seront signées par le Juge.*) Voyez la note sur l'article 9, du titre 6 ci-après.

Article III.

1. *Ensemble toutes les informations.*) C'est-à-dire toutes celles qu'ils font en flagrant délit, comme de lever un Cadavre, entendre les Témoins, faire arrêter les Coupables & les interroger. Mais hors le cas de flagrant délit, quoiqu'ils puissent recevoir des plaintes, ils ne peuvent néanmoins procéder à l'information sans une Ordonnance du Lieutenant-Criminel, qui s'obtient sur Requête, sinon au cas porté ci-après en l'article 14, du titre 14.

Il faut aussi observer que hors le cas de flagrant délit, les Commissaires du Châtelet de Paris ne peuvent se transporter dans les maisons des Particuliers, pour y recevoir des dépositions & déclarations, sans la réquisition des Parties, & Ordonnance du Juge rendue en conséquence. (Arrêt de la Tournelle du 9 Juillet 1712, rapporté au Journal des Audiences, tom. 6.)

Article IV.

1. *Seront signées.*) Voyez ci-après titre 6, article 9, note 4.

Article V.

1. *En tout état de cause.*) Pourvû que ce soit avant le Jugement; & en ce cas ils sont tenus de tous les frais.

2. *Dans les vingt-quatre heures.*) C'est-à-dire, dans les vingt-quatre heures qu'ils se seront portés Parties civiles, soit qu'ils se soient portés Parties par la plainte, ou par autre Acte subséquent.

Lorsque le Plaignant s'est porté Partie contre plusieurs, il peut se désister à l'égard des uns & non à l'égard des autres. (Boûvot tome 2, verb. *Criminel*, quest. 5.)

Ce désistement doit être signifié, tant à l'Accusé, qu'au Procureur du Roi ou Fiscal, s'il est joint à la poursuite.

3. *Et non après.*) Faute de faire ce désistement dans les vingt-quatre heures, les Plaignans sont tenus de tous les frais, tant envers l'Accusé qu'envers le Domaine, ainsi qu'il résulte de la

fin de cet article ; mais rien n'empêche qu'après ces 24 heures ils ne puissent transiger avec l'Accusé, & se désister de leur poursuite, auquel cas ils cessent d'être tenus des dommages & intérêts envers lui.

Quand une fois on s'est désisté, il n'est plus permis de reprendre la poursuite. (L. *Accusationem* 6. *c. qui Accusare non possunt*. L. *postquam liti* 4. *c. de pactis.*)

4. *Et en cas de désistement.*) C'est-à-dire, en cas de désistement fait dans les 24 heures. Lorsque le Plaignant, qui s'est porté Partie Civile, ne se désiste qu'après les 24 heures, ce désistement ne le décharge pas des frais qui se font ensuite pour l'instruction du Procès à la Requête de la Partie publique. (Ainsi jugé par Arrêt de la Tournelle du 4 Mars 1740, conformément aux Conclusions de M. d'Aguesseau Avocat Général, contre un Plaignant qui s'étoit porté Partie Civile par la plainte, & qui avoit transigé avec l'Accusé après les 24 heures.)

5. *Des frais faits depuis qu'il a été signifié.*) Mais ils sont tenus de ceux faits avant le désistement.

6. *Sans préjudice néanmoins des*

Des Plaintes, Accusations dommages & intérêts.) Dans le cas où la plainte seroit injuste & calomnieuse.

Article VI.

1. *Circonstanciées.*) C'est-à-dire, qu'elles ne doivent point être vagues & générales, comme si on accusoit quelqu'un d'avoir tué une personne en général, sans marquer, ni le tems, ni le lieu.

Article VII.

1. *Les Accusateurs.*) Les Procureurs du Roi ou Fiscaux, dans le cas d'accusation calomnieuse, sont tenus comme les autres des dommages & intérêts envers les Parties accusées ; mais cela n'a gueres lieu que lorsqu'ils ont formé leur accusation sans aucun commencement de preuve, ou sans avoir de Dénonciateur ; ou bien dans le cas, où par un esprit de vexation ils auroient pris des Dénonciateurs inconnus, notoirement insolvables ou de foi suspecte. C'est en conséquence de cette action contre les Procureurs du Roi ou Fiscaux, que l'Accusé peut

après le Procès jugé en sa faveur, les obliger la Partie publique de nommer leur Dénonciateur, suivant l'art. 73 de l'Ordonnance d'Orleans, & que faute de ce faire, ils sont tenus des dommages & intérêts des Parties. Plusieurs Arrêts les y ont condamnés en pareil cas, entr'autres un du 5 Mars 1604, rapporté par M. le Prestre, centur. 1. chap. 3. Autre du 28 Avril 1606, rapporté au Journal des Audiences, tom. 1. Voyez aussi Bouvot en ses Questions notables, verb. *instigant*, quest. 1. Et Bouchel en sa Somme Bénéficiale verbo *Dénonciateur*.

Dans les crimes précédés de commune renommée, les Procureurs du Roi ou Fiscaux ne sont pas tenus de prendre un Dénonciateur, non plus qu'en flagrant délit ou à la clameur publique.

Les Prevôts des Maréchaux ne peuvent connoître des accusations calomnieuses; il faut alors se pourvoir devant le Juge Civil du lieu. (Arrêt du 15 Janvier 1724, contre le Prevôt des Maréchaux de Mantes.)

2. *Et Dénonciateurs.*) Parce que ce sont eux qui ont donné lieu à la poursuite de la Partie publique.

3. *De ceux qui ne se seront rendus Parties.*) C'est-à-dire des Plaignans, encore qu'il ne se soient rendus Parties, ou que depuis ils se soient désistés.

Article VIII.

1. *Les Procès seront poursuivis.*) C'est-à-dire, les Procès pour raison de crimes qui méritent l'animadversion publique, & ausquels il échet peine afflictive ou infamante. (Voyez ci-après l'art. 19 du tit. 25, & la note.)

Lorsque les Procureurs du Roi ou Fiscaux sont seuls Parties dans la poursuite des Procès Criminels, il n'y a jamais de condamnation de dépens, soit contr'eux, soit contre l'Accusé, Telle est la Jurisprudence constante de ce Royaume. (Voyez Papon en ses Arrêts, liv. 18, titre 2, n. 28, & liv. 24, titre 6, n. 3. Bacquet en son Traité des Droits de Justice ch. 7. n. 23.; & il a été ainsi jugé par Arrêt du 19 Janvier 1662, contre le Juge de Baudreville. L'Ordonn. de 1539, article 161, en a une disposition précise; & c'est ce qui résulte aussi de l'article 6 du titre 1, & de l'article 17

& Dénonciations. TIT. III. 119
du tit. 25 de la préfente Ordonnance.)
Mais les frais faits à la requête des
Procureurs du Roi, quand ils ont été
feuls Parties, fe reprennent fur les
biens confifqués du Condamné. (Arrêt du Confeil du 26 Octobre 1683, concernant les frais de Juftice.)

Dans les Procès qui fe pourfuivent à la requête des Procureurs des Officialités, il n'y a point non plus de condamnation de dépens. (Ainfi jugé par un grand nombre d'Arrêts. Voyez Papon *ibidem*, liv. 18, titre 2, n. 28, en la note, & aux additions, n. 4. Voyez auffi Bardet en fes Arrêts, tom. 1, liv. 3, ch. 104. Et Fevret en fon Traité de l'Abus, liv. 4, chap. 3, n. 34.)

A l'égard des frais qui fe font pour parvenir à la preuve des faits juftificatifs, ils doivent être payés par l'Accufé. (Voyez ci-après tit. 28, art. 7.) Et encore même s'il n'a pas le moyen de fournir à cette dépenfe, c'eft à la Partie civile à les payer, & s'il n'y a point de Partie civile, c'eft au Roi ou aux Seigneurs Hauts-Jufticiers. (Même article 7 du titre 28.)

Il en eft de même de toute autre preuve qui fe fait pour la juftification ou pour l'instruction de l'Accusé, elle doit être faite à ses frais, s'il peut y parvenir : car c'est une maxime constante que toute Procédure particuliere qui se fait en faveur de l'Accusé, doit être faite à ses dépens, & que s'il n'a de quoi, elle le doit être aux frais de la Partie Civile ou du fisc. (C'est ainsi que l'avance M. Bourdin, Procureur Général, sur l'art. 159 de l'Ordonance de 1539.)

TITRE QUATRIÉME,

Des Procès-verbaux des Juges.

ARTICLE PREMIER.

1. **Les Juges dresseront Procès-verbal.**) Ces sortes de Procès-verbaux ont le plus souvent lieu dans le cas de flagrant délit. Lorsqu'il vient d'arriver un homicide, un vol fait avec effraction, &c. le Juge peut dans ces cas agir d'Office, & se transporter sur les lieux sans la réquisition du Procureur du Roi ou Fiscal, pour en dresser Procès-verbal,

verbal. En effet, cet article ne parle point de la présence du Procureur du Roi ou Fiscal, sauf à leur communiquer ces Procès-verbaux pour y prendre des Conclusions, & sauf aussi, si l'on a besoin d'eux pour y faire des réquisitions, à les y faire intervenir.

On trouve même au Journal des Audiences, tome 6, un Arrêt de la Tournelle du 10 Mars 1713, rendu contre le Juge de Montfaucon, qui lui fait défenses de se faire assister du Procureur Fiscal, lorsqu'il se transportera dans des maisons pour y recevoir des déclarations. (Voyez ce qui a été dit ci-dessus titre 3, au commencement du titre.) Ce Procès-verbal doit être écrit par le Greffier en présence du Juge.

2. *Les personnes blessées.*) Le Juge doit aussi interroger le blessé après serment de lui pris, & recevoir sa déclaration sur le fait & sur ses circonstances, sur le nom de celui qui a commis le crime, sur ce qui peut y avoir donné lieu, sur le tems & la maniere dont la chose s'est passée, & sur les autres circonstances du crime; faire mention du tout en son Procès-verbal, & ensuite faire signer cette déclaration, s'il sçait ou peut signer,

F

3. *Où le corps mort.* Par une Déclaration du 5 Septembre 1712, il est dit, que lorsqu'il se trouvera dans la Ville de Paris & dans les lieux circonvoisins des cadavres de personnes que l'on soupçonnera n'être pas mortes de mort naturelle, soit dans les maisons, dans les rues & autres lieux publics ou particuliers, soit dans les filets des ponts, vannes des moulins, & sous les bateaux qui sont sur la riviere, les Propriétaires des maisons, s'ils y demeurent, sinon les principaux Locataires, les Aubergistes, les Voisins, les Maîtres des ponts, les Meuniers, Bateliers, & généralement tous ceux qui auront connoissance desdits cadavres, seront tenus d'en donner avis aussi-tôt, sçavoir dans la Ville & Fauxbourgs de Paris au Commissaire du quartier, & dans les lieux circonvoisins aux Juges qui en doivent connoître, ausquels Juges & Commissaires il est enjoint de se transporter diligemment sur le lieu, de dresser Procès-verbal de l'état auquel le corps aura été trouvé, de lui appliquer le sçel sur le front, & le faire visiter par Chirurgiens en leur présence, d'informer & entendre sur le champ

qui seront en état de déposer de la cause de la mort, du lieu, & des vie & mœurs du Défunt, & de tout ce qui pourra contribuer à la connoissance du fait, dont les Commissaires audit Châtelet feront rapport au Lieutenant-Criminel, pour y être par lui pourvû, ainsi que par les autres Juges des lieux à qui la connoissance en doit appartenir, suivant les Ordonnances, & suivant la forme prescrite au titre 22 de l'Ordonnance de 1670.

La même Déclaration fait défenses à toutes personnes de faire inhumer lesdits cadavres avant que les Officiers ci-dessus en ayent été avertis, que la visite en ait été faite & l'inhumation ordonnée par les Juges, à peine d'amende contre les Contrevenans, même de punition corporelle, comme Fauteurs & Complices d'homicide, s'il y échet. Elle défend aussi aux mêmes Juges de retarder l'inhumation après l'exécution de ce qui est ci-dessus ordonné, sous prétexte de vacations par eux prétendues, à peine d'interdiction.

L'Edit du mois de Mars 1667, portant désunion de la Charge de Lieutenant de Police & de celle de Lieutenant-Civil de Paris, porte, que les Chirurgiens seront tenus de donner au Juge de Police les déclarations ou états des blessés, & leur qualité.

Par l'article 12 de la Déclaration du 9 Avril 1736, il est dit, que lorsque le Juge ordonne que le corps trouvé sera inhumé, la minute du Procès-verbal du transport du Juge, ensemble de l'Ordonnance rendue en conséquence, doit être déposée au Greffe, & l'Ordonnance datée dans l'Acte de sépulture. Si le corps a été enterré avant le transport du Juge, le Juge doit le faire exhumer, & en dresser Procès-verbal.

4. *Ensemble du lieu où le délit aura été commis.*) Dans tous les cas où il reste quelque vestige du crime, qu'on appelle ordinairement *delicta facti permanentis*, comme dans les effractions, le Juge doit se transporter sur les lieux & en dresser Procès-verbal, ainsi qu'il est ordonné par l'Arrêt des Grands-Jours de Clermont du 10 Décembre 1665, article 26.

Article II.

1. *Les armes, meubles, & hardes.*) Et pour cet effet le Juge doit avoir soin de les inventorier dans son Procês-verbal, & de les remettre ensuite au Greffe ; & s'il y a des papiers, ils doivent être paraphés par le Juge & par le Greffier.

TITRE CINQUIÉME.

Des Rapports de Médecins & Chirurgiens.

Article Premier.

1. *Par Médecins & Chirurgiens.*) L'Edit du mois de Février 1692 a créé un Médecin ordinaire du Roi & des Chirurgiens-Jurés dans toutes les Villes du Royaume, pour faire, à l'exclusion de tous autres, les rapports des visitations qui se font, tant par Ordonnance de

Justice, que dénonciatifs des corps morts ou blessés.

Dans les endroits où la création de ces Offices n'a point eu lieu, les visites se font par des Chirurgiens ordinaires & Médecins, s'il y en a ; & alors ils sont tenus d'affirmer leur rapport véritable aux termes de cet article.

Quand il s'agit de faire des visites pour raison de grossesse, ces visites doivent se faire par des Matrones ou Sages-Femmes. L'article 33 du titre 25 ci-après en a une disposition, & il seroit à souhaiter qu'elle fût observée : mais le plus souvent ces visites se font par des Médecins & Chirurgiens, même dans les Villes où il y a des Matrones.

Article II.

1. *Pourront.*) Ces nouveaux rapports s'ordonnent ordinairement lorsque le premier est suspect, ou exprimé en termes obscurs.

2. *Ordonner.*) Ou d'office, ou sur la réquisition des Parties.

Non-seulement le Plaignant peut demander cette seconde visite, mais aussi l'Accusé, lorsqu'il y a lieu de craindre que le Plaignant, dans la premiere visite faite sans Ordonnance de Justice, ne l'aît fait faire par Chirurgiens suspects, & qui ont dressé leur rapport d'une maniere favorable à ce Plaignant : alors le Juge ne peut la refuser, & il doit nommer les Experts d'office. Cette seconde visite est aux dépens de celui qui la demande.

3. *Lesquels prêteront le serment.*) Les Médecins & Chirurgiens-Jurés créés par l'Edit de 1692, dont on vient de parler dans la note sur l'article précédent, ayant serment à Justice, ne sont point tenus de le prêter de nouveau à chaque visite.

4. *Sur le champ leur rapport.*) Ce rapport est une des principales pieces du Procès, quand il s'agit de mort, blessures, &c. car avant toutes choses il faut que le corps de délit soit constaté.

Lorsque ces rapports sont en regle, ils font foi en Justice, sans qu'il soit besoin de répeter les Experts dans leur rapport, ni de les récoler & confronter, quoique le contraire s'observe en quelques Jurisdictions, comme à Angers, &c. mais l'Ordonnance n'exige point cette formalité. Cela a même été jugé par Arrêt du 21 Mars 1714, au Rapport de M. le Nain, sur les Conclusions de M. d'Aguesseau, alors Procureur Général.

Article III.

1. *Commis de notre premier Médecin.*) Cela n'a plus lieu depuis la création des Offices de Chirurgiens-Jurés commis aux Rapports, dont on vient de parler; car les Juges sont obligés de se servir du ministere de ces derniers à l'exclusion de tous autres. Ces Offices ont depuis été réunis aux Communautés des Chirurgiens, qui en nomment deux d'entr'eux pour faire chaque année, ou autrement, les fonctions d'Experts commis aux Rapports, & font bourse commune.

TITRE SIXIÉME.

Des Informations.

ARTICLE PREMIER.

1. *Les Témoins.*) Ce nombre de Témoins n'eſt pas limité en matiere Criminelle ; le Juge peut en faire entendre autant qu'il veut & autant qu'il eſt néceſſaire.

Voyez ci-après la note 7, ſur l'article 1 du titre 15.

ARTICLE III.

1. *Tenus de comparoir.*) Pour dépoſer, ou du moins pour déduire les raiſons ſur leſquelles elles peuvent ſe fonder pour ne pas dépoſer ; car il y a des perſonnes qu'on ne peut contraindre de dépoſer contre d'autres, comme les enfans contre leurs peres ou meres, les femmes contre leurs maris, *aut vice verſâ*, ſi ce n'eſt dans des cas très-graves. Au reſte, lorſque

F v

le Témoin prétend n'être pas dans le cas de devoir déposer, le Juge ou Commissaire qui vaque à l'instruction, en doit dresser Procès-verbal ; & cette prétention du Témoin forme un incident, qui doit être jugé au Siège où le Procès s'instruit.

A l'égard des Témoins qui ne peuvent comparoître, ils doivent faire présenter leurs exoines. (Voyez ci-après titre 11.)

Si le Témoin est en Décret de prise de corps, ou dans la crainte d'être emprisonné en vertu de Sentence, il peut demander un sauf-conduit pour aller déposer.

S'il est malade ou infirme, & que ce soit un Témoin important, le Juge se transportera chez ce Témoin pour recevoir sa déposition.

S'il est absent, éloigné & hors d'état de se transporter, le Juge donne quelquefois commission rogatoire ou autrement au plus prochain Juge du domicile de ce Témoin, pour recevoir sa déposition.

2. *Par amende.*) Voyez ci-après titre 15, article 2.

Quand l'information se fait devant un Juge d'Eglise, il ne peut condamner,

Des Informations. TIT. VI. 131
en l'amende les Témoins défaillans, ni prononcer contr'eux la contrainte par corps. (Ainsi jugé par Arrêt du 19 Mars 1712, contre l'Official d'Amiens. Voyez aussi Fevret, Traité de l'Abus, liv. 4, chap. 4, n. 13.) *Nam jus multæ dicendæ his solis competit, quibus publicum judicium datum est. L. 2. §. fin. ff. de judic.* (Voyez les Loix Ecclésiastiques d'Hericourt, Partie premiere, ch. 21, n. 5.)

ARTICLE IV.

4. *Feront apparoir de l'Exploit.*) Car tout Témoin doit être assigné, autrement il devient suspect, & il pourroit arriver que l'Accusé ou ses parens en fissent paroître qui leur seroient favorables. C'est une suite de la disposition portée en l'article 1 de ce titre.

Il ne suffit pas de faire mention que le Témoin a été assigné; mais il faut à chaque déposition répéter de nouveau la représentation de l'Exploit & le nom de l'Huissier. (Ainsi jugé par Arrêt du 17 Août 1706, qui a déclaré nulle une Procédure faite au Présidial de Metz, pour avoir manqué à cette formalité.)

2. *En cas de flagrant délit.*) Le cas de flagrant délit est lorsqu'un crime vient de se commettre, & que le corps de délit est exposé à la vûe de tout le monde ; comme lorsqu'une maison vient d'être incendiée, un mur percé, ou qu'un homme vient d'être tué ou blessé, ou s'il arrive une émotion populaire, &c. dans ces cas les Témoins sont ordinairement encore sur le lieu.

ARTICLE V.

1. *De leur nom, surnom, âge, qualité & demeure.*) Il n'est pas nécessaire de faire mention dans la déposition, ainsi que la plûpart se l'imaginent, si les Témoins connoissent ou non les Parties ; cette formalité n'est nécessaire que dans les confrontations. C'est ainsi que s'en explique M. Joly de Fleury, Procureur Général, dans une Lettre du 7 Août 1727, écrite au Procureur du Roi du Bailliage d'Orléans. Ainsi jugé par Arrêt de la Cour du 10 Juin 1746, rendu pour Angers.) Voyez *infrà* l'article 15, du titre 15.

2. *Serviteurs ou Domestiques.*)

rens ou Alliés.) Non pour rejetter leur témoignage : car en matiere Criminelle ces sortes de dépositions sont reçues, du moins par rapport à la Partie publique, pour y avoir par les Juges tel égard que de raison.

Les mots de *Serviteurs* & *Domestiques* ne sont point synonimes, & l'omission d'un de ces deux termes rendroit la déposition nulle. *Domestiques* sont ceux qui demeurent dans une même maison & mangent à la même table, comme sont les Aumôniers, Gouverneurs, Précepteurs, Intendans, Sécretaires, &c.

3. *Des Parties.*) C'est-à-dire, des Parties connues : car si la plainte est rendue seulement contre des Quidams, ou contre des Parties connues & contre certains Quidams, il suffira de déclarer si l'on est parent, &c. ou non des Parties nommées dans la plainte; en effet on ne peut faire une pareille déclaration à l'égard de personnes qu'on ne connoît point.

Il ne suffiroit pas de faire mention dans la Procédure que le Témoin n'est parent, allié, serviteur, ni domestique de l'Accusé & de *la Partie civile*; il faut nécessairement mettre *des*

Parties, même dans le cas où le Procureur du Roi ou Fiscal est seul Partie, parce que le Témoin peut être parens, allié, serviteur, ou domestique de ce Procureur du Roi ou Fiscal.

Quand même le Témoin seroit une personne élevée en dignité, il faudroit toujours se servir de ces mots, *Serviteur & Domestique*, parce que l'Ordonnance ne faisant aucune distinction, doit être observée dans tous les cas. (Ainsi jugé par Arrêt du 16 Septembre 1711.)

Article VI.

1. *Commettre leurs Clercs.*) La Déclaration du 21 Avril 1671 ajoute, que les Juges ne pourront commettre leurs Clercs & autres personnes pour écrire les Informations, Interrogatoires, Procès-verbaux, Récollemens, Confrontations, & tous autres Actes en matière Criminelle, lorsqu'il y a un Greffier ou Commis à l'exercice du Greffe, si ce n'est qu'il fût absent, malade, ou qu'il eût quelqu'autre légitime empêchement. (*Idem* par Arrêt du Conseil du premier Septembre 1684.)

Des Informations. T IT. VI. 155

2. *Légitime empêchement.*) Mais il faut dans ce cas où les Juges peuvent commettre, que celui qui est commis au défaut du Greffier ordinaire, soit âgé de vingt-cinq ans accomplis, à peine de nullité, & contre les Juges de répondre en leur propre & privé nom des dommages & intérêts des Parties. (Ainsi jugé par un Arrêt de la Tournelle Criminelle du 13 Juin 1709, contre les Officiers de la Châtellenie d'Availles; & par un autre Arrêt du 12 Janvier 1723, contre le Lieutenant-Criminel d'Amiens.)

ARTICLE VII.

1. *Prêter serment.*) Ce serment doit être prêté par le Greffier au commencement de la procédure, & il en doit être fait mention en tête du premier Acte de cette procédure. (Arrêt du 28 Mai 1696, qui pour le défaut de cette formalité, a ordonné que la procédure seroit recommencée aux frais du Lieutenant de la Maréchaussée de Lyon. Il y en a un autre Arrêt du 19 Septembre 1711, contre le Juge de Dampierre.)

Article VIII.

1. *Sinon ès cas portés par l'Edit de Nantes.*) Cette exception n'a plus lieu depuis l'Edit du mois d'Octobre 1685, qui révoque celui de Nantes.

Ces Offices d'Adjoints ont été rétablis par des Edits de 1694 & 1696; mais depuis ils ont été supprimés de nouveau.

Article IX.

1. *Ecrite par le Greffier.*) Le Juge ne peut lui-même écrire cette déposition.

2. *En présence du Juge.*) Ou du Commissaire, dans le cas où les Commissaires peuvent informer. (Voyez ci-dessus tit. 3. art. 3.)

3. *Signée par le Greffier.*) Cette formalité de la signature du Greffier n'est nécessaire que pour les dépositions, & non pour les interrogatoires, ni pour les récolemens & confrontations, l'Ordonnance n'assujettissant point à cette formalité pour ces dernieres procédures. (Voyez *infrà* tit. 14. art. 13. & tit. 15. art.

Des Informations. TIT. VI. 137
5. & 13. Ainſi jugé depuis quelques années par Arrêt ſur l'appel d'un Jugement rendu au Bailliage Criminel de Beauvais ou d'Amiens. Au Châtelet de Paris le Greffier ne ſigne ni les interrogatoires des Accuſés, ni les récolemens, ni les confrontations. Il eſt vrai qu'on obſerve le contraire dans la plûpart des autres Tribunaux; mais l'Ordonnance n'exige point cette formalité, & par conſéquent ce ne peut être une nullité d'y manquer. }

4. *Cottée & ſignée par le Juge.* } Voyez l'art. 4. du tit. 3. ci-deſſus.

L'art. 13. du tit. 14. dit *cottée & paraphée*; & les articles 5. & 13. du tit. 15. diſent ſimplement *paraphée*.

ARTICLE X.

1. *A charge & à décharge.* } Le témoin doit dépoſer de tout ce qui eſt à ſa connoiſſance ſans haine ni faveur: c'eſt pourquoi il doit dire naturellement & exactement tout ce qu'il ſçait, & n'omettre aucune des circonſtances du lieu, du tems & de la maniere dont la choſe s'eſt paſſée, & s'il s'agit d'une bleſſure, déſigner dans quel endroit du corps & avec

quelle arme la bleſſure a été faite, &c.
S'il ne connoît pas l'Accuſé, il doit
dire comment il étoit fait & habil-
lé, & donner ſon ſignalement.

Il doit auſſi énoncer ſa dépoſition
en termes clairs & diſtincts, & éviter qu'elle ſoit équivoque, obſcure
ou embarraſſée.

Mais ſurtout il doit rendre raiſon
de ce qu'il dépoſe, & de la maniere
dont il ſçait ce qu'il déclare; car une
déclaration faite en l'air, & ſans apporter en même-tems la raiſon de ce
qu'on déclare, eſt de nulle valeur,
& ne prouve rien, à moins que la
déclaration même ne renferme en
même-tems la cauſe de ce qu'on déclare, comme ſi le témoin dépoſe
de viſu. Dans ce dernier cas même,
ſi la choſe eſt arrivée de nuit, il doit
dire pourquoi il a vû, ſoit parce que
la lune luiſoit, ou parce qu'il y avoit
de la lumiere dans l'endroit ou aux
environs, ou parce qu'il étoit tout
proche. Enfin il doit avoir attention
de retrancher de ſa dépoſition toutes
les circonſtances étrangeres au délit.

Si le témoin lors de ſa dépoſition
repréſente quelque choſe qui puiſſe
ſervir à conviction ou à décharge, le

Des Informations. TIT. VI. 139
Juge en doit dreſſer procès-verbal, ou en faire mention dans la dépoſition. Il en ſeroit de même ſi c'étoit quelque écrit qui fût préſenté.

Mais il eſt défendu aux Juges d'interroger les témoins en procédant à leur audition. (Arrêt du 23 Juil. 1698. rendu contre le Lieutenant Particulier de Châtillon ſur Indre. Autre du 8 Juin 1721. Autre du 1 Mars 1728. rendu contre le Juge d'Etampes.)

Le Juge doit auſſi ſe comporter avec beaucoup de prudence à l'égard des témoins, & ne les point intimider, ni les ſéduire pour les engager à dépoſer. Il doit ſeulement leur repréſenter l'obligation où ils ſont de dire la vérité, & enſuite faire rédiger leur dépoſition de la maniere qu'elle eſt faite ſans y faire aucun changement.

Il faut auſſi que le Juge en recevant la dépoſition d'un témoin, lui faſſe circonſtancier tout ce que ce témoin a vû, & écrire le tout d'après ſa dépoſition, ſans renvoyer pour abreger à aucun autre acte de la procédure. (Ainſi jugé par Arrêt du 1. Mars 1728.)

Article XI.

1. *Seront ouïs.*) Si le témoin est sourd, il faudra lui faire prendre lecture de la plainte ou procès-verbal sur lequel on informe.

S'il est étranger & ne sçait pas la langue Françoise, il faudra se servir d'un Interprête, en observant à l'égard de ce témoin ce qui est prescrit à l'accusé dans l'art. 11. du tit. 14. ci-après.

Cet Interprête doit être nommé par le Juge, & il faut qu'il prête serment, & qu'il signe tous les Actes conjointement avec le témoin. (Arrêt du 20 Février 1696, qui enjoint au Lieutenant-Général de l'Amirauté de Dunkerque de nommer d'office dans ce cas aux témoins un Interprête, auquel il fera prêter le serment de bien & fidélement faire cette charge par un acte séparé, & avant que d'entendre les témoins dans leurs dépositions, de faire prêter serment à chaque déposition au témoin & à cet Interprête, faire lecture de la plainte à l'Interprête, qui en expliquera les faits au témoin, & ensuite

Des Informations. Tit. VI. 141
faire rédiger la déposition, suivant qu'elle lui sera récitée par l'Interprête sur l'interprétation par lui tirée du témoin, & à la fin de chaque déposition faire signer le témoin & l'Interprête, & d'observer les mêmes formalités aux récolemens & aux confrontations, & du tout en faire mention tout au long à chacun desdits Actes. Voyez *infrà* tit. 14. art. 11, aux notes.)

S'il est muet, il semble que dans ce cas il peut écrire sa déposition, la donner à copier au Greffier, & la signer.

2. *Secretement & séparément.*) Les Procureurs du Roi ou Fiscaux ne peuvent être présens à l'information non plus qu'aux interrogatoires, récolemens & confrontations. (Papon en ses Arrêts liv. 24. tit. 5. Arrêt 1. Fontanon sur l'art. 157. de l'Ordonnance de 1539. Voyez ci-après l'art. 6. du tit. 14.) Encore moins à la question & au jugement du procès. (Voyez *infrà* tit. 19. art. 9. & tit. 24. art. 2.)

3. *Dont mention sera faite.*) Quoique le témoin ait déclaré ne rien sça-

242 *Des Informations,* Tit. VII.
voir des faits portés par la plainte;
néanmoins il faut faire mention que
lecture lui a été faite de sa déposition, & qu'il y persiste, à peine de
dommages & intérêts contre le Greffier. (Ainsi jugé par Arrêt du
Mars 1712.)

Article XII.

1. *Aucune interligne.*) Idem pour les interrogatoires. (Voyez *infra* tit. 14. art. 12.)

2. *Approuver les signatures & signer les renvois.*) Voyez aussi le même article 12. du tit. 14.

Je vois que dans l'usage à Orléans, on se contente de parapher les renvois; mais il semble que c'est un vice de procédure, & que c'est aller contre la disposition de l'Ordonnance.

3. *Sous les mêmes peines.*) C'est-à-dire, à peine de nullité de la déposition, & des dommages & intérêts des Parties contre le Juge. (Voyez ci-dessus art. 9. pag. 132.)

Article XIII.

1. *Sera faite par le Juge.*) Voyez

Des Informations. TIT. VI. 145
art. 19. du tit. 22. de l'Ordonnance
de 1667.

Dans les Procès de Maréchauffées, c'eſt à l'Officier qui fait l'inſtruction de taxer les témoins. Cette taxe ſe fait eu égard à la qualité du témoin & au tems qu'il a employé à venir.

C'eſt au témoin à demander taxe, s'il le juge à propos; mais il n'eſt pas néceſſaire d'en faire mention dans la dépoſition, ni même que la taxe a été faite.

ARTICLE XIV.

1. *Déclarées nulles.*) Voyez *infrà* c. 14. art. 8. *in fine.*

Il faut que ce ſoit le Siége entier qui prononce cette nullité, & le Juge d'inſtruction ne peut le faire ſeul. (Ainſi jugé par Arrêt du 10 Juin 1746. pour Angers.)

Le Juge ſaiſi d'une affaire Criminelle peut non-ſeulement déclarer ſa procédure nulle, mais encore toutes celles qui ont été jointes, ou qui lui ont été renvoyées par Arrêt.

2. *Pourront être réiterées.*) Par un autre Juge ou Commiſſaire que celui qui a reçû ces dépoſitions nulles, &

144 *Des Informations.* [...]
à ses dépens. [Voyez [...]
art. 24.]

Au reste il [...] pas défendu [...]
une Procédure Criminelle d'entendre
deux fois le même témoin sur deux
ou plusieurs faits différents, non plus
que de le récoler & confronter à ces
faits nouveaux, quoiqu'il ait déjà été
récolé & confronté sur [...]. Par
exemple, quand une personne à qui
on a volé des effets a déjà été entendue en déposition, [...]
& confrontée, & qu'ensuite les effets volés viennent [...]
rien n'empêche qu'on n'entende de nouveau cette personne [...] déposition [...]
la reconnoissance de [...]
qu'on lui récolé [...]
à l'Accusé, [...]
quoique des récolemens [...]
se faire aussi [...]
particulier à l'égard des témoins, &
par un interrogatoire à l'égard de
l'accusé. [Voyez au surplus l'art. 6.
du tit. 15. ci-après.]

3. *S'il est ainsi ordonné.*] S'il [...]
toit pas ordonné que la déposition
seroit recommencée, on ne pourroit
entendre de nouveau le témoin dont
on a annullé la déposition, autrement
[...]

ment la nouvelle information seroit déclarée nulle. (Ainsi jugé par deux Arrêts de la Tournelle des 24 Mars & 10 Avril 1734.)

Article XV.

1. *Et autres piéces secrettes.*) Comme sont les récolemens & confrontations, la plainte, les procès-verbaux des Juges, les rapports en Chirurgie, les conclusions de la Partie publique. Mais cela ne s'entend pas des interrogatoires. (*Infrà tit.* 14. art. 18.)

L'Arrêt de Réglement du Parlement de Paris du 3 Septembre 1667. rendu pour les Justices du Ressort de cette Cour, porte que les Procès Criminels ne seront point communiqués en premiere Instance, ni en Cause d'appel, soit à l'Accusé, soit à la Partie civile, mais seulement les interrogatoires.

Mais cette regle souffre quelques exceptions : car

1°. En petit Criminel il paroît que cette défense ne doit point avoir lieu, surtout lorsqu'après avoir pris communication de la Procédure, le Pro-
G

cureur de [illegible] [illegible]
point Partie [illegible]
res [illegible]
l'Audience avant [illegible]
ainsi sur l'appel elles ne seroient plus
secrettes.

2°. En cas d'appel des Sentences
lorsqu'elles ne portent aucune condamnation de peine afflictive, bannissement, ou amende honorable, le
Procès non-seulement peut, mais
même doit être communiqué aux
Parties pour fournir leurs moyens ou
griefs. C'est une suite de ce qui est
dit ci-après en l'art. 12. [illegible]
& c'est aussi la disposition de l'Arrêt
de Réglement qui vient d'être cité,
qui porte qu'en cas d'appel des Sentences qui ne portent aucune peine
afflictive, bannissement ou [illegible] le
Procès sera communiqué aux Parties
pour fournir leurs moyens & griefs,
& qu'après le Jugement, [illegible]
judication de dépens, les [illegible]
sions & autres procédures [illegible]
seront point rendues aux Parties, mais
qu'elles demeureront [illegible]
Greffier, qui donnera [illegible]
en est requis, un extrait [illegible]
faits pour raison de [illegible]

récolemens, confrontations & autres procédures criminelles & piéces secrettes, pour être lesdites taxes employées dans la déclaration de dépens.

3°. En grand Criminel même, sur l'appel des Décrets & autres Jugemens d'instruction, l'information cesse d'être secrette, puisque ces appels se jugent à l'Audience sur la lecture publique de cette information. (V. infrà tit. 26. art. 2.)

L'Auteur des Loix Criminelles titre 4. sur l'art. 11. du tit. 26. de l'Ordonnance de 1670. va même plus loin, & prétend en général qu'après la confrontation les Procédures cessent d'être secrettes, & que l'Accusé peut en demander la communication. Mais il paroît difficile d'adopter ce sentiment, surtout avant le Jugement rendu, & même avant l'appel jugé, dans le cas où le Procès ne se juge pas en dernier ressort, ou que l'Accusé n'y a pas acquiescé. Car cet article 19. ainsi que l'Arrêt de Réglement qu'on vient de citer, défend de communiquer ces Procédures, tant en cause principale que d'appel.

4°. Enfin, après le Jugement rendu, si ce Jugement est en dernier ressort, ou que l'Accusé y acquiesce, (dans le cas où il y a lieu à cet acquiescement) il paroît que les Procédures cessent d'être secrettes. En effet l'Auteur des Loix Criminelles dans l'endroit dont on vient de parler, cite un Arrêt du Conseil du 9 Septembre 1722., où l'on voit que M. le Chancelier écrivit alors aux Officiers de Saumur, afin qu'ils fissent à la veuve d'un homme qu'ils avoient condamné à mort, communication des procédures faites contre son mari, parce qu'elle entendoit se pourvoir en Lettres de révision.

Il en seroit de même, si le condamné vouloit obtenir des Lettres de rappel de ban, commutation de peine, ou réhabilitation, ou si des parens vouloient purger la mémoire d'un défunt condamné.

Au reste cette défense de communiquer les Procédures secrettes, est assez mal observée dans l'usage, & on la viole tous les jours impunément. Airault même, quoiqu'un des plus grands Juges & des plus sçavans Criminalistes qu'il y ait eu en

Des Informations. Tit. VI. 149
France, ne paroît pas fort rigide sur cet article. Voici comme il s'en explique dans son Instruction judiciaire liv. 3. partie 3. n. 55. » Si les Parties, » dit cet Auteur, ou leurs Avocats » ou Conseil tâchent à avoir commu- » nication de la procédure, il ne faut » pas en faire un péché contre le saint » Esprit, & il y a même des cas où » le Juge doit avertir les Parties de » faire venir tels témoins, parce que » cela manque à la preuve. « Il ajoute ensuite, que c'est pour cela qu'aux Greffes des Cours Souveraines on n'est pas si scrupuleux à donner communication de la Procédure. Et en effet, si on veut obtenir Lettres de rémission, ou entrer en faux, comment pouvoir le faire sans cette communication.

2. *A peine d'interdiction.*) Ces derniers mots se rapportent au commencement de cet article, qui regarde la défense de communiquer les charges & informations.

Article XIX.

1. *Et Maréchaussées.*) L'artic. 29 de la Déclaration du 5 Février 1731.

G iij

150 *Des Informations.* Tit. VI.
assujettit aussi les Présidiaux à cette formalité.

2. *Au commencement de chacune année.*) L'article 29. de la même Déclaration de 1731. dit tous les six mois.

3. *Un extrait de leur dépôt.*) L'article 29 de la même Déclaration de 1731. dit un Extrait de leur Registre ou dépôt signé d'eux, & visé, tant par les Lieutenans-Criminels, que par les Procureurs du Roi des Bailliages, Sénéchaussées & Siéges Présidiaux, dans lequel ils seront tenus d'insérer en entier la copie des Jugemens de compétence rendus pendant les six mois précédens, & de la prononciation des mêmes Jugemens en la forme prescrite en l'art. 25. de la même Déclaration. (Voyez ci-dessus tit. 1. art. 18. note 1. p. 81.) Le tout à peine d'interdiction, ou de telle amende qu'il appartiendra, & sans préjudice des autres dispositions contenues dans l'art. 19. du tit. 6. de l'Ordonnance de 1670.

Par l'article 11. du tit. 5. du nouveau Réglement du Conseil du 28 Juin 1738. les Procureurs du Roi des Maréchaussées & Siéges Présidiaux

Des Informations. Tit. VI. 151
font tenus, à peine d'interdiction, d'informer le Procureur Général de la Commission établie pour les demandes en cassation des Jugemens de compétence, de tous les Jugemens de compétence intervenus sur leurs poursuites, aussi-tôt que ces Jugemens auront été rendus.

Voyez ce qui est ordonné pour les Décrets, *infrà* tit. 10. art. 20.

TITRE SEPTIÉME.

Des Monitoires.

Article Premier.

1. D'*Obtenir Monitoires.*) Tant en matiere Civile que Criminelle, ce qui résulte de l'article 11 de ce titre ; mais seulement pour faits graves & importans. L'article 26 de l'Edit du mois d'Avril 1695, porte, que les Archevêques ou Evêques, & leurs Officiaux ne pourront décerner des Monitoires que pour des

G iv

faits graves & scandales publics, & que les Juges Royaux n'en ordonneront la publication que dans les mêmes cas, & lorsqu'on ne pourra avoir autrement la preuve.

Les Monitoires en matiere civile s'accordent pour recelés ou détournement d'effets, soit d'une succession, ou communauté, ou dans le cas d'une faillite, &c.

Article II.

1. *A peine de saisie.*) Cette saisie se prononce par le Juge, qui a permis d'obtenir les Monitoires. Mais à l'égard de la distribution des revenus saisis, il n'y a que les Juges Royaux qui puissent l'ordonner. (V. *infrà* art. 6. pag. 154.)

2. *Que le Juge aura permis d'obtenir.*) En matiere de Duel les Monitoires doivent se décerner par les Officiaux sur la simple réquisition des Procureurs Généraux, ou des Procureurs du Roi. (Edit des Duels du mois d'Août 1679. art. 23.)

Article III.

1. *Compris au Jugement.*) Et pour le connoître, il est enjoint aux Officiaux & aux Greffiers des Officialités de garder les Minutes des Monitoires. (Arrêt du 17 Decembre 1705.)

Article IV.

1. *Ni désignées.*) C'est-à-dire, que l'Accusé ne peut être désigné, ni par sa profession, ni par ses vêtemens, ni par le signalement de sa taille, ou par les habitudes qu'il peut avoir, & qui peuvent servir à le faire connoître, en sorte qu'on ne peut parler de ceux contre lesquels le Monitoire est obtenu, qu'en termes vagues, & sous des démonstrations générales, autrement on peut s'opposer à la publication du Monitoire.

Au reste, cette défense n'a pas lieu dans le cas où il est impossible d'en user autrement, comme dans l'accusation d'adultere de la part d'un mari contre sa femme. (Voyez le Procès-verbal de l'Ordonnance de 1670. tit. 7. art. 5. pag. 89.)

G v

154 *Des Monitoires.* Tit. VII.

2. *A peine de 100 liv. d'amende.*) Mais non à peine d'être déchû de faire procéder de nouveau à la publication des Monitoires, si les premieres obtenues sont déclarées abusives.

Article VI.

1. *Nos Juges.*) Non ceux des Seigneurs.

Article VIII.

1. *Les Opposans.*) Ces sortes d'oppositions ne se font ordinairement que quand le Monitoire a commencé à être publié, parce que les Monitoires ne se signifient point. On pourroit cependant former opposition avant la publication du Monitoire, si l'on avoit été prévenu de cette publication.

2. *Dans le lieu de la Jurisdiction du Juge.*) Et non devant l'Official, qui ne peut jamais connoître de ces oppositions, sinon dans les Procès qui se poursuivent en cette Jurisdiction.

3. *De leur opposition.*) Toute opposition à la publication d'un Monitoire est suspensive : ainsi il faut assi-

gner l'Opposant devant le Juge, si on veut avoir main-levée de cette opposition.

4. *Si ce n'est qu'il y eût appel comme d'abus.*) Par ce qn'alors l'appel se porte au Parlement. Mais le simple appel comme d'abus n'empêche pas la publication du Monitoire. (Voyez le Procès-verbal de l'Ordonnance de 1670. tit. 2. sur l'art. 10. pag. 92. Ce qui résulte aussi de ce qui est porté ci-après en l'art. 9. du présent tit. Voyez aussi l'art. 36. de l'Ordonnance du mois d'Avril 1695.)

ARTICLE IX.

1. *Sera plaidée.*) Il est défendu d'appointer sur ces oppositions. (Arrêt du 23 Mars 1743. qui déclare nul un appointement prononcé en pareil cas par le Juge de Châteauroux.)

2. *De donner des défenses.*) Voyez *infrà* tit. 26. art. 4.

ARTICLE X.

1. *Aux frais du voyage s'il y échet.*) Ces frais doivent être payés par la

Partie qui a obtenu le Monitoire ; & à cet effet il en doit être délivré Exécutoire contre cette Partie, s'il y échet, par le Juge, lequel doit taxer ces frais sur le champ.

ARTICLE XI.

1. *Des révélations des témoins.*) Pour les faire entendre en déposition, & non pour les répéter à leurs révélations, qui ne doivent servir que de Mémoires. (Arrêt du 7 Juillet 1707. au Journal des Aud. tom. 6.).

TITRE HUITIEME.

De la reconnoissance des Ecritures & Signatures en matiere Criminelle.

Voyez sur ce titre & le suivant l'Ordonnance du mois de Juillet 1737, qui renferme des dispositions beaucoup plus étendues. C'est pour cela qu'on a crû devoir mettre à la fin de ce Commentaire quelques notes particulieres sur cette Ordonnance, pour en faciliter l'intelligence.

TITRE NEUVIE'ME.

Du crime de faux, tant principal qu'incident.

Voyez avant tout l'Ordonnance du mois de Juillet 1737, tant sur le faux principal qu'incident, avec les notes qui sont à la fin de ce Commentaire.

ARTICLE V.

1. *Consigner.*) Voyez l'article 4. du faux incident de l'Ordonnance du mois de Juillet 1737.

Cette inscription de faux & cette consignation d'amende n'ont lieu que pour le faux incident. (Voyez l'art. 1. du tit. du Faux principal de l'Ordonnance de 1737.)

2. *Sans droits ni frais.*) Voyez l'art. 6. du tit. du Faux incident de l'Ordonnance de 1737.

Article XIII.

1. *Sauf à le récuser.*) Par la nouvelle Ordonnance de 1737. on ne peut plus récuser les Experts, mais seulement les reprocher. (Voyez l'art. 9. du tit. du Faux principal, & l'art. 32. du Faux incident de cette Ord.)

Article XV.

1. *Et leur rapport.*) Par l'Ordonnance de 1737. art. 22. du Faux principal, & art. 30. du Faux incident, les rapports d'Experts ont été abrogés, mais les Experts sont seulement entendus comme témoins.

Article XVI.

1. *Répétés en leur rapport.*) Cette répétition d'Experts n'a plus lieu aujourd'hui au moyen des rapports supprimés ; mais on les entend d'abord en déposition. (Voyez la note sur l'article précédent.)

principal qu'incid. Tit. IX. 159

Article XVII.

1. *Cent vingt livres.*) Réduites à cent livres par l'article 49. du tit. du Faux incident de l'Ordonnance du mois de Juillet 1737.

TITRE DIXIÉME.

Des Décrets, de leur Exécution, & des Elargissemens.

Article Premier.

1. *Seront rendus.*) Les Décrets se rendent ordinairement par le Juge d'instruction : quelquefois cependant ils doivent se donner à la Chambre du Conseil sur le vû des charges & informations. (Voyez l'Edit du mois de Septembre 1697, portant création des Présidiaux de Franche-Comté, article 44.)

2. *Sur les conclusions.*) C'est-à-dire, qu'avant de pouvoir décreter, il faut que l'information soit communi-

quée au Procureur du Roi ou Fiscal, pour prendre par lui telles conclusions qu'il jugera à propos.

Décret de prise de corps, & emprisonnement sont deux choses différentes. Il y a plusieurs cas où le Juge peut faire emprisonner sans le ministere du Procureur du Roi, & sans aucunes conclusions. Ces cas sont, 1°. Lorsque le délinquant est arrêté en flagrant délit. 2°. Lorsque le cas est si grave, qu'il demande qu'on arrête promptement le coupable, & qu'il y auroit du danger à attendre. 3°. Le Juge d'instruction peut aussi faire arrêter un témoin, qui dépose faux en matiere Criminelle, sans plainte ni conclusions de la Partie publique, surtout si ce faux est considérable. 4°. Les Décrets qui se donnent à la Chambre en voyant le Procès, se donnent aussi d'office & sans conclusions.

Article II.

1. *Des crimes, des preuves & des personnes.*) Ce qui dépend entierement de la prudence du Juge, qui doit en cela user d'une grande cir-

& des Elargissemens. Tit. X. 161
conspection, & ne pas décreter légerement pour éviter d'être pris à Partie. C'est pourquoi il doit, 1°. Examiner avant toutes choses la nature du crime ou délit. 2°. Dans une même nature de délit il doit se déterminer différemment suivant les différens caracteres de preuves, & selon la qualité des personnes, suivant qu'elles sont plus ou moins élevées en dignité, ou qu'elles sont d'une réputation plus ou moins connue.

Lorsque le crime est capital, & qu'il y a un commencement de preuves suffisantes par l'information, par exemple, un témoin formel & sans reproche, ou plusieurs indices, le Juge doit décreter de prise de corps, & quelquefois même sur la simple notorieté publique. Mais en général il faut plus de preuves à l'égard d'une personne distinguée, surtout si c'est une femme, qu'à l'égard d'une personne vile. (*Infra* art. 8. de ce tit. pag. 167.) On commence aussi quelquefois par la capture sur une preuve, quoique légere, lorsque l'Accusé est étranger & suspect de fuite.

Si le crime n'est pas capital, ni de la qualité de ceux ausquels il échet peine afflictive ou infamante, mais seulement disposé à quelqu'autre peine, & que l'Accusé soit domicilié, le Juge doit décreter seulement d'ajournement personnel. (Voyez *infrà* art. 19.) Et si la preuve portée par l'information est légere, ou que l'Accusé soit Officier ou distingué par sa qualité, ou si c'est une femme d'honneur & de réputation, le Juge donnera seulement un Décret d'assigné pour être ouï.

Mais quand il ne s'agit que de simples injures verbales, il ne faut point décreter, & c'est un abus dans lequel la plûpart des Juges tombent tous les jours, que d'instruire criminellement ces sortes d'affaires. (Voyez le Procès-verbal de l'Ordonnance de 1670. sur l'art. 3. du tit. 21. pag. 230. Papon en ses Arrêts liv. 8. tit. 3. n. 13. & Bouchel au mot *injures*. Ainsi jugé par un grand nombre d'Arrêts.) Il suffit alors d'assigner celui dont on se plaint pour répondre aux fins de l'Exploit; ce qui doit se juger sommairement à l'Audience, & sur une simple Enquête, dans le cas où la Partie assignée ne conviendroit pas des faits.

& des Élargissemens. TIT. X. 163

Cependant si les injures étoient atroces, ou qu'elles tendissent à troubler l'honneur & le repos d'une famille, elles pourroient s'instruire criminellement ; & de même si elles étoient agravées par les circonstances du tems, du lieu ou de la personne.

Il n'est pas inutile d'observer ici, que les Juges dans les Décrets d'ajournement personnel qu'ils rendent, sont tenus d'exprimer le titre de l'accusation pour laquelle ils décernent ce Décret, à peine d'interdiction de leurs Charges. (Déclaration du mois de Decembre 1680. Idem par Arrêt du 12 Mai 1711. rapporté au Journal des Audiences tom. 6.)

ARTICLE III.

1. *Sera convertie.*) Cette conversion se fait sur le champ, sans observer les délais pour lever le défaut, & sans qu'il soit besoin de le faire juger comme en matiere civile. (Voyez le Procès-verbal de l'Ordonnance de 1670. sur l'art. 4. du tit. 11. pag. 125.) Mais elle doit se prononcer à l'Audience, quand il y a Partie civile.

2. *Si la Partie ne compare.*) Au jour porté par l'Assignation, qui doit être réglé par le Décret, & suivant la distance des lieux, comme dans l'article qui suit. Ce défaut de comparution se constate par un certificat du Greffier, portant que le Défendeur ou Accusé n'est point comparu pour subir l'interrogatoire au jour porté par l'Assignation.

Les Décrets d'assigné pour être ouï, & d'ajournement personnel, se signifient à la personne décretée ou à son domicile en tête de l'Assignation. Mais si l'Ordonnance du Juge renferme d'autres Décrets contre différens Accusés, il suffit de donner à chacun copie de la partie du Décret qui le regarde.

ARTICLE IV.

1. *Dans le délai.*) L'Accusé décreté peut ne pas attendre ce délai, & se présenter avant qu'il soit échû, pour subir interrogatoire; car ce délai est établi en sa faveur. (Voyez le nouveau Réglement touchant la Procédure du Conseil du 28 Juin 1738. part. 2. tit. 1. art. 16.)

2. *En matiere Civile.*) C'est-à-dire, que ce délai doit être au moins de trois jours, si le lieu où l'Assignation est donnée est le même, que celui où demeure l'Accusé; de huitaine hors ce lieu; & dans la distance de dix lieues & au-delà, ce délai sera augmenté d'un jour pour dix lieues. Il en est de même des Décrets d'assigné pour être ouï.

Si l'Assignation est donnée à la requête d'une Partie Civile, elle est tenue de cotter Procureur dans le lieu où l'accusation est pendante.

ARTICLE V.

1. *Les Procès-verbaux.*) Comme dans le cas où un Ministre de Justice, par exemple, un Sergent ou autre, refuseroit d'emprisonner un délinquant en flagrant délit ou autrement, sur la réquisition ou sommation qui lui en seroit faite par le Juge ou par la Partie publique.

Il en est de même dans le cas où un Officier auroit été injurié, ou troublé en ses fonctions, &c.

Article VI.

1. *Sinon en cas de rébellion que d'ajournement personnel seulement.*) L'Ordonnance s'exprime ici d'une manière qui paroît équivoque. En effet, il sembleroit, au sens que présentent ces termes, que dans les cas de rébellion les Procès-verbaux des Huissiers pourroient être décretés de prise de corps. Mais cet article s'explique par l'art. 4. de l'Edit d'Amboise du mois de Janvier 1572. qui porte qu'en cas de résistance & voie de fait, le Juge pourra décreter d'ajournement personnel sur le rapport des Sergens ou Huissiers Exécuteurs de Justice certifié de Records, sans attendre autre information, sauf après avoir informé de procéder par Décret de prise de corps.

Pour rendre cet article sans équivoque, il faudroit lire, *sinon en cas de rébellion, & seulement d'ajournement personnel.*

Article VII.

1. *De nouvelles Charges.*) Ou par

la reconnoissance de l'Accusé, ou par la déposition de nouveaux témoins. (*Infrà* art. 21.) Ces Charges peuvent être ou pour raison du même cas, ou d'un autre qui soit plus grave.

Article VIII.

1. *Sur la seule notorieté.*) C'est-à-dire, sur le bruit public, sans aucune information préalable.

2. *Sur celles des Maîtres.*) Ajoutez *ou Maîtresses.*

Une fille qui auroit été séduite & trompée par un garçon qui seroit sans domicile assûré, comme si c'étoit un Domestique ou un Compagnon Ouvrier, peut aussi sur une simple Requête faire arrêter par Ordonnance du Juge celui des faits duquel elle se prétend grosse, parce qu'alors il peut y avoir du péril en la demeure.

Article IX.

1. *Le Juge ordonnera qu'il sera écroué.*) Cette formalité établie par l'Ordonnance, que l'Accusé pris en flagrant délit, ou à la clameur publique, soit arrêté & écroué, est im-

posée au Juge, 1°. Afin que l'Accusé étant arrêté & constitué en Jugement en vertu d'une autorité légitime, soit dans l'obligation de répondre aux Interrogatoires qui lui seront faits. 2°. Afin que le Juge qui a la Police des Prisons ait connoissance de l'ordre & mandement en vertu duquel cet accusé est prisonnier, & qu'il ne soit pas dans le cas de le renvoyer des Prisons ; car ce n'est pas la capture qui fait le Prisonnier, mais l'écroue qui se fait sur le Registre du Géolier.

Au reste, cet écroue peut être prononcé d'office par le Juge sans les conclusions de la Partie publique ; ce qui résulte de cet article & de l'article 15. du titre 23. Mais il faudra ensuite que la Procédure soit communiquée à cette Partie publique, pour prendre telles conclusions qu'elle jugera à propos, soit pour faire recommander l'Accusé à sa requête, soit pour suivre l'instruction.

Article XI.

1. *Emportera de droit interdiction.* Contre un Juge ou un Officier de Justice,

tice, ainsi qu'il est dit en l'article précédent. Mais contre un Ecclésiastique, le Décret émané d'un Juge Laïc n'emporte aucune interdiction pour raison de ses fonctions Ecclésiastiques, cela ne dépendant point de la Puissance temporelle. Il faut pour cela un Décret rendu par un Juge d'Eglise.

Il faut même observer, que le Décret d'ajournement personnel rendu par un Official contre un Ecclésiastique ne l'interdit pas de plein droit de ses fonctions Ecclésiastiques, à moins que cette interdiction ne soit expressément prononcée, (ce qui est à la vérité contraire au sentiment de M. de Hericourt en ses Loix Ecclésiastiques Partie 1. ch. 21. n. 12.) Mais le Décret de prise de corps, soit d'un Juge Laïc, soit d'un Official, rend l'Ecclésiastique suspens du Bénéfice & du Ministere. (Edit du mois d'Avril 1695. art. 40.)

Article XII.

1. *Nonobstant toutes appellations.*)
Voyez *infra* tit. 26. art. 3.
L'appel comme d'abus n'empêche

pas non plus l'execution des Décrets rendus par les Juges d'Eglise. (Voyez l'Edit du mois d'Avril 1695. article 26.)

2. *Sans demander permission ni pareatis.*) Même ceux des Officiaux. (Edit du mois d'Avril 1695. article 44. qui porte, que les Sentences & Jugemens sujets à executions, & les Décrets décernés par les Juges d'Eglise, seront executés en vertu de cet Edit, sans qu'il soit besoin de prendre pour cet effet aucun Pareatis des Juges Royaux, ni ceux des Seigneurs ayant Justice.)

On peut en vertu d'un Décret arrêter prisonnier, même dans une Eglise; (Ordonnance de 1539. article 166.) mais on ne le peut dans une Maison Royale, même avec la permission du Juge; il faut encore la permission du Prince, ou de celui qui le représente.

A l'égard des Décrets rendus en Pays étrangers, ils ne s'exécutent point dans le Royaume, & même les Juges de France ne doivent point permettre de les mettre à exécution. (C'est ainsi que s'en explique M. Talon Avocat Général dans un Arrêt

& *des Elargissemens.* Tit. X. 171
du 14 Août 1632. rapporté par Bardet tom. 2. liv. 1. ch. 42.)

Article XIII.

1. *Elire domicile dans le lieu de l'exécution.*) Afin que l'Accusé sçache à qui s'adresser pour faire les Sommations & Significations qu'il jugera à propos, & que dans le cas où il s'agiroit d'un Décret de prise de corps exécuté hors le Ressort du Juge qui l'a décerné, si la Partie qui a fait emprisonner l'Accusé étoit négligente de le faire transférer, le Juge qui doit connoître du délit y puisse pourvoir de son autorité, (ainsi qu'il est dit dans le Procès-verbal de l'Ordonnance de 1670. titre 10. article 12. pag. 117.)

On observe aussi dans plusieurs Tribunaux d'obliger ceux qui sont décretés d'assigné pour être oui, ou d'ajournement personnel, de se présenter préalablement au Greffe, & d'y faire élection de domicile dans la Jurisdiction où ils doivent subir interrogatoire, & on en joint l'expédition aux Procédures de l'instruction, ou du moins on leur fait faire cette élec-

H ij

tion de domicile lors de leur premier interrogatoire ; mais il n'eſt pas néceſſaire qu'ils conſtituent pour cela Procureur, quand même il y auroit Partie civile.

Il en eſt de même des autres Accuſés arrêtés en vertu d'un Décret de priſe de corps décerné contre eux, même par converſion : l'uſage eſt de ne les mettre hors de priſon qu'après leur avoir fait faire pareille élection de domicile, s'ils ne l'ont faite précédemment.

Au reſte, il ne paroît pas que cette formalité ſoit néceſſaire, & qu'on puiſſe obliger l'Accuſé de faire cette élection de domicile, l'Ordonnance ne lui impoſant point cette obligation. L'article 23. de l'Ordonnance de 1539. porte à la vérité, que tous plaidans & litigans ſeront tenus au jour de la premiere comparution en perſonne ou par Procureur d'élire domicile au lieu où le Procès eſt pendant ; & quoiqu'il paroiſſe que cet article ne parle que des matieres Civiles, néanmoins Imbert en ſa Pratique liv. 1. ch. 17. n. 36. paroît auſſi en étendre la diſpoſition aux matieres Criminelles, ce qui ſemble d'autant plus juste, que ces sortes d'élections de domicile ne se font que pour abreger les longueurs de la Procédure Criminelle, & pour éviter de faire ailleurs des Dénonciations & Sommations. Mais dans le cas même où cette obligation seroit imposée à l'Accusé en termes exprès, tel qu'il est porté dans les articles 26, 27 & 28 du projet qui a été dressé il y a quelques années, pour faire un nouveau titre des Contumaces en matieres Criminelles, & qui fut envoyé dans ce tems-là dans les différentes Cours & Jurisdictions du Royaume, sans avoir cependant été suivi d'exécution; dans ce cas-là même, il semble que faute par l'Accusé d'avoir fait cette élection de domicile, on ne pourroit le condamner sur une simple proclamation à cri public, & qu'il faudroit encore l'assigner à son vrai domicile, à moins qu'il n'y eût dans la Loi une autre disposition, portant que faute par l'Accusé d'avoir fait cette élection de domicile, il suffiroit de le proclamer sans avoir besoin de l'assigner, cette assignation ayant son fondement dans l'équité naturelle, & dans la maxime que personne ne peut être condamné sans avoir été entendu, ou du moins sans avoir été cité légitimement.

Quand l'Accusé a fait cette élection de domicile, il suffit de l'assigner à ce domicile élû, soit pour lui faire subir un nouvel Interrogatoire, soit pour être présent à quelque Procès-verbal ou autres Actes d'instruction, soit pour être confronté ou subir le dernier Interrogatoire à la Chambre, & en général pour toutes autres Procédures, significations, sommations, ou autres Actes à faire en exécution du Jugement rendu sur le vû du Procès, &c. Les assignations ou sommations faites à ce domicile sont aussi valables, que si elles étoient faites à la personne ou au domicile de l'Accusé, ensorte que faute par lui de satisfaire à ces sommations & assignations, les Juges peuvent ordonner qu'il sera passé outre au récolement, à la confrontation, ou autre instruction, même au Jugement définitif, sans qu'il soit besoin de convertir le Décret actuellement subsistant en un Décret plus fort, ni de faire instruire la Contumace en forme contre cet Accusé, comme il est porté en l'article 32 du projet dont on vient de parler.

Au reste, par les assignations ou sommations faites à l'Accusé au domicile élû, il faut lui donner un délai compétent pour y satisfaire. Ce délai doit être au moins de trois jours, quand le domicile a été élû dans les dix lieuës; & au-delà des dix lieuës, le délai doit être augmenté d'un jour par dix lieuës.

Article XIV.

1. *Procès-verbal.*) Ce Procès-verbal doit être recordé d'assistans.

2. *Entre les mains du Juge.*) C'est-à-dire du Juge qui a décerné le Décret. (Voyez le Procès-verbal de l'Ordonnance de 1670. sur cet article, page 118.)

Article XV.

1. *Huissiers ou Sergens.*) Ainsi les Huissiers ou Sergens peuvent par eux-mêmes requérir main-forte pour l'exécution d'un Décret, en s'adressant aux Gouverneurs, Prevôts des Maréchaux, &c. sans qu'il soit besoin qu'ils s'adressent directement au Juge du lieu.

Article XVII.

1. *Amenée sans scandale.*) C'est une ancienne Procédure qui étoit en usage dans certains cas pour amener un Accusé à Justice, & qui est abrogée par cet article.

Article XVIII.

1. *Et autres suffisantes.*) Tirées de la taille, de la couleur des cheveux, du visage, & autres marques qui peuvent désigner l'Accusé.

2. *Comme aussi à l'indication qui en sera faite.*) Par la Partie civile ou publique.

Article XIX.

1. *Peine afflictive.*) On entend par *peine afflictive* non-seulement celle qui afflige le corps, mais encore celle qui afflige l'homme dans sa liberté. Ainsi on doit mettre au nombre des peines afflictives,

1°. Toute peine corporelle. (V. *infrà* titre 26. article 6. aux notes, quelles sont les différentes peines corporelles.)

2°. La peine des Galeres à tems ou à toujours.

3°. La condamnation à être renfermé à tems ou à toujours dans un Hôpital ou Maison de force, cette peine étant équivalente à celle des Galeres. En effet, par la Déclaration du 4 Mars 1724, touchant la punition des voleurs, les récidives de vols simples par gens déja flétris sont punies à l'égard des hommes de la peine des Galeres à perpétuité, & à l'égard des femmes de la flétrissure, & à être renfermées à tems ou à toujours.

De même par la Déclaration du 18 Juillet 1724, concernant les Mendians & Vagabonds, au cas de l'article 3 à la fin, la peine pour la seconde récidive est de cinq ans de Galeres à l'égard des hommes, & à l'égard des femmes d'être renfermées pendant cinq ans ou plus dans une Maison de Force. Il faut observer cependant, que lorsque cette condamnation est prononcée pour raison de folie ou de démence, alors elle ne doit plus être regardée comme peine afflictive ; car dans ce cas elle n'est pas même infamante.

On pourroit aussi douter si la peine

d'être enfermées pour un tems dans une Maison de Force, à l'égard des filles & femmes publiques, est peine afflictive ou infamante; mais il paroît par les termes de la Déclaration du 26 Juillet 1713, qu'on ne peut la regarder comme telle, puisque cette sorte de peine se prononce sur une instruction faite sans récolement, ni confrontation, & que l'appel s'en porte à l'Audience de la Grand'Chambre. (*Infrà* tit. 22. art. 5. note. 2.)

4°. La condamnation à une prison perpétuelle ou à tems, est aussi une *peine afflictive*; & même dans le premier de ces deux cas elle est regardée comme peine capitale & corporelle par Farinacius en sa *Pract. Crimin.* to. 1. qu. 19. n. 31. & par Julius Clarus *Pract. Crim.* qu. 70. n. 4.

5°. La peine d'être autentiquées, à l'égard des femmes adulteres, est aussi regardée comme *peine afflictive*. C'est pour cela que l'usage à Paris est de les interroger sur la sellette, lorsqu'il y a des conclusions à ce genre de peine.

6°. La peine du bannissement perpétuel ou à tems doit aussi être mise

& des Elargissemens. T IT. X. 179
au nombre des *peines afflictives.* En
effet, l'article 22 de l'Edit de Cremieu porte, que les appellations de
Sentences de torture, *bannissement*,
amende honorable, dernier supplice,
ou autre peine afflictive de corps, seront portées nuement aux Cours de
Parlement.

L'Edit d'Angoulême du 20 Novembre 1542. porte aussi, que les appellations de toutes Sentences & Jugemens de tortures ou autres peines afflictives de corps, comme de mort civile ou naturelle, fustigation, mutilation de membres, *bannissement perpétuel* ou *à tems*, condamnation à œuvres ou services publics, amende honorable à Justice, & non autres, seront portées nuement ès Cours de Parlement.

Il est vrai que l'article 11. du titre 26 ci-après semble distinguer le bannissement des peines afflictives; néanmoins le contraire est évident à l'égard du bannissement à perpétuité, puisque cette peine emporte même la mort civile. A l'égard du bannissement à tems, on ne peut gueres non plus s'empêcher de regarder cette peine comme afflictive, ainsi qu'il ré-

H. vj.

sulte des autres Ordonnances qu'on vient de citer; & c'est sur ce fondement que nous observons à Orléans d'interroger l'Accusé sur la sellette, lorsque les Conclusions du Procureur du Roi sont à ce genre de peine. (Voyez l'article 21. du titre 14 de la présente Ordonnance.)

7°. L'amende honorable étant mise dans l'ordre des peines avant le bannissement à tems (Tit. 25. art. 13 de la présente Ordonn.) doit aussi à plus forte raison être mise au nombre des peines afflictives ; ce qui résulte aussi de la disposition des Ordonnances qui viennent d'être citées.

On peut cependant, & il paroît même nécessaire de faire une distinction entre l'amende honorable qui se fait publiquement à l'Audience ou dans un lieu public, & celle qui se fait en la Chambre du Conseil & dans le secret même du Tribunal. Comme quelques Auteurs prétendent que cette seconde espece d'amende honorable n'est pas même infamante, il s'ensuivroit à plus forte raison qu'elle ne doit point être mise au nombre des peines afflictives. (Voyez le livre des Loix Criminelles, tom. 1. ch. 25. §. 6. pag. 298.))

La vraie distinction qu'on doit faire là-dessus, est que toute amende honorable qui se fait à Justice, soit qu'elle se fasse à l'Audience ou en lieu public, doit être regardée comme peine afflictive & infamante ; mais à l'égard des autres réparations honorables qui se font, soit à l'Audience ou Chambre du Conseil, soit en présence d'un certain nombre de personnes hors Justice, pour injures proférées contre quelqu'un, elles ne doivent point être mises au nombre des peines afflictives, ni infamantes. (C'est ainsi que le pensent Coquille sur l'article 1. du titre 15 de la Coutume de Nivernois, & Loyseau en son Traité des Offices, liv. 1. chap. 13. n. 59.)

8°. La condamnation à œuvres serviles est aussi peine afflictive. (Voyez les Ordonnances ci-dessus citées.)

9°. Il en est de même de la condamnation à être dégradé de Noblesse. (Ordonnance de Blois, article 48 & 283.)

A l'égard de la peine du *Blâme*, elle est infamante & non afflictive ; & c'est pour cela que quand les conclusions de la Partie publique ne sont qu'au blâme, on n'interroge point

182 *Des Décrets, de leur Exécut.*
l'Accusé sur la sellette : c'est ainsi que nous l'observons à Orleans.

Il en est de même de l'amende & de l'aumône ; elles ne sont point peines afflictives, ni mên e la peine d'interdiction de toutes Charges.

Le plus amplement informé ne peut jamais non plus être regardé comme peine afflictive dans aucun cas ; ce n'est pas même en tout une peine. Voyez cependant la remarque faite ci-après en la note 2, sur l'article 12 du titre 25.

2. *Ou infamante.*) Peine infamante est celle qui rend infâme. L'effet de cette infamie est de rendre incapable de posseder aucun Office, Charge publique ou Bénéfice. On peut aussi rejetter le témoignage de ceux qui ont encouru cette peine.

On doit mettre au nombre des peines infamantes,

1°. Toute peine corporelle. (Voyez ci-après titre 26. art. 6. aux notes.)

2°. Toute peine afflictive. (Voyez la note précédente.)

3°. La peine d'être conduites par les rues à cheval avec un chapeau de paille, qui se prononce contre les Maquerelles.

4°. Le blâme. (Ainsi jugé par Arrêt du 18 Janvier 1701, rapporté au Journal des Audiences, tom. 6. contre un Officier commensal veteran, dont le Privilege a été déclaré éteint par l'infamie résultante du blâme prononcé contre lui.)

5°. L'amende prononcée sur une poursuite criminelle, quand elle est confirmée par Arrêt, (Titre 25. article 7. de la présente Ordonnance.) ou prononcée par Jugement en dernier ressort.

A l'égard de la peine prononcée contre les filles publiques, qui les condamne à être renfermées pendant un certain tems dans un Hôpital ou Maison de Force pour leur mauvaise conduite, il paroît aux termes de la Déclaration du Roi du 26 Juillet 1713, que cette peine n'est pas regardée comme infamante. (Voyez ce qui a été dit ci-dessus, page 78. n. 4.)

La condamnation à avoir ses meubles jettés sur le carreau, & à être chassées de la maison qu'on habite, qui se prononce contre les filles & les femmes publiques, aux termes de la même Déclaration du 26 Juillet 1713 paroît être dans le même cas. (Voyez la note 2. sur l'art. 5. du tit. 22. ci-après.)

A l'égard de la peine de *l'admonition*, elle n'est ni afflictive, ni infamante. C'est pourquoi elle ne rend point un Officier incapable de ses fonctions. Aussi ne la joint-on qu'avec l'aumône. (Voyez la L. 17. *Cod. ex quib. cauf. infam. irrogatur.*)

Il en est de même de l'abstention de certains lieux, qui se prononce quelquefois dans le cas d'injures entre Officiers ou gens de Robe.

ARTICLE XX.

1. *Tenus d'envoyer.*) Voyez l'article 19. du tit. 6. de la présente Ordonnance.

ARTICLE XXI.

1. *Originairement de prise de corps.*) C'est-à-dire, qui ne sont décretés de prise de corps, que faute d'avoir comparu sur le Décret d'ajournement personnel, & au cas de l'article 4. du présent titre.

& des Elargiſſemens. Tit. X.

2. *Seront élargis.*) Sur la requête de l'Accuſé.

Le Juge d'inſtruction peut dans ce cas élargir ſeul en vertu de ſon Ordonnance, ſans qu'il ſoit beſoin que cet élargiſſement ſoit prononcé au Siege. (Arrêt du 4 Août 1608. rendu pour les Officiers de Lauſerte dans Filleau tom. 1. partie 2. page 163. Autre du 19 Mai 1615. pour Moulins, rapporté dans le Recueil de Joli tom. 2. p. 896.) Cette Ordonnance du Juge ſe met au bas de l'interrogatoire de l'Accuſé, ſans qu'il ſoit beſoin de Jugement, ni de concluſions du Procureur du Roi ou Fiſcal.

3. *S'il ne ſurvient de nouvelles charges.*) Ou pour raiſon du même cas, ou pour un autre qui ſoit plus grave.

4. *Ou par leur reconnoiſſance.*) Car cette reconnoiſſance fait la plus forte des preuves contre l'Accuſé (Voyez ci-deſſus tit. 1. art. 19. & *infra* titre 25. art. 5. avec les notes.)

Article XXII.

1. *Pour crime.*) C'eſt-à-dire, décreté originairement de priſe de

corps, ou arrêté en flagrant délit, & écroué par Ordonnance du Juge. (Voyez *suprà* art. 21.)

2. *Et autres Juges.*) Même Juges d'Eglise.

Cela s'entend-il seulement des Juges d'appel, ou aussi des Juges de premiere instance dans le cas où l'Accusé demanderoit son élargissement par provision ?

Il ne paroît pas que quand il y a réglement à l'Extraordinaire, les premiers Juges puissent élargir par provision un Accusé décreté originairement de prise de corps, (Voyez *infra* tit. 15. art. 12. avec les notes) mais seulement en voyant & jugeant définitivement le Procès. (Ainsi jugé par Arrêt du 27 Avril 1675. rapporté par Boniface tom. 5. liv. 3. tit. 18. chap. 2. infirmatif d'une Sentence rendue en la Sénéchaussée d'Aix, qui avoit ordonné qu'un Prisonnier, dont le Procès se poursuivoit extraordinairement, seroit élargi en donnant caution.) Ainsi cet article ne doit s'entendre que des élargissemens provisionnels prononcés par les Juges d'appel.

Mais les Juges d'appel ne peuvent

même élargir aux termes de cet article 22, qu'en voyant l'information, l'interrogatoire & les conclusions de la Partie publique.

Au reste ces élargissemens provisionnels ne doivent jamais se prononcer dans les grands crimes, pour peu qu'il y ait de preuves, même en donnant caution. (*Ita Jul. Clarus in pract. crim. qu.* 46. *n.* 7. Voyez aussi la Loi 3. ff. *de custod. reorum.*) Il en seroit autrement, s'il paroissoit que l'Accusé fût innocent. (*J. Clar. ibid. n.* 10.)

Dans les cas qui ne sont pas absolument graves, ou qui paroissent excusables, les Accusés quoique décrétés originairement de prise de corps, peuvent être élargis par provision par les premiers Juges, pourvû que ce soit avant le Jugement de récolement & de confrontation; cela s'observe ainsi tous les jours. Dans ces cas on élargit l'Accusé à sa caution juratoire de se représenter à toutes assignations qui lui seront données, à l'effet dequoi il sera tenu d'élire domicile dans le lieu, & de faire à cet égard toutes les soumissions nécessaires.

A l'égard des Accusés décrétés originairement d'ajournement personnel, il paroît que les premiers Juges peuvent les renvoyer par provision en état d'*assigné pour être ouï* avant de passer au Jugement du fond, même dans le cas où le Procureur du Roi ou Fiscal est Partie, pourvû que cela soit réglé avec lui & avec la Partie civile, s'il y en a une.

Les Officiaux Métropolitains ne peuvent non plus élargir les Prisonniers détenus en vertu de Décrets décernés par des Officiaux subalternes, qu'après avoir vû l'information, l'interrogatoire, les conclusions du Promoteur, &c. (Arrêt du 10 Mai 1670. pour l'Official de Clermont.)

En ce qui concerne les élargissemens prononcés par les Cours de Parlement sur des appels comme d'abus d'Ecclésiastiques, voyez l'Edit du mois d'Avril 1695. art. 41. rapporté ci-après tit. 26. art. 4. note 3. sur la fin.

3. *Et réponses de la Partie civile.*) Parce qu'elle peut avoir des moyens pour empêcher cet élargissement. (Voyez le Procès-verbal de l'Ordon-

& des Elargissemens. Tit. X.

nance de 1670. fur l'article 29. du titre 13. page 145.) Elle peut aussi demander que l'Accusé ne soit élargi qu'en donnant bonne & suffisante caution.

Article XXIII.

1. *S'il n'est ordonné par le Juge.*) Cet élargissement ne peut être prononcé que de l'avis de tout le Siége. (Arrêt du Conseil du 31 Août 1689, servant de réglement, entre les Officiers du Présidial d'Orleans, article 24. Autre du 18 Juillet 1677. rendu pour Tours, article 65. Autre du 19 Février 1729. pour le Pui en Velai article 41. Autre du 2 Août 1688 pour Poitiers article 32. Edit de Septembre 1697. servant de réglement pour les Présidiaux de Franche-Comté article 47.)

2. *Encore que nos Procureurs ou ceux des Seigneurs & les Parties civiles y consentent.*) Parce qu'il ne dépend ni des uns ni des autres de décider sur l'élargissement de l'Accusé, & que c'est aux Juges à régler s'il y a lieu ou non à cet élargissement.

Article XXIV.

1. *De peine afflictive.*) Voyez l'explication de ces mots ci-dessus sur l'article 19. pag. 176.

Il semble qu'il auroit fallu ajouter ou *infamante*, à cause de ce qui est dit en la fin du même article 19. de ce titre.

2. *En appellent.*) Voyez *infrà* titre 26. art. 11. *omninò*.

TITRE ONZIEME.

Des Excuses ou Exoines des Accusés.

Article Premier.

1. *Qui ne pourra comparoir.*) Sur le Décret d'assigné pour être ouï, ou d'ajournement personnel. Cependant ces exoines ont aussi lieu pour les Décrets de prise de corps dans le cas des articles 7. 8 & 10 du titre 17 de la présente Ordonnance.

Les exoines s'emploient encore lorsqu'un Officier a un *veniat*, ou un ordre de se rendre aux pieds de la Cour, soit pour rendre raison de sa conduite ou autrement; & en général dans tous les autres cas où quelqu'un est mandé par un ordre supérieur, v. g. un témoin pour déposer. Car ces excuses étant fondées sur l'impossibilité de comparoître, doivent avoir lieu dans toutes sortes de cas indistinctement.

2. *Pour cause de maladie ou blessure.*) Ces mots font voir que l'Ordonnance a voulu restraindre les excuses ou exoines des Accusés à ces deux cas principaux. Mais il y a encore d'autres excuses valables. Telles sont les chemins impraticables, les inondations des rivieres. (L. 2. §. *Si quis*, ff. *de cautionibus.*) Les maladies contagieuses. (Louet Lettre P. n. 14.) Si l'Accusé est ailleurs détenu prisonnier, ou s'il est absent de bonne foi, dans le cas où il y auroit long-tems que le délit auroit été commis, en marquant par l'exoine l'endroit où il est.

Article II.

1. D'un Médecin de Faculté approuvée.) S'il n'y en a point sur le lieu, l'Accusé en doit-il faire venir un à ses dépens ? (Voyez le Procès-verbal de l'Ordonnance de 1670. sur cet article pag. 125.) Si l'Accusé étoit pauvre & hors d'état de fournir à cette dépense, il semble que le rapport d'un ou de deux Chirurgiens du lieu attesté par serment devant le Juge doit suffire.

2. Sans péril de la vie.) Ces mots font voir qu'une maladie, une blessure, ou une infirmité légere, ne peuvent être regardées comme des excuses suffisantes.

3. Pardevant le Juge du lieu.) Toutes ces formalités sont établies, afin d'assurer d'autant plus la vérité des exoines ; qui le plus souvent sont illusoires.

Article III.

1. Et communiquée à la Partie civile.) Afin que les uns & les autres puissent débattre cette exoine, s'il y a lieu de le faire.

2.

2. *Sur un simple Acte.*) Signifié au nom de l'Accusé.

3. *Où l'exoine sera présentée.*) L'Edit du mois de Février 1682 porte, que les exoines des Accusés seront portées en la Chambre de la Tournelle, & que les instructions des matieres criminelles se feront en cette Chambre, hors les cas où il s'agit de rébellion à l'exécution des Arrêts de la Grand'Chambre, de la Police générale des Duels, des Procès des Gentilshommes & Ecclésiastiques qui auront obtenu leur renvoi en la Grand'-Chambre, des crimes ou rixes qui arrivent dans l'enceinte du Palais, des matieres qui sont édictales, conformément à ce qui est porté par la Déclaration du mois de Novembre 1679, & des affaires des Colleges.

ARTICLE IV.

1. *Paroissent légitimes.*) Si les causes de l'exoine ne paroissoient pas légitimes, le Juge doit ordonner que cette exoine sera rejettée, & que sans y avoir égard il sera passé outre à l'instruction du Procès.

2. *Informeront respectivement.*)

Dans le cas où les causes de l'exoine seroient débattues par la Partie publique ou civile, non autrement.

ARTICLE V.

1. *Sera fait droit.*) C'est-à-dire, que si la vérité de l'exoine est justifiée par l'Enquête, le Juge ordonnera qu'il sera sursis à l'exécution du Décret pendant tel délai qu'il impartira, pendant lequel tems le Juge pourra ordonner que l'Accusé sera gardé en la maison où il est malade, ou qu'il sera constitué Prisonnier au lieu de sa demeure, à l'effet de quoi il le fera transférer dans les Prisons les plus prochaines, pourvû que le malade puisse supporter ce transport sans péril de sa vie.

Mais si la vérité de l'exoine n'est pas justifiée, le Juge ordonnera que, sans y avoir égard, il sera passé outre au Décret.

Dans le cas de maladie ou de blessure dangereuse, si le rapport du Médecin est en bonne forme & conforme à ce qui est marqué en l'art. 2 de ce titre, p. 192. il forme une preuve suffisante pour accorder l'exoine, à moins que la Partie civile ou publique ne rapporte une preuve du contraire.

TITRE DOUZIÉME.

Des Sentences de Provision.

ARTICLE PREMIER.

1. *Les Juges.*) Le Juge peut seul adjuger cette provision ; mais il ne doit pas le faire légerement, & sans un rapport préalable de Médecins ou Chirurgiens qui constate le délit, ni aussi sans un commencement de preuve contre l'Accusé. Il faut aussi que cette provision soit demandée par le Plaignant, autrement le Juge ne pourroit l'accorder.

2. *Quelque somme de deniers.*) Cette somme dépend de l'arbitrage du Juge, & elle doit être proportionnée aux besoins & à la qualité de la Partie qui la demande, à la nature de la blessure, &c. & aussi aux facultés de l'Accusé.

3. *Pourvoir aux alimens & médi-*

camens.) Comme dans le cas de blessure pour faire traiter & panser le blessé, dans le cas de grossesse pour frais de couche & nourriture de l'enfant ; & même dans le cas d'homicide ces provisions s'accordent quelquefois à la veuve & enfans de celui qui a été tué, soit pour frais funéraires ou alimens, ou même pour pouvoir poursuivre le Procès contre l'Accusé.

Quand il y a plusieurs Accusés, ces provisions sont solidaires contre chacun d'eux ; mais il faut que cette solidité soit prononcée par la Sentence, sauf le recours de celui qui a payé contre les autres Complices.

Article II.

1. *A l'une & l'autre Partie.*) S'il arrive que dans une même querelle les deux Parties soient blessées, & demandent chacune une provision, il faut l'adjuger à celui qui paroît le moins coupable, & n'être pas l'Agresseur, ce qui dépend de la prudence du Juge.

Article III.

1. *Qu'une seconde provision.*) Et non une troisiéme. Cette seconde provision ne doit même s'accorder que dans le cas où la premiere seroit insuffisante, soit à cause de la longueur de la maladie, ou augmentation des accidens.

Article VI.

1. *Sans donner Caution.*) Quoique celui, au profit duquel une provision est adjugée, ne soit pas tenu de donner Caution, néanmoins le Juge prononce quelquefois à la Caution juratoire de rapporter cette somme, s'il est ainsi ordonné en fin de cause.

Article VII.

1. *Et autres Juges.*) Royaux ou non.

Voyez au surplus l'art. 6. du titre 25. de la présente Ordonnance.

ARTICLE VIII.

1. *Surseoir ni défendre.*) Voyez ci-après titre 25. article 8. & titre 26. article 4. avec les notes.

TITRE TREIZIÉME.

Des Prisons.

Voyez l'Arrêt de Réglement du Parlement de Paris du premier Septembre 1717, touchant les Prisons des Provinces du Ressort du Parlement. Celui du 18 Juin de la même année rendu pour les Prisons de la Ville de Paris. La Déclaration du Roi du 10 Janvier 1680. L'Arrêt du 11 Décembre 1697, & celui du 11 Février 1690.

ARTICLE PREMIER.

1. *N'en puisse être incommodée.*) L'article 32 de l'Arrêt de Réglement de la Cour, du premier Septembre 1717, rendu pour la police des Pri-

fons des Provinces, porte, que les Seigneurs Hauts-Justiciers seront tenus d'avoir des Prisons au rez-de-chaussée & en bon état, sinon qu'elles seront construites & rétablies à la diligence des Procureurs du Roi des Sieges où les appellations de ces Justices ressortissent médiatement ou immédiatement, ou qui connoissent des Cas Royaux dans l'étendue de ces Justices ; pourquoi il sera délivré exécutoire ausdits Procureurs du Roi de l'autorité des Juges contre les Receveurs des Terres & Seigneuries d'où dépendent ces Hautes Justices.

ARTICLE VI.

1. *Ou les Geoliers.*) Dans les Villes où il n'y a point de Greffiers des Geoles, les Geoliers en font les fonctions.

ARTICLE VII.

1. *Et meubles.*) Par exemple, armes & instrumens offensifs ou défensifs, argent & autres effets.

2. *Sera dressé Procès-verbal.*) V. l'article 9. du titre 2. de la présente Ordonnance.

Liv

Si cet inventaire ne pouvoit se faire sans interruption & sans y employer un tems considérable, comme s'il s'agissoit d'inventorier toutes les marchandises & effets d'une boutique, le Sergent ou Huissier fera mettre tous ces effets dans un lieu de sûreté, & les renfermera sous la clef qu'il mettra en la garde d'une personne sûre, après quoi il procédera à loisir à la confection de cet inventaire, dont copie doit être remise à l'Accusé, ou laissée sur le lieu.

Ou bien l'Huissier fera transporter tous ces effets au Greffe après les avoir fait mettre dans des coffres ou panniers cachetés & scellés, ensuite de quoi le Juge en fera l'inventaire en présence de l'Accusé ; & s'il y a plusieurs Complices, & que le Juge les veuille interroger séparément, il fera le récolement de cet inventaire à chacun de ces Accusés séparément & en particulier.

Si parmi les effets il y en a qui peuvent dépérir ou être consommés en frais, le Juge doit en faire faire la vente publique, après s'être informé diligemment si ce ne sont point des effets volés, & après les avoir fait auparavant proclamer à cet effet par un ou plusieurs jours de marchés ; & si ces effets sont réclamés, ou s'il y a lieu de craindre qu'ils n'ayent été volés, le Juge doit ne les rendre ou les faire adjuger que sous la caution par le Propriétaire ou Adjudicataire de ces meubles ou effets, de les représenter à Justice, s'il est ainsi ordonné, pour servir à l'instruction du Procès. A l'égard du prix provenant de la vente de ces effets, le Juge doit ordonner qu'il sera mis entre les mains du Greffier, ou d'une personne solvable, qui s'en chargera comme Dépositaire de Justice.

Il arrive aussi quelquefois que le Juge apprend qu'il y a ailleurs des effets appartenans à l'Accusé : alors le Juge y doit faire transporter un Huissier pour en dresser Procès-verbal, ou bien il doit s'y transporter lui-même. Ce qui a lieu aussi dans le cas où l'on vient rapporter quelques meubles à Justice comme appartenans à l'Accusé, ou ayant été mis par lui en dépôt, dans lequel cas le Juge en doit aussi dresser Procès-verbal signé de celui qui les rapporte, s'il sçait signer.

I v

ARTICLE XI.

1. *Régleront les droits.*) Il y a ordinairement pour chaque Prison un Tarif ou Réglement particulier de tous ces droits, qui s'affiche dans la cour des Prisonniers ou autre endroit apparent, afin d'être connu de tous ceux qui sont dans les Prisons.

ARTICLE XII.

1. *Si elles ne sont signifiées.*) L'article 24 de l'Arrêt de Réglement du 18 Juin 1717, rendu pour les Prisons de Paris, porte, que les Officiers & Huissiers donneront eux-mêmes en main propre à ceux qu'ils constitueront prisonniers, ou qu'ils recommanderont, des copies lisibles & en bonne forme de leurs écroues & recommandations; à l'effet de quoi ces Prisonniers seront amenés entre les deux guichets en présence des Geoliers ou Greffiers des Geoles, qui seront tenus d'en mettre leur Certificat sur leur Registre à la fin de chacun desdits écroues & recommandations, à peine d'interdiction contre les Huis-

fiers pour la premiere fois, & de privation de leurs Charges pour la seconde, & contre lesdits Greffiers & Geoliers de vingt livres d'amende pour chacune contravention, & de tous dépens, dommages & intérêts, même de plus grande peine s'il y échet. L'article 19 de l'Arrêt de Réglement de la Cour du premier Septembre 1717, rendu pour les Prisons des Provinces, renferme une semblable disposition.

Article XIII.

1. *Sous pareille peine de nullité.*) Un Arrêt du 27 Octobre 1678. enjoint aux Huissiers, Sergens & autres, lorsqu'ils transféreront des Prisonniers d'une Prison dans une autre, de faire écrire sur le Registre de la Geole où ils les conduiront, les premieres causes d'emprisonnement, & les recommandations qu'ils auront trouvées sur le Registre des Prisons d'où les Prisonniers auront été amenés, ensemble de faire mention des titres en vertu desquels ils auront été faits, noms & Elections de domicile des Parties, à peine de 300 livres d'amende & de

tous dépens, dommages & intérêts envers les Prisonniers, & d'interdiction de leurs Charges.

ARTICLE XV.

1. *Qui seront faites pour crimes.*) Afin que la Partie publique puisse, au moyen de cette connoissance, travailler à l'instruction & à la poursuite du Procès.

ARTICLE XVI.

1. *Avant leur interrogatoire.*) Afin qu'ils ne soient pas instruits sur la maniere dont ils doivent répondre, ce qui pourroit empêcher la preuve, & par conséquent la punition du crime.

2. *S'il est ainsi ordonné.*) Mais si le Juge ne l'ordonne pas, le Geolier pourra permettre à l'Accusé de communiquer. Cependant l'article 9. du titre 14. semble dire qu'il faut alors une permission expresse du Juge, qui ne doit pas même l'accorder en tout, si le crime est capital. (Voyez ci-après la note sur cet article 9 du titre 14.))

Le Juge empêche même quelquefois l'Accusé, en cas de crime non capital, de communiquer avec des personnes du dehors; ce qui arrive lorsqu'il y a lieu d'appréhender que cet Accusé ne fasse quelque complot, ou qu'on ne lui procure des moyens ou instrumens pour se sauver.

Au reste, cette défense de procurer aucune communication aux Prisonniers détenus pour crimes avant ou après leur interrogatoire, ne regarde point les personnes charitables qui se chargent du soin de visiter & consoler les Prisonniers, ou qui les assistent de leurs aumônes, pourvû que cela se fasse en présence du Geolier. (Arrêts de réglement des 18 Juin & premier Septembre 1717, art. 10.)

Article XVII.

1. *Aucune communication.*) On doit avoir soin dans la prison de séparer les Accusés d'un même crime, & d'empêcher qu'ils ne communiquent les uns les autres, de peur qu'ils ne s'instruisent, & ne prennent ensemble des mesures pour déguiser ou

cacher leurs crimes, & pour tromper les Juges sans se couper.

Il faut aussi observer, qu'il est défendu aux Prisonniers pour crimes d'écrire aucune lettre, que par permission du Juge, & après qu'elle lui aura été montrée.

Article XVIII.

1. *Par le Juge.*) Par exemple dans le cas de maladie. (Voyez l'article 21 de ce titre.)

Article XIX.

1. *De les mettre dans les cachots.*) On enferme ordinairement dans les cachots ceux qui sont prévenus de crimes capitaux, comme de vol ou assassinat de grand chemin, les voleurs insignes, les séditieux, &c.

Les Geoliers ne peuvent enfermer aucun Prisonnier dans les cachots que de l'ordre du Juge, si ce n'est dans des cas provisionnels, où il est nécessaire qu'ils le fassent pour prévenir quelque accident fâcheux ; mais ils doivent aussitôt en référer au Juge, qui ordonnera ce qu'il sera convenable de faire.

C'est au Juge Criminel, & non à celui qui a la Police des Prisons, à ordonner que l'Accusé auquel on fait le Procès sera mis au cachot; & c'est à ce premier à avoir la Jurisdiction sur les Prisonniers détenus de son Ordonnance. (Article 31 de l'Arrêt de réglement du 1re. Septembre 1717, rendu pour les Prisons du Ressort du Parlement.) Mais s'il s'agissoit de faire mettre au cachot un Prisonnier détenu pour crime, qui troubleroit le bon ordre & la police des Prisons, il semble dans ce cas que le Juge à qui cette Police est confiée, seroit en droit de l'ordonner.

Au reste, on n'enferme jamais les femmes aux cachots, de quelques crimes qu'elles soient accusées; mais on les met quelquefois au secret.

Article XXII.

1. *Donner quittance.*) L'article 17 de l'Arrêt de réglement de la Cour du 18 Juin 1717, rendu pour les Prisons de Paris, enjoint aux Geoliers d'avoir un Registre particulier cotté & paraphé, dans lequel ils écriront de leur main sans y laisser aucun blanc

les jours d'entrées & sorties des Prisonniers, & tout ce qu'ils recevront chaque jour de chacun pour gîtes, geolages & nourritures; dont ils donneront quittance; le tout à peine de dix livres d'amende pour chacune contravention. (La même disposition est portée par l'article 13 de l'Arrêt de la Cour du premier Septembre 1717, rendu pour les Prisons des Provinces.)

Il leur est enjoint aussi d'écrire de leur main, sans chiffre & abréviation, tant sur le Registre de la Geole à côté de chaque Acte, qu'au bas des Expéditions qu'ils délivreront, les sommes qu'ils auront reçûes pour leurs droits, en présence de ceux qui les payeront, & de leur en donner quittance, ou d'écrire que le droit leur est dû, & qu'ils n'en ont rien reçû, à peine d'interdiction pendant trois mois pour la premiere contravention, & d'être obligés de se défaire de leur Charge pour la seconde, sans que lesdites peines puissent être modérées. (Mêmes Arrêts du 18 Juin 1717 article 31, & premier Septembre 1717. art. 21.)

Article XXIII.

1. *Lui fournir la nourriture.*) La Déclaration du 10 Janvier 1680. article 1. fait défenses à tous Huissiers & Officiers de Justice d'emprisonner pour dettes quelques personnes que ce soit, sans consigner entre les mains du Greffier de la Prison ou du Geolier la somme nécessaire pour la nourriture du Prisonnier pendant un mois, suivant les Réglemens qui en seront faits par les Juges des lieux.

L'article 2. défend pareillement aux Huissiers de recommander aucun Prisonnier sans consigner pareille somme, au cas qu'elle n'eût déja été consignée par quelqu'un de ceux qui ont fait arrêter ou recommander le Prisonnier.

L'Arrêt de la Cour du premier Juillet 1681. porte, que cette consignation se fera par les Huissiers, Sergens & Archers, nonobstant le refus que les Prisonniers pourroient faire de recevoir ces alimens, à moins qu'ils ne le déclarent par Acte passé devant un Notaire du lieu où l'emprisonnement sera fait ; à peine contre lesdits Huissiers & Sergens d'interdiction pendant six mois pour la premiere contravention, & de plus grande peine en cas de récidive.

Voyez encore les articles 3. 4. 7. 8. & 9. de la même Déclaration du 10 Janvier 1680. pour les autres obligations des Huissiers & Geoliers à l'égard de ces sommes ainsi consignées.

2. *Suivant la taxe qui en sera faite par le Juge.*) Cette taxe se fait de tems en tems par le Juge qui a la Police des Prisons, eu égard à la cherté des vivres; & elle varie suivant les tems. Il y en a de particulieres pour chaque endroit.

L'article 29. du Réglement de la Cour du premier Septembre 1717, porte, que les Lieutenans-Généraux ou premiers Officiers des Justices, tant Royales que Subalternes, seront tenus de régler tous les ans le dernier jour du mois de Décembre sur les Conclusions des Procureurs du Roi ou Fiscaux, la somme à laquelle devront être fixés les alimens qui seront fournis par mois aux Prisonniers détenus pour Causes civiles, eu égard au prix courant des vivres, &

Des Prisons. Tit. XIII. 211
denrées, & que les Ordonnances rendues à cet égard seront publiées le deux de Janvier de chacune année à l'Audience desdits Siéges & Justices, & affichées dans les Prisons, pour être exécutées pendant le tems d'une année, sauf à y être pourvû extraordinairement dans les cas imprévûs qui pourroient mériter quelque changement.

3. *Des Prisonniers pour crimes.*) L'article 10. de la Déclaration du 10 Janvier 1680. porte, que ceux qui auront été condamnés en matiere Criminelle en des amendes envers le Roi ou envers les Seigneurs Hauts-Justiciers, & en des dommages & intérêts, & réparations civiles envers les Parties civiles, seront mis hors de Prison, à faute de fournir les alimens par les Receveurs des amendes, Seigneurs Hauts-Justiciers & Parties civiles, chacun à leur égard, huit jours après la Sommation qui en sera faite à domicile; & qu'à cet effet les Receveurs des amendes, Seigneurs Hauts-Justiciers & Parties civiles seront tenus en cas d'appel des Sentences des Procès criminels, d'élire domicile dans la maison d'un Procu-

reur de la Jurifdiction où l'appel ref-
fortit, dont fera fait mention par la
prononciation ou fignification defdi-
tes Sentences aux Accufés ; & qu'à
faute d'élire domicile, il fera pourvû à leur élargiffement par les Juges
des lieux où ils font détenus.

4. *Par préférence à tous Créanciers.*) Parce que la vie du Débiteur
eft fondée fur l'intérêt public, & par
conféquent préférée à toute dette particuliere de quelque nature qu'elle
puiffe être.

Article XXIV.

1. *Sur deux Sommations.*) Cette
difpofition a été changée par l'article 5. de la Déclaration du 10 Janvier 1680. Cet article porte, qu'a-
près l'expiration des premiers quinze
jours du mois pour lequel la fomme
néceffaire aux alimens du Prifonnier
n'aura point été payée, les Confeil-
lers des Cours commis pour la vifite
des Prifonniers, ou les Juges des lieux,
ordonneront l'élargiffement du Prifonnier fur fa fimple réquifition, fans
autre procédure, en rapportant le
certificat du Greffier ou Geolier,

que la somme pour la continuation des alimens n'a point été payée, & qu'il ne lui reste aucuns fonds entre les mains pour lesdits alimens; pourvû (& non autrement) que les causes de l'emprisonnement & des recommandations n'excédent pas la somme de deux mille livres; & qu'en cas que la somme soit plus grande, le Prisonnier se pourvoira par Requête qui sera rapportée dans les Cours & Siéges, sur laquelle les Cours ou Juges prononceront son élargissement; & que dans l'un & l'autre cas mention sera faite du certificat dans l'Ordonnance de Décharge, Sentence ou Arrêt d'élargissement.

L'article 6. de la même Déclaration porte, que le Prisonnier qui aura été une fois élargi à faute de payer les sommes nécessaires pour ses alimens, ne pourra être une seconde fois emprisonné ou recommandé à la requête des mêmes Créanciers, qu'en payant par eux les alimens par avance pour six mois, à moins qu'il n'en soit autrement ordonné par Jugement contradictoire.

L'article 25. de l'Arrêt de réglement du premier Septembre 1717, porte, que lorsqu'un Prisonnier sera obligé de faire des Significations, ou d'obtenir des Jugemens ou Arrêts contre ses Créanciers pour être payé de ses alimens, les Greffiers des Geoles ou Geoliers ne recevront les Créanciers à consigner les alimens pour l'avenir, qu'en consignant en même-tems ceux qui n'avoient point été payés, & en remboursant le Prisonnier des frais desdites Significations & Jugemens, qui seront liquidés sans autre procédure par le Lieutenant-Général ou autre premier Officier du Siege ordinaire des lieux où les Prisons seront situées ; à peine contre lesdits Greffiers & Geoliers de payer de leurs deniers ce qui pourra être dû au Prisonnier, tant pour ses alimens, que pour les frais qu'il aura faits pour en être payé. (L'article 35. de l'Arrêt de Réglement du 18 Juin 1717, rendu pour Paris, renferme une pareille disposition.)

2. *Pourra ordonner son élargissement.*) L'article 5 de la Déclaration du 10 Janvier 1680, ci-dessus rapporté, s'exprime en termes plus favorables au Prisonnier, puisque cet article dit simplement que les Juges

prononceront l'élargissement, faute par les Parties d'avoir consigné les sommes nécessaires pour les alimens du Prisonnier.

3. *Partie présente ou duëment appellée.*) Le même article 5 de la Déclaration du 10 Janvier 1680, a dérogé à cette disposition, en portant, que les Juges des lieux ordonneront l'élargissement du Prisonnier sur sa simple réquisition sans autre procédure, pourvû que les causes de l'emprisonnement & des recommandations n'excédent la somme de deux mille livres. (Ainsi qu'on l'a vû ci-dessus.) Mais dans le cas où les causes de l'emprisonnement & des recommandations excédent deux mille livres, le Juge doit ordonner que la Requête du Prisonnier sera communiquée à la Partie qui a fait emprisonner ou recommander, & cette Requête doit être rapportée au Siége pour faire droit sur l'élargissement, s'il y a lieu.

Article XXV.

1. *D'être nourris par la Partie Civile.*) Lorsque le Jugement a été

une fois rendu, & que l'Accusé n'est plus retenu que pour amendes ou intérêts civils, alors il peut demander des alimens, soit à la Partie Civile, soit au Receveur du Domaine. (Voyez la note 3. sur l'article 23. ci-dessus, pag. 211.)

2. *Suivant les Réglemens.*) Ces Réglemens, & notamment l'article 11. de l'Arrêt du 18 Juin 1717, porte que le pain qui sera fourni par jour à chaque Prisonnier sera de bonne qualité de bled, & du poids au moins d'une livre & demie, & qu'on leur fournira de la paille fraîche tous les quinze jours à l'égard des Cachots noirs, & tous les mois à l'égard des Cachots clairs. La même disposition à l'égard du pain est portée par l'article 28 de l'Arrêt du premier Septembre 1717, rendu pour les Prisons des Provinces; & cet article enjoint aux Procureurs du Roi ou Fiscaux d'y tenir la main. Et à l'égard de la paille, l'article 11. du même Réglement porte, qu'il en sera fourni de fraîche aux Prisonniers tous les premiers & quinziémes jours du mois pour ceux qui couchent sur la paille.

ART.

Article XXVIII.

1. *Qui ne seront renfermés dans les Cachots.*) Mais ceux qui sont dans les Cachots ne peuvent se faire apporter de dehors ces vivres à cause du poison qu'on pourroit y mettre, ainsi qu'il est observé par M. Ta on dans le Procès-verbal de l'Ordonnance sur cet article page 143. A l'égard du bois & du charbon, on ne leur en donne point, & on ne leur en laisse point fournir de crainte qu'ils ne mettent le feu.

2. *Et toutes choses nécessaires.*) Le Prisonnier peut même se faire apporter un lit de chez lui, en obtenant à cet effet une permission du Juge. (Ord. du mois d'Octobre 1535. ch. 21. art. 14.)

Article XXIX.

1. *Dans les vingt-quatre heures.*) Afin que les Procureurs du Roi ou des Seigneurs puissent appeller, s'il y a lieu, les Sentences d'absolution ou d'élargissement d'un Accusé doivent leur être prononcées sur le

champ. (Edit de Janvier 1685, art. 30, rendu pour le Châtelet de Paris.) L'Arrêt du 18 Juillet 1684, rendu pour le Bailliage du Palais, porte que ces Sentences seront montrées au Procureur du Roi avant de les prononcer aux Parties. (Voyez *infrà* titre 26. article 11. note 3.)

Un Arrêt de la Cour du 27 Octobre 1678, ordonne que les Greffiers, tant Civils que Criminels, seront tenus de descendre dans les Prisons, & d'y prononcer aux Prisonniers les Sentences & Jugemens qui auront été rendus, ensemble ceux d'élargissement, & même interlocutoires dans les vingt-quatre heures qu'ils auront été rendus, quoiqu'ils n'ayent été levés par les Parties Civiles, si aucune y a; de faire mention sur le Registre de la Geole à côté des Ecroues, desdites prononciations, & sur iceux transcrire & insérer les *Dictums* en entier desdites Sentences & Jugemens ; & ce à peine d'interdiction, de 300 livres d'amende, & de tous dépens, dommages & intérêts envers les Prisonniers, lesquelles peines demeureront encourues contre les contrevenans en vertu du présent Arrêt,

Des Prisons. Tit. XIII. 219
& sans qu'il en soit besoin d'autre.

2. *Mettre les Accusés hors de Prison.*) Lorsque la Sentence prononce que l'Accusé sera élargi en donnant caution, ou à sa caution juratoire de se représenter en état d'ajournement personnel, ou autrement à toutes Assignations qui lui seront données, pourquoi sera tenu d'élire domicile dans le lieu de la Jurisdiction, l'usage est que l'Accusé fait ces soumissions devant le Greffier, qui se transporte à cet effet dans la Prison. Mais s'il s'agit de recevoir le serment de l'Accusé, il faut que cela se fasse devant le Juge ou le Rapporteur.

3. *Pour amendes, aumônes ou intérêts civils.*) Car les amendes, aumônes & intérêts civils étant payables par corps, il est juste que l'Accusé ne soit mis hors de Prison qu'en satisfaisant à ces condamnations, si les Parties au profit de qui elles sont prononcées s'opposent à son élargissement. Mais il faut pour cela que la Partie qui a obtenu ces intérêts civils, ou le Receveur du Domaine, s'il s'agit d'amende, paye & consigne les alimens du Prisonnier par avance; autrement ce Prisonnier pourra être

K ij

élargi, ainsi qu'il a été observé en la note 3. sur l'art. 23. ci-dessus.

Les dépens en matiere Criminelle, ainsi qu'en matiere Civile, ne se payent point par corps, ce qui résulte de cet article, à moins qu'ils ne soient adjugés par forme de dommages & intérêts, parce qu'alors ils tombent dans le cas des intérêts civils, auquel cas ils seroient aussi solidaires.

Le Bénéfice de cession n'a pas lieu pour ces sortes de réparations pécuniaires. Néanmoins lorsque ceux qui sont détenus pour amendes, aumônes ou intérêts civils, n'ont pas de quoi payer, les Juges ordonnent quelquefois qu'ils seront élargis en donnant telle caution qu'ils pourront. (Ainsi jugé par Arrêt du 29 Mars 1427, rapporté par Papon en ses Arrêts livre 24. titre 10. n. 10.)

Les amendes reçues par les Geoliers doivent être par eux remises au Fermier du Domaine ou à ses Receveurs, à peine d'y être contraints à leurs frais & dépens. (Déclaration du 21 Mars 1671.) Il en est de même des aumônes qu'ils reçoivent; ils doivent les remettre au Receveur des aumônes des Prisonniers.

Des Prisons. Tit. XIII.

Dans le concours de l'amende & de l'intérêt civil, le privilége de l'intérêt civil l'emporte, & il se paye par préférence à l'amende, parce que l'amende est une peine, au lieu que l'intérêt civil est une dette du condamné.

4. *S'ils sont detenus pour autre cause.*) Si ce n'est en payant les autres causes de leur emprisonnement, dans le cas ou ces causes ne seroient que pécuniaires.

L'article 37. de l'Arrêt du 18 Juin 1717, rendu pour les Prisons de Paris, ajoute que les Greffiers seront aussi tenus de transcrire le dispositif desdits Arrêts, Sentences & Jugemens sur le Registre de la Geole le même jour qu'ils auront été rendus, & d'en délivrer des Extraits lorsqu'ils en sont requis par les Prisonniers, en leur payant quinze sols par chacun Extrait. La même disposition est portée par l'article 27. de l'Arrêt de Réglement du premier Septembre 1717.

Article XXX.

1. *Ou autres.*) Parce que ces frais de nourriture, gîte & geolage ne

font point payables par corps ; mais celui qui les a déboursés, a un privilége avant tous les autres Créanciers, pour s'en faire rembourser. (Voyez ci-dessus art. 23.)

Article XXXII.

1. *Qui auront consigné.*) Cette consignation doit être faite au Créancier, non afin de pouvoir être élargi, parce que l'élargissement doit se faire dans l'instant de la consignation & avant qu'elle soit signifiée, mais pour la sûreté du Débiteur, qui autrement courroit risque d'être réintégré. (Voyez le Procès-verbal de l'Ordonnance de 1670. sur cet article, pag. 148.)

Article XXXV.

1. *Les plaintes des Prisonniers.*) Ils doivent à cet effet faire toutes les diligences & réquisitions nécessaires pour empêcher les mauvais traitemens qui pourroient être faits à ces Prisonniers, comme aussi pour leur faire administrer tous les secours spirituels & corporels dont ils peuvent avoir besoin.

Article XXXVI.

1. *Et de punition corporelle*) Punition ou peine corporelle, sont des mots synonimes. (Voyez ce que c'est que peine corporelle, *infrà* titre 26. art. 6. aux notes.)

Article XXXVII.

1. *S'il y a six témoins.*) Il en falloit dix avant cette Ordonnance.

Article XXXIX.

1. *De leur droit de Haute-Justice.*) Par une Déclaration du Roi du 11 Juin 1724, les Baux des Prisons Royales des Villes du Royaume ont été distraits de la Ferme des Domaines du Roi, sans pouvoir y être à l'avenir compris sous quelque prétexte que ce soit ; & il est ordonné que par les Cours de Parlement il sera commis à la garde desdites Prisons des personnes capables qui leur seront présentées par les Procureurs Généraux, après qu'ils auront été informés des vie & mœurs de ces personnes,

& qu'il aura été par elles prêté le serment en la maniere accoutumée.

Une autre Déclaration du 7 Novembre 1724, porte que les Engagistes des Domaines du Roi, qui ont des Prisons comprises dans leur engagement, seront tenus d'entretenir lesdites Prisons de toutes réparations, & d'y pourvoir de bons & fideles Geoliers qu'ils présenteront aux Procureurs Généraux des Cours de Parlement, & qui seront tenus de prêter devant les Juges Royaux des lieux le serment ordinaire, après qu'à la requête desdits Procureurs Généraux il aura été informé de leurs vie & mœurs. Cette même Déclaration veut que faute par ces Engagistes de pourvoir lesdites Prisons de bons & fideles Geoliers, il soit pourvû à la garde d'icelles par les Cours de Parlement en la maniere prescrite par la Déclaration du 11 Juin 1724, & qu'il soit même assigné, si besoin est, auxdits Geoliers tels gages qu'il appartiendra, dont le payement sera pris par préférence sur le revenu desdits Domaines engagés.

TITRE QUATORZIÉME.

Des Interrogatoires des Accusés.

Article Premier.

1. *SEront commencés.*) Mais l'Ordonnance n'exige pas qu'ils soient achevés dans ce délai.

2. *Au plus tard dans les vingt-quatre heures.*) Cette obligation d'interroger l'Accusé dans les vingt-quatre heures, est fondée sur deux motifs. 1°. Afin de voir par les interrogatoires si les Accusés sont véritablement criminels, de peur que les innocens ne soient injustement détenus dans les Prisons, & que les Juges puissent les élargir promptement. 2°. Afin que les Criminels n'ayent pas le tems d'inventer des moyens pour déguiser la vérité & éviter la punition de leur crime. Car l'interrogatoire fait peu de tems après la capture est ordinairement un moyen beaucoup plus sûr pour tirer la vérité de la bouche de

l'Accusé, que lorsque cet Accusé a eu le tems de réfléchir. (Voyez tit. 2. art. 12. de la présente Ordonnance.)

Cette disposition de l'Ordonnance est assez mal observée, & il n'arrive que trop souvent par la négligence des Juges, que les Accusés sont quelquefois huit jours entiers dans les Prisons, & souvent même plus long-tems sans être interrogés.

3. *Après leur emprisonnement.*) Il faut qu'un Accusé ait été décrété ou pris en flagrant délit pour pouvoir être interrogé par le Juge. (Arrêt du 22 Août 1709, rendu en la Grand'-Chambre, qui fait défenses au Juge Royal de Calais de procéder à l'avenir à aucun interrogatoire d'Accusé, sinon en conséquence de Décret auparavant décerné, ou que le Criminel fût pris en flagrant délit.)

ARTICLE III.

1. *Qu'autres.*) Pourvû que ce soit des crimes sur lesquels il y a des indices ; car le Juge ne doit interroger l'Accusé que sur les faits sur lesquels il y a des indices au Procès, & qui ne sont point étrangers à l'accusation,

à moins que l'Accusé ne soit un homme de mauvaise renommée ou accoutumé au crime, v. g. un insigne voleur, ou une personne déja condamnée pour quelque grand crime, auxquels cas le Juge pourra l'interroger sur d'autres crimes dont il pourra le soupçonner coupable, quoiqu'il n'y en ait d'ailleurs aucuns indices, & l'Accusé sera tenu d'y répondre. (Voyez *Farinacius in Theoriâ crimin. qu.* 37. n. 166. & 167. & *Jul. Clar. in Pract. Criminali, quæst.* 54. *num.* 45.)

ARTICLE VI.

1. *Séparément.*) Quand il y a plusieurs Accusés à interroger, il faut commencer par ceux qui paroissent les plus disposés à avouer, sinon par les plus foibles, par exemple, par les enfans, ensuite les filles & les femmes, & enfin les hommes.

2. *Que du Juge & du Greffier.*) Le Procureur du Roi ou Fiscal ne peut par conséquent y assister, (Voyez titre 6. art. 11. tit. 19. art. 9. & titre 24. art. 2 de la présente Ordonnance,) ni la Partie civile. (Ibidem.)

Article VIII.

1. *De quelque qualité qu'ils soient.*) Même Mineurs, lesquels ne peuvent même en ce cas être assistés de leurs Tuteurs ou Curateurs.

2. *Par leur bouche.*) L'Accusé décrété d'ajournement personnel ou autrement, qui a un déclinatoire à proposer, doit aussi comparoître lui-même en personne pour demander son renvoi, & même dans le cas où il seroit appellant du Décret; autrement le Juge qui a décrété peut passer outre. (Ordonnance de Mars 1549. article 10. Theveneau sur les Ordonnances livre 5. titre 4. article 5. aux notes.)

Le Juge ou Commissaire devant lequel l'Accusé comparoît pour demander son renvoi, ne peut obliger cet Accusé à subir interrogatoire. (Arrêt de Réglement du 10 Juillet 1665. article 8.) Il doit seulement dresser Procès-verbal de cette demande, & le communiquer ensuite au Procureur du Roi & à la Partie civile, s'il y en a une, & en cas de contestation, cela forme un incident qui

des Accusés. Tit. XIV. 229
doit se juger au Siége, lequel prononce s'il y a lieu au renvoi ou non. (Arrêt du 23 Août 1663, rendu entre les Officiers du Présidial d'Angoulême, rapporté au Journal des Audiences tom. 2. Voyez aussi *infrà* titre 18. art. 8. note 1.)

Mais si le Juge devant lequel l'Accusé est cité étoit absolument incompétent, cet Accusé ne seroit pas tenu de se présenter devant lui. Il faudroit seulement qu'il appellât, & fit infirmer ce Décret, pour se mettre à couvert des poursuites du premier Juge. (Voyez *infrà* tit. 25. art. 2. avec les notes.)

3. *Si ce n'est pour crime de Péculat, &c.*) Parce que dans ces sortes de crimes la justification de l'Accusé est fondée le plus souvent sur l'examen de piéces qui ne sont point entre les mains des Accusés, & pour raison desquelles ils peuvent avoir besoin de communiquer avec leur conseil.

4. *Au devoir & à la religion des Juges.*) Il n'est pas nécessaire que l'Accusé expose aux Juges les nullités qui peuvent être dans le Procès ; il ne le pourroit gueres, n'ayant commu-

nication de la Procédure qu'à la confrontation, & d'ailleurs rien ne lui étant communiqué ; mais les Juges doivent suppléer d'office ces moyens tirés des nullités en voyant le Procès au fond. Au reste, le Juge d'instruction ne peut ftatuer feul fur ces nullités, mais ce doit être le Siége entier. (Ainfi jugé par Arrêt du 10 Juin 1746, contre le Lieutenant-Criminel d'Angers.) Voyez au furplus l'article 14. du tit. 6. & l'art. 24. du tit. 15. de la préfente Ordonnance.

Le Juge peut non-feulement annuller fa Procédure ; mais il peut aufli annuller celle faite dans un autre Siége, lorfqu'elle eft jointe à l'affaire dont il connoît, ou que la connoiffance lui en a été renvoyée.

Les parens de l'Accufé peuvent aufli préfenter Requête pour faire des obfervations fur les nullités de la Procédure. (C'eft ainfi que s'en explique M. Puffort dans le Procès-verbal de l'Ordonnance de 1670. fur cet article, page 165.) Voyez aufli l'art. 3. du tit. 23. de la préfente Ordonnance.

5. *Avant le Jugement.*) C'eft-à-dire, avant d'opiner au fond.

Article IX.

1. *Permettre aux Accusés de conférer.*) Cette permission se donne verbalement par le Juge, ou sur la Requête de l'Accusé. L'article 16. du tit. 13. semble dire que cette permission appartient de plein droit à l'Accusé après son Interrogatoire, à moins que le Juge ne le défende. En examinant même le projet de cet article 9 dans le Procès-verbal de l'Ordonnance de 1670, page 167, il paroît que l'esprit de l'Ordonnance est que les Accusés, après leur interrogatoire, ayent la faculté de conférer avec qui bon leur semblera, quand il ne s'agit pas d'un crime capital ; en effet dans le projet l'article étoit conçu en ces termes : *N'entendons néanmoins empêcher que les Accusés de crimes non capitaux ne puissent après l'interrogatoire conférer avec qui bon leur semblera.*

On peut dire que dans cet article 9. il s'agit, à proprement parler, d'un conseil (à cause de l'article précédent) avec lequel l'Accusé pourra conférer si le Juge le permet, ainsi que le terme de *conférer* semble le signifier; mais que dans le cas de l'article 16. du titre 13. il ne s'agit que de communication avec parens, amis, ou autres personnes du dehors.

ARTICLE X.

1. *Les hardes, meubles, & pieces servant à la preuve.*) Quand on rapporte des effets à Justice appartenans à un Accusé, le Juge doit en dresser Procès-verbal, & ordonner que ces effets seront déposés au Greffe; alors le Greffier doit s'en charger au bas de l'Ordonnance du Juge, & signer.

2. *Seront représentés.*) Non à peine de nullité; mais en cas d'omission de cette représentation, le Juge doit y suppléer par un nouvel interrogatoire, à peine de nullité du Jugement qui interviendroit sans avoir fait cette représentation. (Argument tiré de l'article 31. du titre du faux principal de l'Ordonnance du mois de Juillet 1737.)

3. *Lors de son interrogatoire.*) Soit premier ou autre postérieur. Quelquefois même cette représentation se fait à la confrontation, quand elle n'a pû être faite plûtôt.

Lorsqu'il y a une grande quantité d'effets à repréfenter, dont il a été dreffé Procès-verbal ou inventaire, il eft inutile de fpécifier & écrire de nouveau tous les effets repréfentés, & de faire mention de chacun en particulier. Il fuffira alors, & il eft même beaucoup mieux de dire fimplement: *Nous avons repréfenté à l'Accufé ou au Témoin* (fi c'eft au récolement) *ou à tous les deux* (fi c'eft à la confrontation) *tous les effets article par article mentionnés en notre Procès-verbal du . . . . . dont nous lui avons préfentement fait faire lecture par notre Greffier auffi article par article à mefure de la repréfentation de chacun defdits effets, & avons interpellé ledit Accufé ou Témoin de nous dire s'il reconnoît lefdits effets pour lui appartenir, ou pour être ceux dont il a été trouvé faifi*; ou (fi c'eft un Témoin) *pour faire partie de ceux qui lui ont été volés tel jour, &c.*

4. *Sans qu'il lui en foit donné autre communication.*) Si l'Accufé eft de condition vile, ou vagabond, & fufpect d'avoir été flétri, le Juge le fera vifiter par un Chirurgien qui en dreffera fon rapport fur le champ, (fi l'Ac-

cufé a été flétri) pour être joint au Procès.

Article XI.

1. *De son refus de signer.*) Comme l'Ordonnance ne parle plus dans la suite de la maniere dont le surplus du Procès doit être fait à un Accusé qui n'entend pas la langue Françoise, voici ce qui doit être observé à cet égard par le Juge qui fait l'instruction, & lors du Jugement.

L'Interprête doit toujours être avec l'Accusé, afin de répondre pour lui à la confrontation, même au Jugement du Procès. Il faut pour cela interroger l'Accusé par la bouche de l'Interprête, & recevoir ainsi ses confessions, dénégations, reproches de Témoins, & tout ce que cet Accusé voudra dire pour sa défense.

Lors du Jugement du Procès, si les conclusions sont à peine afflictive, il faudra faire mettre l'Accusé sur la sellette, & son Interprête sera debout nuë tête & à côté de l'Accusé; (Art. 25 du présent titre.) mais dans le Jugement définitif, ainsi que dans tous les Jugemens d'instruction, il ne sera fait mention dans les qualités que de l'Accusé. (Voyez titre 22. art. 3. de la présente Ordonnance.).

Il faut aussi que l'Accusé prête serment, à peine de nullité. (Article 7 du présent titre.)

Article XII.

2. *Ne sera fait aucune rature.*) A moins qu'elle ne soit approuvée du Juge & de l'Accusé. (Voyez *suprà* tit. 6. article 12.)

2. *Ni interligne.*) On ne peut faire aucune interligne. (Voyez *ibid.* tit. 6. article 12.)

Article XIII.

1. *L'interrogatoire.*) Le Juge en procédant à l'interrogatoire d'un Accusé, ne peut, sous prétexte que les faits ou articles sont attachés à la minute, laisser les demandes de l'interrogatoire en blanc. (Ainsi jugé par Arrêt du 11 Décembre 1705, qui enjoint au Lieutenant-Criminel du Châtelet de Paris, en procédant aux interrogatoires des Accusés, de faire mention de l'interrogatoire en entier

Des Interrogatoires & de la réponse des Accusés.)

2. *A la fin de chacune Séance.*) Même dans le cas où cet interrogatoire est continué. S'il est trop tard, ou si l'Accusé vient à se trouver mal, il faudra en dresser Procès-verbal, & remettre la suite de l'interrogatoire à une autre Séance.

3. *Coté & paraphé.*) Voyez ci-dessus l'article 9. du titre 6. note 4.

Article XIV.

1. *Les Commissaires du Châtelet.*) Voyez ci-dessus titre 3. article 3.

2. *En flagrant délit.*) Voyez l'explication de ces mots ci-dessus, titre 6. article 4. note 2.

Article XV.

1. *Que le cas le requerra.*) Toutes les fois qu'il survient de nouvelles charges, il faut nécessairement interroger de nouveau l'Accusé sur les faits résultans de ces nouvelles charges, à peine de nullité ; car l'interrogatoire étant établi, tant pour tirer la vérité de la bouche de l'Accusé, que pour sa défense ; ce seroit ne pas remplir

une des obligations les plus essentielles de la Procédure, que de manquer à cette formalité. (Ainsi jugé par Arrêt de la Tournelle du 24 Mai 1712, & par un autre du 9 Janvier 1743.)

Au reste par ces mots, *nouvelles charges*, il faut entendre de nouveaux chefs d'accusation ; car quand ce sont de nouveaux Témoins qui déposent sur les mêmes faits que ceux portés par la plainte ou par le Procès-verbal du Juge, il n'est pas nécessaire d'interroger de nouveau l'Accusé, à moins que le Juge ne le trouve à propos.

Article XVII.

1. *Pour prendre droit par eux.*) Ces mots signifient que la Partie publique peut donner ses Conclusions définitives, & conclure à la peine dûe au crime, sans qu'il soit besoin de passer à plus ample instruction, récolement ni confrontation, mais seulement en conséquence de la confession de l'Accusé, même dans le cas où il échet de prononcer peine afflictive ; (Ordonnance de 1539. article 148. Ordonnance du mois de Mars 1498. art. 109. Ordonnance de 1535.

chap. 13. art. 25.) ce qui résulte auſſi de l'art. 5. du tit. 25. de la préſente Ordonnance. Cependant Lizet en ſa Pratique Criminelle, liv. 1. titre 5. p. 45 de l'édition de 1609. prétend que cela ne doit point avoir lieu, quand le crime eſt atroce & de nature à mériter une peine capitale. Carondas en ſes notes ſur cet endroit de Lizet eſt auſſi du même ſentiment, & dit qu'alors il faut néceſſairement paſſer au récolement & à la confrontation. Mais ce ſentiment paroît contraire au texte de l'Ordonnance.

Article XVIII.

1. *A la Partie civile.*) Afin qu'elle puiſſe auſſi prendre droit par cet Interrogatoire. Mais ſi cette Partie ou le Procureur du Roi refuſoit de prendre droit par l'Interrogatoire, & que la matiere fût de nature à mériter une procédure extraordinaire, & à pouvoir avoir une plus ample inſtruction, il faudroit paſſer au récolement & à la confrontation. (Ordonnance de 1539. art. 149.)

L'Accuſé peut auſſi avoir dans ce cas communication des Interrogatoies par lui subis. (Voyez ci-dessus la note 1. sur l'art. 15. du tit. 6.)

ARTICLE XIX.

1. *De peine afflictive.*) Voyez l'explication de ces mots ci-dessus titre 0. art. 19. note 1.

2. *Pourra prendre droit par les Charges.*) C'est-à-dire, s'en rapporter à la déposition des témoins ; & à cet effet le Juge doit lui demander à la fin de l'interrogatoire s'il veut prendre droit par les Charges.

Mais dans le cas où il échet peine afflictive, l'Accusé ne peut prendre droit par les Charges, parce que 1°. s'il y a une preuve contre cet Accusé, il est important & de l'intérêt public que cette preuve qui ne dépend point de son fait, & qui lui est en quelque sorte étrangere, à cause de son défaut de consentement, devienne complette par la voie du récolement & de la confrontation. 2°. S'il n'y a preuve suffisante contre l'Accusé, elle peut se fortifier & devenir complette par le Réglement à l'Extraordinaire, comme il arrive tous les jours.

Article XX.

1. *Et la Partie civile.*) Il faut donc que l'un & l'autre y soient reçûs. (Voyez la note sur l'article 18. ci-dessus.)

Article XXI.

1. *De peine afflictive.*) Voyez l'explication de ces mots en la note 1. sur l'article 19. du titre 10. ci-dessus.

Par une Déclaration du Roi du 13 Avril 1703, qui confirme une autre Déclaration du 12 Janvier 1681, il est dit qu'en tous les Procès qui se poursuivront, soit pardevant les Juges de Seigneurs ou les Juges Royaux, ou dans les Cours, qui auront été réglés à l'extraordinaire, & instruits par récolement & confrontation, les Accusés seront entendus par leur bouche dans la Chambre du Conseil derriere le Barreau, lorsqu'il n'y aura pas de Conclusions à peine afflictive. Le motif de cette Ordonnance, ainsi qu'il est dit dans le Préambule, est afin de ne pas priver les Accusés dans aucuns cas du droit naturel qu'ils ont de se défendre par leur bouche, & pour ne pas ôter aux Juges les moyens de s'éclaircir par la voie de l'interrogatoire des circonstances des actions qui se poursuivent extraordinairement.

La même chose doit aussi s'observer dans les Officialités, autrement il y auroit abus dans la Procédure. (Ainsi jugé par Arrêt de la Tournelle du 14 Juillet 1708, rapporté au Journal des Audiences, tome 6.)

Il suit des termes de cette Déclaration, ou plûtôt du motif qui y est énoncé, que lorsque les conclusions de la Partie publique tendent à l'absolution, & que lors du Jugement il n'y a pas lieu de condamner l'Accusé, il est inutile de l'entendre. Cependant si la preuve manquoit, il y auroit lieu de faire cet interrogatoire, qui pourroit servir à la rendre plus complette.

Par la même raison, si les conclusions sont à un plus amplement informé, & que l'opinion des Juges y soit conforme ou tende même à l'absolution, il paroît inutile d'entendre l'Accusé.

2. *Sur la sellette.*) Et il doit être rédigé par écrit. (article 12 & 13 du pré-

L

sent titre.) Ces sortes d'interrogatoires faits à la Chambre ne sont signés que du Président, & de l'Accusé s'il sçait signer; & c'est le Président qui cotte & paraphe les pages & les renvois. A l'égard des Sentences, l'usage observé à Orleans est, que le Président & le Rapporteur paraphent seuls les renvois. C'est le Président qui interroge; mais tous les Juges qui sont présens peuvent interroger par sa bouche. Cet interrogatoire doit être sommaire, si ce n'est lorsque l'Accusé vient à avouer.

Il y a des Cours Supérieures où l'interrogatoire qui se fait à la Chambre ne se rédige point par écrit, sinon dans le cas où l'Accusé en avouant rend la preuve plus complette, ou bien lorsqu'il propose de nouveaux faits justificatifs.

TITRE QUINZIÉME.

Des Récolemens & Confrontations.

Article Premier.

1. M*Érite d'être instruite.*) C'est-à-dire s'il s'agit d'un crime qui mérite peine afflictive ou infamante. (Ainsi jugé par Arrêt de la Tournelle du 6 Octobre 1722, qui regle que les Juges ne peuvent prononcer de peines afflictives ou infamantes, que lorsque le Procès aura été instruit par récolement & confrontation.) Au reste cela suppose qu'il n'y ait pas d'ailleurs une preuve suffisante par la confession de l'Accusé & par les autres présomptions & circonstances du Procès ; car s'il résultoit une preuve suffisante des interrogatoires de l'Accusé, il ne paroît pas qu'il fût nécessaire de récoler & confronter les Témoins. (*Ita Jul. Clar. in Pract. crim. qu. 45. n. 13.*) On peut même

tirer cette conséquence de l'article 5 du titre 25 ci-après. En effet, puisqu'aux termes de cet article on peut juger les Procès criminels même sans information, s'il y a preuve suffisante par la confession de l'Accusé & par les autres circonstances du Procès, il s'ensuit par la même raison, que quoiqu'il y ait eu des Témoins entendus, s'il y a d'ailleurs une preuve suffisante par la confession de l'Accusé, & par les autres présomptions & circonstances du Procès, il n'est pas nécessaire alors de récoler & confronter les Témoins.

Cependant il est mieux dans ce cas-là même de récoler & de confronter deux ou trois des principaux Témoins, parce que si l'interrogatoire venoit à être annullé par quelque défaut de formalité, il faudroit recommencer la preuve, ce qui allongeroit le Procès & pourroit même être dangereux pour le bien de la Justice, d'autant plus que pendant ce tems-là il pourroit mourir quelques Témoins, & que la preuve pourroit manquer. D'ailleurs en matiere criminelle il faut tout mettre en usage, & la preuve qui résulte de la déposition des Témoins sert à fortifier celle qui résulte de la confession de l'Accusé.

Boniface rapporte néanmoins un Arrêt du 6 Juin 1671, qui a infirmé une Sentence qui avoit ordonné un récolement de Témoins, & ordonné le Réglement à l'extraordinaire après la confession de l'Accusé. (Voyez Boniface tom. 3. liv. 1. tit. 8. ch. 6.) Mais sans doute que cet Arrêt a été rendu par des circonstances particulieres.

Dans les délits où il n'échet aucune peine afflictive ou infamante, mais seulement une peine pécuniaire ou une simple admonition, il est inutile, & même ce seroit une mauvaise Procédure de passer au récolement & à la confrontation. (Arrêt du 13 Mai 1709, qui fait défenses au Lieutenant-Criminel de Rouanne de procéder en pareil cas par récolement & confrontation, & au Procureur Fiscal de ce Duché de le requérir. Voyez *infrà* article 9. pag. 256.)

On appelle *Réglement à l'extraordinaire* le Jugement qui ordonne que les Témoins seront récolés & confrontés, parce que c'est seulement depuis ce Jugement que commence la

Procédure extraordinaire. Ce Jugement doit être rendu à la Chambre comme un Jugement au fond, & par sept Juges, lorsque le Jugement est en dernier ressort. (Ainsi jugé par Arrêt du Grand Conseil du 12 Août 1693, rapporté au Journal du Palais, tom. 2. pag. 848. de l'édition *in-folio*, qui fait défenses au Lieutenant-Criminel de Lyon de rendre seul des Jugemens de récolement & de confrontation dans les Procès en dernier ressort, & ordonne que ces Jugemens seront rendus au Présidial au nombre de sept Juges.) Ce qui résulte d'ailleurs de l'art. 11. du tit. 25 de la présente Ordonnance. Il doit aussi être fait mention dans ces Jugemens qu'ils ont été rendus en la Chambre du Conseil, & avant de les rendre il faut examiner si la Procédure est valable ou non. (Voyez la note sur l'article 13. du titre 17 ci-après, page 301.)

Lorsque dans une même affaire il y a une plainte contre un nouvel Accusé ou Complice, ou une plainte pour un nouveau crime contre le même Accusé, il faut un nouveau Jugement de récolement & confrontation, quand cette nouvelle plainte est rendue depuis le premier Réglement à l'extraordinaire ; car ces sortes de Jugemens n'ont lieu que pour les crimes déférés à Justice, & non pour ceux qui y sont déférés depuis le Jugement, quoiqu'ils puissent valoir pour les Témoins à ouir dans le crime déféré à Justice, suivant qu'il est dit dans cet article.

2. *Que les Témoins.*) Il faut observer que lorsqu'il y a des Accusés à récoler & confronter, il faut nécessairement un Jugement qui l'ordonne expressément, le Jugement qui l'ordonne pour les Témoins ne pouvant suppléer pour les Accusés, à moins que cela ne soit ainsi porté par le même Jugement qui ordonne que les Témoins seront récolés & confrontés. (Ainsi jugé par Arrêt du 28 Mai 1696. contre le Juge du Comté de Lyon.)

3. *Estre ouis de nouveau.*) Sur les mêmes faits portés en l'information ; car s'il survenoit des Témoins portant charges de nouveaux faits, il faudroit un nouveau Jugement portant, que les Témoins ouis & à ouir sur ces nouvelles charges seroient récolés, & si besoin est confrontés à l'Accusé. (Ainsi jugé par Arrêt de la Tournelle du 9 Janvier 1743.)

4. *Seront récolés en leur déposition.*) Parce que le récolement sert à perfectionner la déposition des Témoins, à la corriger, ou interpréter si elle est obscure, & à en assurer la certitude & la vérité par la répétition qui en est faite.

Il n'est pas absolument nécessaire de récoler tous les Témoins, surtout quand ils ne disent rien qui aille à la charge de l'Accusé, mais principalement s'il y en a d'autres en nombre suffisant, ce qui dépend de la prudence du Juge. (Ainsi jugé par Arrêt du 30 Juillet 1707. rapporté au Journal des Audiences, tom. 6.)

5. *Et si besoin est.*) Parce que si le Témoin dépose, tant dans sa déposition que dans son récolement, de choses qui ne fassent aucune charge contre l'Accusé, ou de faits inutiles, il n'est pas nécessaire de les confronter; ce seroit même une mauvaise Procédure de le faire. (Ainsi jugé par Arrêt du 21 Mars 1702. contre le Lieutenant-Criminel de Châtillon-sur-Marne ; & par un autre de la Tournelle du 9 Mai 1712. rapporté au Journal des Audiences, tom. 6.)

6. *Confrontés.*) Même les Accusés

entr'eux, s'ils déposent de faits qui fassent charge les uns contre les autres : car alors ils doivent être récolés en leurs interrogatoires, ou du moins en celui ou ceux de leurs interrogatoires qui font charge, & ensuite confrontés aux Accusés qu'ils ont chargés. (*Infrà* article 23 pag. 268.)

On confronte les Témoins à l'Accusé, afin qu'il puisse se défendre contr'eux, & les reprocher s'il y a lieu, & pour lui donner la liberté de leur faire les interpellations nécessaires dans le cas où ils déposent contre la vérité, soit pour éclaircir le fait, soit pour les convaincre de fausseté.

7. *Et pour cet effet assignés.*) Lorsque la Partie civile néglige de faire assigner les Témoins, soit pour être entendus, soit pour être récolés & confrontés, le Juge peut ordonner sur la réquisition du Procureur du Roi, que dans tel tems cette Partie civile sera tenue de faire venir les Témoins, ou les faire récoler & confronter, sinon & à faute de ce faire dans ledit tems, que les Témoins seront assignés à cet effet à la requête & diligence du Procureur du Roi aux frais de la Partie civile.

Et si cette Partie civile ne satisfait pas au Jugement dans le tems qui lui est prescrit, le Juge ordonnera qu'elle sera tenue de consigner au Greffe une somme convenable pour faire venir ces Témoins, laquelle somme doit être proportionnée au nombre des Témoins, à leur qualité, & à la distance des lieux où ils ont leur demeure.

8. *Dans un délai compétent.*] Ce délai est ordinairement le même pour le récolement & la confrontation, qui le plus souvent se font dans le même tems, ce qui est conforme à la disposition de l'Ordonnance du mois d'Août 1539. art. 163. qui porte que les Témoins seront confrontés à l'Accusé aussitôt qu'ils auront été récolés.

Ce n'est pas même une nullité de récoler un Témoin le jour même qu'il a été entendu, à l'égard de ceux qui ne sont entendus en déposition qu'après le Jugement de récolement & confrontation : tel est l'usage. (Ainsi jugé par un Arrêt du Parlement de Provence du 24 Mai 1563, rapporté par Boniface tome 1. liv. 1. tit. 27. n. 4. où l'on prétendoit que ce récolement

Confrontations. TIT. XV. 251
pouvoit être fait que quelques jours
après la déposition.)

9. *La qualité des personnes & de
la matiere.*) Car il y a des matiéres
qui requierent plus de célérité les unes
que les autres, comme dans le cas de
sédition, où il faut une prompte punition.

ARTICLE II.

1. *Contraints par corps.*) Non les
Ecclésiastiques. (Voyez ci-dessus tit.
6. art. 3. pag. 130.)

ARTICLE III.

1. *Qu'il n'ait été ordonné par Jugement.*) L'article 26. de l'Edit du
mois d'Août 1679, portant réglement général pour les Duels, contient une exception à cette régle. Il
porte, que pour éviter que pendant
l'instruction des défauts & contumaces, les prévenus ne puissent se servir des moyens pour détourner les
preuves de leurs crimes; il sera pro-
hibé dans les crimes de Duel seulement aux Officiers des Cours &
Lieutenans Criminels des Baillia-

L iij

ges où il y a Siége Présidial, au récolement des Témoins dans les vingt-quatre heures, & le plutôt qu'il se pourra, après qu'ils auront été entendus dans les informations, & avant qu'il y ait aucun Jugement qui l'ordonne, sans toutefois que les récolemens puissent valoir confrontation, qu'après qu'il aura été ainsi ordonné par le Jugement de défaut & contumace.

2. *Qu'après qu'il aura été ainsi ordonné.*) Voyez les art. 13. & 20. du tit. 17. de la présente Ordonnance.

ARTICLE IV.

1. *Pardevant un des Conseillers de nos Cours.*) Parce que le Témoin peut également dans ce cas comme devant tout autre Juge, corriger sa déposition ou y ajouter.

ARTICLE V.

1. *Seront récolés.*) Si le Témoin est sourd ou muet, ou étranger, il faudra observer ce qui est dit ci-dessus, tit. 6. art. 11. note 1. pag. 140.

2. *Séparément.*) Et secretement.

Confrontations. Tit. XV. 253
(Voyez *suprà* tit. 6. art. 11. p. 141.
& titre 14. art. 6. p. 227.) Il en est
de même des confrontations.

Il faut aussi observer que ces récolemens, ainsi que les confrontations, doivent être faits dans le lieu où se rend la Justice, ou dans la Chambre du Conseil, ou de la Geole; de même que les interrogatoires. (Voyez tit. 14. art. 4 de la présente Ordonnance. Voyez aussi l'Arrêt de Réglement du 10 Juillet 1665, art. 17. & celui du 7 Septembre 1660 pour Dreux.)

3. *Et lecture faite de leur déposition.*) Ou de leur interrogatoire, si c'est un Accusé qu'on récole dans son interrogatoire.

Quand un Témoin a été entendu dans deux informations faites par différens Juges, & que les Procédures ont été jointes, il faut le récoler à ses différentes dépositions, & il en est de même des interrogatoires des Accusés qui font charge, quoique subis devant différens Juges. (Voyez la note sur l'article qui suit.)

4. *Paraphé & signé.*) Et cotté. (Voyez l'art. 9. du tit. 6. pag. 137. & l'art. 13. du titre 14. pag. 226.)

5. *Et par le Témoin.*) Il suit de

Des Récolemens &

ces termes que la signature du Greffier n'est pas nécessaire, ainsi qu'on l'a observé en la note sur l'art. 9. du tit. 6. pag. 136.

6. *De son refus.*) Quand il y a des représentations ou rapports d'effets servans à conviction faits par le Témoin lors du récolement, le Juge en doit dresser Procès-verbal, ou en faire mention dans le récolement.

ARTICLE VI.

1. *Ne sera réitéré.*) Ce n'est pas réitérer le récolement, que de récoler & confronter un Accusé successivement à différens interrogatoires qui renferment différentes Charges, & cette réitération ne doit pas être considérée par rapport à l'Accusé, ou au Témoin qui dépose, mais par rapport aux choses mentionnées en la déposition. Il en est de même à l'égard d'un témoin, quand il a déposé plusieurs fois, & que ses dépositions tombent sur différens faits. (Voyez *suprà* titre 6. article 14. avec les notes, pag. 143.)

2. *Pendant l'absence de l'Accusé.*) Ou même lorsque l'Accusé n'étoit

pas encore connu nommément au Procès, comme si ce Procès avoit été instruit contre certains Quidams. Le motif de cette disposition est, que le récolement ne se fait que pour le témoin, afin d'éclaircir sa déposition ou la rendre plus certaine; mais non pour l'Accusé, qui par cette raison n'est point appellé à ces récolemens.

3. *En différens tems.*) Et en différentes Jurisdictions, si la Procédure qui y a été faite a été jointe au Procès où l'acculation s'instruit en dernier lieu.

Article VIII.

1. *Ne fera point de preuve.*) Quand même ils auroient été récolés, & qu'ils seroient morts depuis sans avoir pû être confrontés. Mais les Témoins qui déposent à décharge font preuve, quoiqu'ils n'ayent été ni récolés, ni confrontés. (Voyez l'article 10. de ce titre, & l'article 21. du titre 17.)

2. *S'ils ne sont décédés pendant la Contumace.*) Voyez ci-après tit. 17. art. 20. aux notes, pag. 306.

Il en est de même dans le cas où

ces Témoins, à cause d'une longue absence, d'une condamnation aux Galéres, ou bannissement à perpétuité ou à tems, ou pour quelque autre empêchement légitime, ne pourroient être confrontés. (Voyez les articles 22. & 23. du titre 17. ci-après.).

Article IX.

1. *Auxquels il échet peine afflictive.*) Voyez l'explication de ces mots ci-dessus tit. 10. art. 19. pag. 176.

Dans les délits où il n'échet peine afflictive, il n'est pas besoin de récoler & confronter les Témoins. (Voyez *suprà* la note 1. sur l'article 1. de ce titre, pag. 243.)

2. *Pourront ordonner.*) On ne peut statuer sur ces nullités qu'en voyant le Procès au fond.

3. *Qui n'aura été faite.*) Quelquefois même il arrive en visitant le Procès, qu'un Accusé avoue lors de son interrogatoire à la Chambre; alors pour ne pas différer le Jugement, on récole cet Accusé sur le champ, & on le confronte aux autres Accusés qu'il a chargés par son

Confrontations. TIT. XV. 257
interrogatoire, & il n'eſt pas néceſſaire pour cela que cet Interrogatoire ſoit communiqué au Procureur du Roi pour y donner ſes Concluſions. (Voyez ci-après l'article 4. du titre 19. pag. 337. où l'on voit que cela s'obſerve ainſi à la queſtion, lorſque l'Accuſé révele quelques-uns de ſes complices.)

4. *Si leurs dépoſitions font charge conſidérable.*) Ou du moins ſi ces dépoſitions ſervent à rendre la preuve conſidérable.

ARTICLE X.

1. *Quoiqu'ils n'ayent été récolés.*) Voyez *infrà* tit. 17. art. 21. p. 307.

2. *Pour y avoir égard par les Juges.*) Et non pour y avoir tel égard que de raiſon, comme il eſt dit en l'article 2. du titre 6. ci-deſſus; ce qui eſt fondé ſur ce que les Juges doivent être plus favorables à l'abſolution qu'à la condamnation de l'Accuſé.

ARTICLE XI.

1. *Depuis le récolement.*) C'eſt-à-

dire, à la confrontation. (Voyez le Procès-verbal de l'Ordonnance de 1670 sur cer article pag. 177.) L'article 21 de ce titre parle des rétractations que les Témoins peuvent faire depuis la confrontation.

2. *Dans les circonstances essentielles.*) Mais il est permis au Témoin d'expliquer sa déposition à la confrontation.

3. *Punis comme faux Témoins.*) Et même le Juge peut en ce cas faire arrêter le Témoin, & le faire emprisonner sur le champ.

Lorsque le Témoin change sa déposition à son récolement, il doit rendre raison de ce changement, autrement il devient suspect, & peut même quelquefois être puni suivant les circonstances.

ARTICLE XII.

1. *Originairement décret de prise de corps.*) C'est-à-dire, ceux qui n'auront été décretés de prise de corps que faute d'avoir comparu au Décret d'ajournement personnel, (suivant qu'il est porté en l'article 4. du titre 10. Il en est autrement de ceux qui n'ayant

été décretés originairement que d'assigné pour être ouï, ou d'ajournement personnel, sont ensuite décretés de prise de corps, à cause des nouvelles charges qui surviennent contre eux; car à leur égard ils doivent aussi être en prison pendant le tems de la confrontation. (Voyez l'art. 7. du titre 10. ci-dessus, pag. 166.)

Quand l'Accusé a été élargi après son interrogatoire, il faut le faire assigner ainsi que les Témoins pour procéder à la confrontation.

2. *Par nos Cours il n'en ait été autrement ordonné.*) Comme dans le cas de l'article 22. du titre 10. ci-dessus, pag. 185.

Ces derniers mots font voir qu'il n'est pas permis aux premiers Juges (du moins dans les crimes graves) de renvoyer en état d'ajournement personnel un Accusé décreté originairement de prise corps, si ce n'est après le récolement & la confrontation, & en jugeant le Procès au fond.

Lorsque l'Accusé décreté originairement de prise de corps, & qui a été renvoyé par Arrêt ou autre Jugement en état d'ajournement personnel ou d'assigné pour être ouï, ne comparoît pas sur l'assignation qui lui est donnée pour subir interrogatoire, alors il faut procéder à la conversion du Décret, & ensuite instruire la Contumace en la maniere portée au titre 17. art. 1. & suivans ci-après. (Ainsi jugé par Arrêt du 27 Octobre 1711, contre le Lieutenant-Criminel de Montmorillon.)

Mais si l'Accusé a déja été interrogé, & que par l'Arrêt qui l'élargit des Prisons, il ait été renvoyé en état d'ajournement personnel ou d'assigné pour être ouï, afin de subir la confrontation & le reste de la Procédure, même le dernier interrogatoire en la Chambre du Conseil, & qu'il ne comparoisse pas sur l'Assignation qui lui est donnée, alors il faudra suivre ce qui est porté en l'art. 10. du tit. 17. pag. 298.

Article XIII.

1. *Seront écrites en un cahier séparé.*) Il faut observer de faire un cahier différent pour la confrontation de chaque Accusé, séparé des autres Procédures ; c'est ainsi qu'on

l'observe dans l'usage, afin de rendre l'examen & le rapport du Procès plus facile.

Mais l'omission de cette formalité n'opéreroit point une nullité dans les confrontations ; elle pourroit seulement occasionner une injonction au Greffier & au Juge qui a fait l'instruction.

2. *Paraphée & signée du Juge.*) Et de lui cottée. (Voyez *suprà* tit. 6. art. 9. pag. 137. & tit. 14. art. 13. page 236.)

Il faut appliquer ici tout ce qui est dit des ratures & interlignes dans l'article 12. du tit. 6. pag. 142. & l'art. 12. du tit. 14. pag. 235.

3. *Par l'Accusé & le Témoin.*) Et non par le Greffier. (Voyez *suprà* titre 6. article 9. à la note 3. p. 136.)

ARTICLE XIV.

1. *L'Accusé sera mandé.*) Si le Témoin étoit malade, & ne pouvoit être transféré aux Prisons pour être confronté à l'Accusé, il faudroit que le Juge fit transférer l'Accusé sous bonne garde dans le lieu de la demeure du Témoin, après avoir ordonné d'une visite, & sur le rapport

des Médecins & Chirurgiens, que le Témoin ne peut être transféré sans courir risque de perdre la vie ; ensuite dequoi le Juge se transportera dans le même lieu pour y faire la confrontation du Témoin.

2. *S'ils se connoissent.*) Si l'Accusé est étranger, & n'entend pas la Langue Françoise, alors la confrontation se fait en présence de l'Interprête, qui explique à l'Accusé les interpellations du Juge, & au Juge les réponses de l'Accusé, ainsi qu'il s'observe pour les interrogatoires. (Voyez *suprà* tit. 6. art. 11. note 1. pag. 140. & tit. 14. art. 11. aux notes, pag. 234.)

Si l'Accusé est sourd ou muet, ou s'il refuse de répondre, il faudra observer ce qui est dit ci-après tit. 18. art. 5. & 8. & ci-dessus tit. 6. art. 11. à la note, pag. 140.

ARTICLE XV.

1. *Son nom.*) Ajoutez, & surnom. (*Suprà* tit. 6. art. 5. pag. 132.)

2. *La connoissance qu'il aura dû avoir des Parties.*) Il ne faut pas conclure de ces termes, que dans les informations le Juge est obligé de

faire mention si les Parties se connoissent ou non. (Voyez *suprà* tit. 6. art. 5. avec la note, page 133.) Cela n'est dit ici uniquement que pour spécifier ce que le Témoin a déclaré sçavoir ou connoître de sa parenté, ou alliance, &c. avec l'Accusé.

3. *S'il est leur parent ou allié.*) Ajoutez, serviteur ou domestique. (*Suprà* tit. 6. art. 5. pag. 132.)

Article XVI.

1. *Reproches.*) On se sert dans quelques Provinces du terme d'*objets* au lieu de reproches; mais ces mots sont synonimes.

Lorsque l'Accusé a fourni des reproches contre quelques Témoins, le Juge ne doit pas se contenter de dire dans une autre confrontation que l'Accusé emploie les mêmes reproches; mais il doit les répéter en détail, autrement on pourroit attaquer cette confrontation de nullité.

Article XVIII.

1. *De la déposition & du récolement.*) Si c'est un Accusé que l'on

confronte à un autre Accusé, il faudra faire la lecture de l'interrogatoire, ou des interrogatoires de celui des Accusés qui charge l'autre, ainsi que du récolement.

Il faut toujours récoler un Accusé à tous ses interrogatoires; mais à l'égard des confrontations, il ne faut lire à l'Accusé, & ne le confronter qu'à la partie de l'interrogatoire, ou des interrogatoires, qui regarde cet Accusé, le surplus étant inutile.

2. *Avec interpellation.*) Cette interpellation doit être faite d'abord au Témoin, & ensuite à l'Accusé.

3. *Et si l'Accusé.*) Il faut spécifier dans la Procédure, si c'est de l'*Accusé présent* que le Témoin a entendu parler. L'omission de ce mot *présent* seroit une nullité, du moins s'il y avoit d'autres Accusés dans le même Procès. (Arrêt de la Cour du 24 Juillet 1698. contre le Lieutenant Particulier de Châtillon sur Indre. Autre du 9 Mai 1712, rapporté au Journal des Audiences tom. 6.)

Mais si la déposition du Témoin ne sert qu'à établir la vérité d'un fait dont il ne charge point l'Accusé, alors il est inutile de spécifier si c'est c'est de l'Accusé présent qu'il a entendu parler par sa déposition & son récolement. (Arg. tiré de l'artic. 37- tit. du faux principal, de l'Ordonnance du mois de Juillet 1737.)

Article XIX.

1. *Ne sera plus reçû.*) Parce que la plûpart de ces reproches proposés verbalement sont ordinairement vagues, & ne servent qu'à allonger la Procédure, ainsi que l'expérience le justifie tous les jours.

Article XX.

1. *S'ils sont justifiés par écrit.*) Comme sont des Sentences de condamnation à peine infamante contre le Témoin, des Procédures qui justifient que l'Accusé & le Témoin ont ensemble un Procès considérable, &c.

Tous les reproches, tant proposés verbalement, que ceux par écrit, se jugent en voyant le Procès au fond, & avant de juger les Juges opinent préalablement sur la validité ou invalidité de ces reproches. Si le reproche est déclaré valable, & qu'il

M

soit justifié, on ordonne que le Témoin sera rejetté, & on ne lit point sa déposition. S'il est jugé non valable, on ordonne que, sans y avoir égard, il sera passé outre à la lecture de ce Témoin. Enfin il arrive quelquefois que le reproche, quoique valable, n'est pas suffisamment justifié : alors les Juges ordonnent quelquefois qu'il en sera fait preuve, tant par titres que par témoins ; mais cette preuve ne doit pas s'ordonner lorsqu'il y a d'ailleurs une preuve suffisante par la déposition des autres Témoins : c'est pourquoi il faut surséoir jusqu'après la visite du Procès avant de l'ordonner. Lorsqu'il est nécessaire de faire une preuve préalable de ce reproche, on ordonne que l'Accusé le vérifiera dans un bref délai qu'on lui impartit à cet effet, soit par piéces ou par témoins qu'il doit nommer sur le champ, autrement il ne doit plus y être reçû. (Voyez le Procès-verbal de l'Ordonnance de 1670. page 222.)

Lorsque cette Procédure sur les reproches aura été faite, il faudra la communiquer à la Partie publique pour avoir ses conclusions.

ARTICLE XXI.

1. *Faite par les Témoins depuis l'information.*) C'est-à-dire, aux déclarations faites hors Justice, soit par-devant Notaires, Greffiers ou autrement, & depuis la confrontation. (Voyez le Procès-verbal de l'Ordonnance de 1670. sur cet art. pag. 182.) L'article de ce titre parle des rétractations faites par le Témoin à la confrontation.

ARTICLE XXII.

1. *Interpellation au Témoin.*) Le Juge ne peut interpeller de lui-même le Témoin sans en être requis par l'Accusé. (Arrêt de la Cour du 23 Juillet 1628. contre le Lieutenant-Particulier de Châtillon-sur-Indre.)

On doit aussi faire lecture de la confrontation à l'Accusé & au Témoin, pour voir s'ils y persistent; cependant l'omission de cette lecture ne seroit pas une nullité dans la Procédure, l'Ordonnance n'exigeant point cette formalité. (Ainsi jugé par Arrêt du 16 Janvier 1710. sur 'appel d'une Procédure faite par le Lieutenant Criminel de Magny.)

Si lors de l'interrogatoire on avoit omis de représenter à l'Accusé quelques habits ou armes, ou autres effets servans à conviction, dont les Témoins auroient parlé dans leurs dépositions, la représentation de ces effets pourra se faire à l'Accusé & au Témoin lors de la confrontation.

ARTICLE XXIII.

1. *Des Accusés les uns aux autres.* Dans plusieurs Provinces de France, comme du côté de la Rochelle, on se sert du mot d'*accarat* pour exprimer la confrontation qui se fait des Accusés les uns aux autres; dans d'autres Provinces on se sert du mot de *froniation*.

Quand on confronte un Accusé à un autre, il ne suffit pas, après lui avoir fait faire lecture des premiers articles de l'interrogatoire de l'Accusé que l'on confronte, concernant son nom, surnom, âge, qualité & demeure, de demander aux confrontés s'ils se reconnoissent; & si l'Accusé confronté est parent, allié, ou

Confrontations. Tit. XV. 269
teur, ou domestique de l'autre; & ce seroit une nullité de manquer à cette formalité, parce que dans les interrogatoires il n'en a point été fait mention.

Article XXIV.

1. *A cause de quelque nullité.*) V. ci-dessus l'article 14. du titre 6. p. 143. & l'art. 8. du titre 14. p. 228.

TITRE SEIZIÉME.

Des Lettres d'Abolition, Rémission, Pardon, &c.

Article Premier.

1. *De les entériner incessamment.*) Il en est de même des Lettres de rémission, quand elles ont été obtenues en la Grande Chancellerie du Royaume. (Voyez ci-après note 3.)

2. *Si elles sont conformes.*) Voyez ci-après article 27. C'est pourquoi

M iij

si ces Lettres n'étoient pas conformes aux charges & informations, les Juges peuvent passer outre, suivant l'observation de M. le Chancelier sur cet article. (Voyez le Procès-verbal de l'Ordonnance de 1670. pag. 186.)

3. *Aux charges & informations.*) Ajoutez, ou si les circonstances ne sont pas tellement différentes qu'elles changent la qualité de l'action. (Argument tiré de ce qui est dit dans la Déclaration du 22 Novembre 1683. à l'égard des Lettres de rémission, où ces termes sont employés. Voyez ci-après article 27. avec les notes.)

4. *Sur l'atrocité du crime.* (Voyez *infrà* article 4. pag. 272.)

Article II.

1. *Les Lettres de rémission.*) On se sert le plus souvent du terme de *Grace*, au lieu de *rémission* ; mais ces mots ne sont point synonimes. Le terme de grace est un terme générique, qui comprend toutes les Lettres émanées directement de la souveraine Puissance, comme sont toutes celles dont il est parlé en l'article 5 de ce titre.

Les Lettres de rémission s'accordent, tant en la Grande Chancellerie, que dans les Chancelleries établies près les Cours ; mais avec cette différence, que la disposition portée ci-après en l'article 27. n'a lieu qu'à l'égard des Lettres de rémission obtenues dans les Chancelleries établies près les Cours. (Voyez *infrà* article 27. & les notes.)

2. *Défense de la vie.*) Et quand l'Impétrant aura couru risque de la perdre ; (Déclaration du 22 Novembre 1683.) mais cela ne doit pas s'entendre du cas, où l'on a tué pour la nécessité d'une légitime défense de son bien que quelqu'un auroit voulu ravir avec force & violence, ou pour la défense de l'honneur ; il faut alors recourir directement au Souverain & obtenir des Lettres du Grand Sceau, ce qui résulte des termes de cet article. A plus forte raison on ne doit pas comprendre sous ces mots ceux qui ont tué par chaleur, ou par ressentiment de quelqu'injure reçue sur le champ, & sans avoir couru risque de la vie, dont les Lettres de grace ne peuvent être expédiées dans les Chancelleries près les Cours, mais seulement en la Grande Chancellerie.

ARTICLE III.

II. *Ne peuvent être excusés.* Par exemple, si celui qui obtient les Lettres de pardon pour raison d'un homicide, n'a pas donné le coup, mais seulement s'étoit trouvé sans dessein prémédité dans la compagnie du principal Coupable. Il en est de même d'un pere qui se seroit trouvé dans une querelle où son fils a tué quelqu'un sans se mettre en devoir de l'en empêcher; car quoique ce pere n'ait point frappé, & n'ait été que spectateur de la querelle, néanmoins il n'a pû être excusé de ne s'être pas mis en devoir d'empêcher son fils, & il est obligé d'avoir recours au pardon. Il en est de même du mari à l'égard de sa femme, & d'un Maître à l'égard de son domestique. Ces Lettres peuvent s'obtenir aux Chancelleries des Cours du Parlement.

ARTICLE IV.

I. *Ce qu'ils estimeront à propos.* Mais ces remontrances ou reprétations ne peuvent se faire qu'après l'enregistrement des Lettres, dans le cas où elles sont conformes aux charges & informations. (Voyez ci-après les notes sur l'article 27.)

Article V.

1. *Celles pour ester à droit.*) Voyez l'article 27. du titre 17.

2. *De rappel de Ban ou de Galeres.*) Voyez les articles 6 & 7 de ce titre.

3. *Commutation de peine & de réhabilitation.*) Voyez l'article 7. de ce même titre.

La réhabilitation d'un Condamné en ses biens & commune renommée se fait, lorsqu'il a encouru note d'infamie par un Jugement infamant, comme par une condamnation au blâme, ou à quelque peine afflictive, &c.

4. *Et de revision de Procès.*) Voyez les articles 8. 9. 10. 11. 18. & 28. du présent titre.

Ces Lettres ont lieu à l'égard des personnes condamnées contradictoirement, soit qu'elles soit vivantes ou mortes ; à l'égard des personnes condamnées par Contumace dont on veus purger la mémoire, voyez ci-après le titre 27 de cette Ordonnance.

Des Lettres d'Abolition,

5. *Qu'en notre Grande Chancellerie.*) Parce que ces Lettres dépendent de la Souveraine Puissance du Roi, & qu'il n'y a que lui seul qui ait droit de les accorder.

Article VI.

1. *Ou le Jugement.*) C'est-à-dire, Jugement en dernier ressort; car quand la peine est prononcée par un Jugement dont il peut y avoir appel, il faut commencer à se pourvoir devant le Juge supérieur, parce que les Lettres, dont il est parlé dans cet article, ne s'accordent qu'après avoir épuisé les voies ordinaires de Justice.

Article VIII.

1. *Lettres de révision de Procès.*) Pour pouvoir obtenir ces Lettres, il faut observer ce qui est porté par le nouveau Réglement touchant la Procédure du Conseil du 28 Juin 1738. Partie première, titre 7.

Les Lettres de révision de Procès sont des Lettres, que le Roi accorde pour examiner & revoir de nouveau le Procès criminel d'une personne condamnée contradictoirement par Jugement en dernier reſſort, afin de révoquer la condamnation, s'il y a lieu, & de renvoyer le Condamné, ou ſa mémoire, abſous des cas qui lui étoient impoſés, avec reſtitution & rétabliſſement dans ſes biens confiſ‑qués, & dans ſa réputation & bonne renommée. Il faut cependant obſer‑ver, que ce n'eſt pas en vertu de ces Lettres que le Condamné qui vient à être juſtifié, rentre dans ſes biens, mais en vertu du Jugement qui le dé‑clare innocent; & alors la reſtitution a lieu, non-ſeulement contre le Roi, mais encore contre tous ceux qui ont acquis la confiſcation, ſoit par ac‑quêt, don, ou autrement.

Ces Lettres s'obtiennent tant con‑tre les Arrêts, que contre les Juge‑mens Préſidiaux & Prévôtaux. (V. le nouveau Réglement du Conſeil du 28 Juin 1738. Partie premiere, titre 7. article 1.)

2. *Le Condamné.*) Où ſa veuve, enfans ou héritiers; car ces Lettres s'obtiennent non-ſeulement pour la réviſion du Procès d'un Condamné vivant, mais encore d'un Accuſé condamné, pour purger ſa mémoire.

270. *Des Lettres d'abolition, &c.*
(Voyez la note 4 sur l'article, à ce titre, pag. 279) jusqu'à un ouvrage.

Ainsi dans l'affaire du sieur de Langlade & de sa femme, condamnés indécemment par Arrêt du 16 Février 1688. pour le vol fait au sieur Comte de Montgommery, par lequel Arrêt le sieur de Langlade avoit été condamné aux Galeres pour neuf ans, & la Dame de Langlade à être bannie aussi pour neuf ans du Ressort de la Prévôté de Paris, le Procès fut examiné de nouveau en vertu de Lettres de révision, & par Arrêt du … Juillet 1693. la mémoire dudit sieur de Langlade qui étoit mort aux Galeres a été déchargée, & la Dame de Langlade absoute.

2. *Le fait avec ses circonstances.*) Cette révision a lieu seulement dans le cas d'une condamnation injuste, comme s'il y a erreur dans la personne, & que l'Accusé ait été condamné pour un autre, & en général pour tous les autres cas & moyens de droit pour lesquels le condamné peut être justifié. (Voyez infra tit. 28. art… avec les notes.)

La seule déclaration d'un condamné au supplice faite avant d'écouter cuté, par laquelle il se chargeroit du crime pour raison dequoi un autre auroit été condamné, pourroit quelquefois suffire pour faire ordonner la révision d'un Procès, & pour faire rétablir la mémoire de l'innocent condamné. (Il y en a un Arrêt du Parlement de Provence dans Boniface tome 1. partie 1. titre 7. chap. 17. & un pareil exemple dans l'affaire du sieur de Langlade dont on vient de parler.)

Mais lorsque l'Arrêt ou Jugement de condamnation en dernier ressort a seulement été rendu sur une Procédure nulle de nullité d'Ordonnance, alors on ne peut prendre la voie de révision, & il faut nécessairement se pourvoir en cassation d'Arrêt. (Voyez sur ces demandes en cassation le nouveau Réglement du Conseil du 28 Juin 1738, partie 1. tit. 4. qui établit la Procédure qui doit être tenue à ce sujet.)

Les moyens de Requête civile dont il est fait mention dans les articles 34 & 35 du tit. 35. de l'Ordonnance de 1667, peuvent aussi être proposés comme moyens de cassation. (Voyez le même Réglement du Conseil part. 1. tit. 3. art. 24.)

Article XI.

1. *D'exprimer nommément leur qualité.*) Parce que les Lettres obtenues par les Gentilshommes doivent être adressées aux Cours. (Article 12 suivant.)

Article XII.

1. *Par les Gentilshommes.*) Voyez tit. 1. art. 10. pag. 33.

2. *Chacune suivant sa Jurisdiction.*) C'est-à-dire, à la Cour où ressortit la Jurisdiction, dans le Ressort de laquelle le crime a été commis. (Tit. 1. art. 1. de la présente Ordon.) Ou celle dans laquelle l'information a été faite, si le Procès a été suivi dans une autre Jurisdiction, v. g. du domicile de l'Accusé, qui ressortisse en une autre Cour que celle d'où dépend le lieu où le délit a été commis. (Voyez l'article 18. de ce titre.)

3. *Et la qualité de la matiere.*) Comme si la connoissance en est attribuée à des Jurisdictions particulieres, v. g. les homicides commis par les Employés dans les Fermes du Roi

dans leurs fonctions, ceux commis par les Officiers de Maréchaussées & Gens de Guerre exerçant leurs Charges, &c. (Voyez ci-dessus la note 3. sur l'art. 1. pag. 270.)

Article XIII.

1. *A nos Baillis.*) L'usage du Parlement de Paris est, que toutes les Lettres de rémission, soit de grande ou petite Chancellerie, adressées au Parlement à cause de l'appel de la Procédure extraordinaire qui y est relevé, y sont entérinées.

Mais quand ces Lettres sont adressées à un Juge inférieur, le Parlement ne peut connoître de leur entérinement sous prétexte de cet appel.

Il faut aussi observer que les Lettres de rappel de Ban ou de Galeres sont entérinées au Parlement, lorsque ces peines ont été prononcées par Arrêt; mais il faut que les Lettres y soient adressées.

Si le Juge inférieur a rendu sa Sentence définitive lorsque les Lettres de rémission lui sont adressées, alors il ne peut plus connoître de l'entérinement de ces Lettres, & il en faut faire changer l'adresse, & lui nommer le Parlement.

2. *Des lieux où il y a Siège Présidial.* La Déclaration du 27 Février 1703, porte que ces Lettres seront adressées aux Baillis & Sénéchaux Royaux ressortissant nuement aux Cours, dans le Ressort desquels le crime a été commis, sans que les Baillis des lieux où il y a Siège Présidial, puissent prétendre que l'adresse leur en soit faite, si ce n'est dans le cas où le crime aura été commis dans le Ressort de leur Bailliage & Sénéchaussée. Cette Déclaration ajoute, que dans les cas néanmoins où le crédit des Accusés seroit à craindre dans le Bailliage dans le Ressort duquel le crime aura été commis, les Lettres de rémission & autres de semblable nature, pourront être adressées au Bailliage ou à la Sénéchaussée la plus prochaine non suspecte, ce que S. M. n'entend avoir lieu à l'égard des Lettres qui doivent être scellées en la grande Chancellerie du Royaume.

Mais lorsqu'il y a plusieurs Sièges particuliers dépendans d'un même Bailliage, les Lettres de grace raison des crimes commis dans l'étendue des Siéges particuliers, quoique ressortissans nuement au Parlement, doivent être adressées au Siége principal de ce Bailliage où il y a Siége Présidial. Ainsi à Orleans où le Bailliage est composé de six Siéges particuliers outre le Siége principal, les Lettres de grace pour raison des crimes commis dans l'étendue de ces Siéges particuliers s'adressent toujours au Bailliage d'Orleans, où est le Siége principal & le Présidial, ce qui résulte des termes mêmes de cet article 13. (Ainsi réglé pour Orleans par plusieurs décisions de M. le Chancelier Voisin, & entr'autres par une du 25 Juillet 1716, envoyée au Lieutenant-Criminel d'Orleans.)

La Déclaration du mois de Décembre 1680, en forme d'Edit, porte que l'adresse d'aucunes Lettres de rémission ne pourra être faite aux Présidiaux où la compétence aura été jugée, que l'Accusé n'ait été oui lors du Jugement de compétence, & qu'il ne soit actuellement prisonnier; & qu'à cet effet le Jugement de compétence & l'Ecroue seront attachés sous le contre-scel desdites Lettres.

Article XIV.

1. *Aux Présidiaux.*) Cet article n'a plus lieu aujourd'hui depuis la Déclaration du 5 Février 1731, qui porte en l'article 12, que les Présidiaux, ni les Prévôts des Maréchaux, ne pourront plus connoître en dernier ressort des crimes commis par les Gentilshommes. (Voyez *suprà* titre 1. art. 13. pag. 69.)

Cependant si la connoissance d'un crime commis par un Gentilhomme avoit été renvoyée à un Présidial, il semble que les Lettres de grace pourroient y être adressées.

Article XVI.

1. *Les Lettres.*) C'est-à-dire, toutes les Lettres en général, tant celles de rémission ou pardon, que celles dont il est fait mention en l'article 5 de ce titre.

2. *Dans les trois mois.*) Mais elles peuvent être présentées après les trois mois, lorsque l'Impétrant a obtenu des Lettres de surannation qu'il présente dans les trois mois après les avoir obtenues.

Rémission, &c. Tit. XVI. 283

3. *D'y avoir égard.*) Les Lettres présentées par un Impétrant dans les trois mois, ne tombent point en surannation par rapport aux autres qui ne les ont pas présentées dans ce tems. (Ainsi jugé par Arrêt du 7 Mars 1667, rapporté par Boniface tom. 2. partie 3. livre 1. titre 5. ch. 22.)

Il faut aussi observer que les Lettres de grace ne peuvent être présentées en vacations. (Arrêt du 3 Juillet 1677, rapporté par Boniface tom. 3. liv. 1. tit. 5. ch. 22.)

Article XVII.

1. *Et la Signification.*) Dans les cas où les Lettres doivent être signifiées, comme en l'article 19. ci-après.

2. *Des Lettres.*) C'est-à-dire, des Lettres dont il est fait mention en l'art. 15. de ce titre.

3. *Jugement & exécution.*) Parce qu'en fait de Contumace, la Contumace ne cesse & n'est anéantie que lorsque l'Accusé s'est représenté, & est actuellement prisonnier. (*Infrà* tit. 15. art. 4.)

Article XIX.

1. *Signifiée à la Partie Civile.* S'il y en a une, comme il est dit en l'article 12 de ce titre; car on peut obtenir sa grace, tant qu'il ne paroît point de Partie civile; mais l'entérinement qui se fait de cette grace ne peut préjudicier à cette Partie, ni l'empêcher dans la suite d'exercer ses droits par raison de l'intérêt civil.

2. *Ses moyens d'opposition.* Comme dans le cas où ces Lettres seroient *subreptices* ou *obreptices*. Les Lettres sont *subreptices*, lorsque l'Impétrant y a avancé des faits contraires à la vérité; & *obreptices*, lorsqu'il a celé ou dissimulé un fait qui auroit rendu l'obtention de ces Lettres plus difficile; comme si l'Impétrant a caché sa qualité de Gentilhomme pour faire adresser ses Lettres à un autre Juge que celui qui en doit connoître, pour en rendre l'entérinement plus facile.

Article XXI.

1. *De les présenter.*

Rémission, &c. TIT. XVI. 285
sentation doit être faite par un Avocat, & non par un Procureur. (Arrêt du 27 Septembre 1670, rapporté par Boniface tom. 5. liv. 5. titre 1. ch. 2, qui a rejetté une pareille présentation, & a fait défenses aux Procureurs d'en faire.)

2. *Renvoyés en prison.*) Quand un furieux ou un insensé veut obtenir des Lettres de grace pour un homicide par lui commis, elles doivent être demandées par son Curateur ; les parens avec le Curateur en demandent ensuite l'entérinement : le Curateur doit les présenter à l'Audience à côté de son Avocat ; le Juge doit prendre le serment du Curateur, lui demander s'il veut s'en aider par celui dont il est Curateur ; & l'Avocat de l'Impétrant, c'est-à-dire du Curateur & de la famille, conclure à ce qu'il soit permis d'informer des faits de démence articulés par les Lettres. Si l'information qui est déja faite n'est suffisante, ou s'il n'y en a aucune, le Juge doit donner acte du tout, &c. & en entérinant les Lettres, il doit ordonner, que le furieux ou insensé sera gardé en lieu sûr par ses parens, duquel ils donneront avis au Procureur

du Roi, & qu'ils demeureront responsables de cet Insensé; il est aussi à propos d'interroger l'Accusé. Cette Procédure a été tenue au Bailliage Criminel d'Orleans au mois d'Octobre 1678, à l'égard du nommé Jean Mariette, qui avoit tué dans la Prison le nommé François Cahouet, & elle a été confirmée par Arrêt de la Cour du 29 Décembre 1678, sur l'appel interjetté par la veuve dudit Cahouet.

Article XXII.

1. *De rémission & pardon.*) Non dans le cas des Lettres d'abolition, cet article, ne parlant que des Lettres de rémission & pardon.

2. *Récoler & confronter les Témoins.*) Ce qui doit être fait peu de tems après la présentation des Lettres, & non quand l'instruction est achevée & que le Procès est en état d'être jugé, afin de ne pas favoriser les chicanes, ni la malice d'une Partie qui voudroit retarder le Jugement. (Voyez l'Arrêt du 19 Janvier 1678. au Journal du Palais, de l'édition in-fol. tom. 1. pag. 154.)

Lorsque les Lettres de grace sont

Rémission, &c. Tit. XVI. 287
conformes aux charges & informations, il n'est pas nécessaire de récoler & confronter les Témoins ; mais lorsque les Juges après avoir examiné le Procès, ne trouvent pas que les Lettres soient conformes aux charges & informations, ils ordonnent avant de faire droit, que les Témoins seront récolés & confrontés.

Article XXIII.

1. *Quelque autre prétexte que ce soit.*) Ce qui ne comprend pas la Sentence d'entérinement ; car pour ces sortes de Sentences, il est permis aux Juges de prendre des épices.

Article XXVI.

1. *En cas d'appel.*) Soit de la part du Procureur du Roi, ou de la Partie civile, ou de l'Accusé, dans le cas où il seroit débouté de l'entérinement des Lettres par lui présentées.

S'il y a appel de la part de la Partie publique, l'Accusé n'est point élargi par provision, & il faut suivre ce qui est porté en l'article 24. du titre 10. & si l'Accusé est condamné, & qu'il n'y ait point d'appel de la part de la Partie publique, mais seulement par l'Accusé, ou que cet appel soit de droit, alors il faudra suivre ce qui est porté dans les articles 6 & 11 du titre 26 ci-après. Voyez les notes sur ces articles.

Dans le cas où un Accusé auroit obtenu des Lettres de rémission, s'il se trouve des nullités dans la Procédure, il faut recommencer les informations, & quand elles sont refaites, interroger de nouveau l'Accusé & demandeur en Lettres. Mais ces Lettres doivent toujours subsister, quoiqu'elles soient antérieures à la nouvelle Procédure qui a été refaite. (Ainsi jugé par Arrêt du 31 Mars 1711.)

Cependant il arrive quelquefois que, quoiqu'il se trouve des nullités dans l'instruction, les Juges passent outre à l'entérinement des Lettres en faveur de l'Accusé, lorsque les charges se trouvent conformes à l'exposé de ces Lettres. (Arrêts des 18 Février & 18 Mars 1715, par lesquels la Cour en procédant à l'entérinement de Lettres de grace, s'est contentée de faire des injonctions au Juge qui avoit instruit.)

ART.

ARTICLE XXVII.

1. *Pour des cas qui ne soient pas rémissibles.*) C'est-à-dire, pour homicides qui ne soient pas involontaires, ou qui ne soient pas dans le cas de la nécessité d'une juste défense de la vie. (V. ci-dessus art. 2. note 2. p. 271.)

2. *Ou si elles ne sont pas conformes aux Charges.*) C'est-à-dire, si les circonstances sont tellement différentes qu'elles changent la qualité de l'action, (Déclaration du 22 Novembre 1683.) parce qu'alors ce n'est plus le même crime que le Prince a pardonné, & pour raison duquel les Lettres ont été obtenues, mais un autre tout différent dont il n'eût point accordé la grace, s'il lui avoit été exposé dans ses véritables circonstances.

3. *En seront déboutés.*) Voyez la note 1. sur l'art. 2. ci-dessus, p. 270.

La Déclaration du 10 Août 1686 interprétant celle du 22 Novembre 1683, ordonne que dans les rémissions scellées du grand Sceau, si les circonstances résultant des charges & informations, se trouvent différentes

de celles portées [...]
tres, qui [...]
qualité de l'action [...]
[...] en ce [...]
[...] l'adresse [...]
[...] devoir les Supér[ieurs...]
[...] jusqu'à ce [...]
reçû de son [...]
les informations qui [...]
à M. le Chancelier par [...]
Général, où [...]
les Loix [...]
[...] il est défendu de [...]
Procédures, [...]
[...] Les Déclarations [...]
1709 & 10 Avril 1711 [...]
les mêmes dispositions [...]
[...] l'exécution [...]
cédente. [...]

Lorsque les [...]
on a coutume par [...]
condamner l'Impétrant [...]
mone, qui doit être [...]
quement au pain des Prisonniers [...]
vant la Déclaration de [...]
1685. On le condamne [...]
fois en une certaine somme [...]
la prier Dieu pour l'âme [...]
a été tué ; mais on ne peut [...]
condamner en l'amende [...]

claration du 21 Janvier 1685. Voyez *infrà* titre 25. article 20, aux notes.)

Il faut aussi observer que les Cours en entérinant les Lettres de rémission, peuvent infliger quelque peine légere aux Accusés, comme de s'abstenir de certains lieux. Il y en a plusieurs Arrêts, & entr'autres un du 3 Septembre 1674, un du 21 Juin 1678, un du 15 Decembre de la même année 1678, & un du 25 Mars 1709. un autre Arrêt du 2 Decembre 1682 a condamné au blâme le nommé Laurent Thurot en entérinant ses Lettres de rémission.

TITRE DIX-SEPTIÉME.

Des Défauts & Contumaces.

ARTICLE PREMIER.

1. *ET ses biens seront saisis & annotés.*) En vertu du Décret & de l'absence seule, sans qu'il soit besoin d'obtenir pour cela aucun

Jugement, ni Pareatis du Juge des lieux, ce qui est une suite de la disposition portée en l'article 12. du titre 10. mais le défaut de saisie & annotation ne rend pas nulle la Procédure qui est faite ensuite pour l'instruction de la Contumace.

Si c'est un Décret d'un Official, l'Huissier ne peut saisir & annoter. L'Official même ne le peut ordonner par son Décret, & s'il le faisoit, il y auroit abus; car il n'a aucune autorité sur les biens. On ne peut opposer l'article 44 de l'Edit du mois d'Avril 1695. qui porte : » Que les Décrets » décernés par les Juges d'Eglise se- » ront exécutés, sans qu'il soit besoin » de prendre pour cet effet aucun » Pareatis du Juge des lieux; « car la saisie & annotation n'est pas une simple exécution de Décret. (Ainsi jugé par Arrêt de la Tournelle du 4 Juin 1707. au Journal des Audiences, tom. 5. & par un autre du 18 Août 1736. Pareils Arrêts des premier Juin 1709. 22 Février 1710. 3 Août 1715. 23 Janvier 1717. au Journal des Audiences, tom. 6.)

Article II.

1. *A son domicile ordinaire.*) Il faut que cette perquisition soit faite au domicile de l'Accusé, lorsqu'il n'est décreté qu'après les trois mois du crime commis. (Edit du mois de Decembre 1680. Voyez l'article suivant avec les notes.)

2. *Ou au lieu de sa résidence.*) Si l'Accusé est décreté & poursuivi dans les trois mois du crime commis, la perquisition de cet Accusé pourra être valablement faite dans la maison où il étoit résident au jour du crime, pourvû que cette résidence soit dans l'étendue de la Jurisdiction où le crime a été commis. (Même Edit du mois de Decembre 1680. Voyez aussi l'article suivant avec les notes.)

Lorsqu'un Prisonnier s'est évadé des Prisons, le lieu de sa résidence au jour de son évasion étoit la Prison.

3. *Et copie laissée.*) A quelqu'un de ceux qui occupent la maison; & s'il n'y a personne, cette copie sera attachée à la porte.

Article III.

1. *Si l'Accusé n'a point de domicile.*) Soit que la Contumace se poursuive avant ou après les trois mois échûs, à compter du jour que le crime a été commis, la copie du Décret, ensemble l'Exploit d'Assignation à quinzaine, seront seulement affichés à la porte de l'Auditoire de la Jurisdiction. (Edit de Decembre 1680.)

Si l'Accusé a un domicile, & qu'il soit décreté & poursuivi dans les trois mois du crime, il faut distinguer s'il a résidé dans l'étendue de la Jurisdiction, (c'est-à-dire Jurisdiction immédiate) où le crime a été commis, ou non. Dans le premier cas la perquisition de cet Accusé pourra être valablement faite dans la maison où il résidoit, & copie y être laissée du Procès-verbal de perquisition; il en est de même de l'Assignation à quinzaine, qui pourra y être valablement donnée, & copie y être laissée de l'Exploit d'Assignation. Mais dans le second cas où l'Accusé n'a point résidé dans l'étendue de la Jurisdiction où le crime a été commis, la perquisition de cet Accusé doit être faite, la copie du Décret affichée, & les assignations données suivant les articles 3 & 7. du présent titre, sans qu'il soit besoin de faire les perquisitions & ordonner les assignations au lieu où demeuroit l'Accusé avant le crime commis; & faute de comparoître dans la quinzaine, l'assignation sera donnée à son de Trompe, suivant l'usage, à la Place publique & à la Porte de la Jurisdiction où se fera l'instruction du Procès. (Même Edit de Décembre 1680.)

Mais si la Contumace ne se poursuit qu'après les trois mois du crime commis, la perquisition de l'Accusé sera faite, & les assignations données à son domicile ordinaire, laquelle assignation sera à quinzaine, & outre ce d'un jour pour chaque dix lieuës de distance de son domicile jusqu'au lieu de la Jurisdiction où il sera assigné; & faute de comparoître dans les délais ci-dessus, il sera crié à son de Trompe par un seul cri public, à huitaine, dans le lieu de la Jurisdiction où se fera le Procès, & ledit cri & proclamation affiché à la porte de l'Auditoire de la Jurisdiction. (Même Edit de Décembre 1680.)

Article IV.

1. *Sera faite.*) Si les biens de l'Accusé ou quelques-uns d'eux n'étoient pas situés en la Jurisdiction où l'Accusé est poursuivi, & qu'ils fussent dans un endroit éloigné, le Juge pour éviter à frais peut commettre sur le lieu pour faire cette annotation, sans que le Juge commis puisse néanmoins connoître de la main-levée. (Edit de Châteaubriant du 15. Octobre 1565. article 4.)

2. *Du mois d'Avril 1667.*) Lorsqu'il y a lieu de craindre que quelques-uns des meubles saisis dépérissent, ou se consument en frais de garde, comme des chevaux qu'il faudroit nourrir, alors le Juge peut en ordonner la vente, ainsi qu'il est dit ci-dessus tit. 13. art. 7. note 2. p. 200. à moins que ces meubles & effets ne fussent utiles pour l'exploitation des biens saisis.

Quelquefois on accorde sur les effets mobiliers & sur les fruits des immeubles saisis une provision à la femme

& Contumaces. Tit. XVII. 297
me & aux enfans de l'Accusé, nécessaire pour leur subsistance, ce qui dépend des circonstances & de la prudence du Juge ; mais l'Huissier n'est point en droit de le faire par lui-même.

Cette vente des meubles dont on veut éviter le dépérissement, ainsi que ces provisions, ne peuvent s'ordonner que sur les conclusions de la Partie publique.

Article VII.

1. *Est domicilié ou réside.*) Voyez *omninò* l'article 3. avec les notes ci-dessus.

2. *Il y sera assigné.*) Sans qu'il soit besoin de prendre pour cela un Jugement. (Voyez l'article qui suit avec la note.)

Article VIII.

1. *Par un seul cri public.*) Voyez les notes sur l'article 3 ci-dessus.

Il n'est pas besoin d'un Jugement pour faire cette assignation à huitaine, faute par l'Accusé d'avoir comparu dans la quinzaine. (Lettre de Mon-

N v

sieur d'Aguesseau, Procureur Général & depuis Chancelier, du 16 Novembre 1701. écrite au Procureur du Roi du Bailliage d'Orleans.) Cette Lettre porte, qu'il n'est pas nécessaire de prononcer aucun Jugement pour les assignations à huitaine & à quinzaine dans les Contumaces, & qu'il ait soin à l'avenir d'éviter cette formalité.

Article IX.

1. *A son de Trompe.*) Voyez la note sur l'article 3. ci-dessus.

Article X.

1. *Pour Prison la suite de notre Conseil ou de notre Grand Conseil.*) Cela doit s'entendre des Accusés qui, en vertu d'un Arrêt de défenses ou autre, sont renvoyés en état d'ajournement personnel, ou d'assigné pour être ouis, & quelquefois même sont condamnés à se remettre dans les Prisons pardevant telle Jurisdiction qui leur est désignée. Lorsque ces Accusés ne se représentent pas en la Jurisdiction portée par l'Arrêt, & dans le

délai qui leur est indiqué, soit par l'Arrêt même, soit par le Juge qui instruit le Procès, il suffit de les assigner par une seule proclamation, aux termes de cet article, lorsque l'Accusé a subi interrogatoire.

L'Accusé dans ces cas est jugé défaillant, 1°. Sur le simple certificat du Geolier, portant que l'Accusé ne s'est point remis en prison dans le délai qui lui a été marqué. 2°. Sur le Procès-verbal du Juge devant lequel il a été assigné pour comparoître, & n'a point comparu au jour porté par l'assignation. 3°. S'il s'agit de l'interrogatoire à subir à la Chambre, sur le Procès-verbal dressé par un Huissier à la porte de l'Auditoire, au jour marqué pour la comparution, & sur le vû du Procès-verbal de cet Huissier, portant que l'Accusé proclamé au lieu ci-dessus marqué ne s'y est pas trouvé suivant l'assignation qui lui en avoit été donnée, auquel cas les Juges pourront passer outre au Jugement du Procès.

Mais si l'Accusé qui n'auroit point été interrogé, venoit à obtenir un Arrêt de défenses, & à s'absenter ensuite; le Décret étant confirmé, il faudroit nécessairement instruire contre lui la Contumace. (C'est ainsi que s'en expliquent M. Talon Avocat Général & M. Pussort dans le Procès-verbal de l'Ordonnance de 1670. sur cet article page 204. Voyez l'article 24 ci-après, page 310. dont la disposition peut servir à confirmer ce sentiment.)

Voyez ci-après titre 26. article 7. 8 & 13. pour les cas où les Accusés ne se présentent pas sur l'appel, & de la Procédure qui se tient alors.

2. *Ne se représente pas.*) C'est-à-dire, ne se représente pas sur l'assignation qui lui est donnée au domicile par lui élû, soit volontairement, soit en conséquence du Jugement qui l'auroit ainsi ordonné; à moins que par le Jugement ou Arrêt qui lui ont donné les grands chemins, ou le lieu de la Jurisdiction pour Prison, il ne soit fait mention du tems dans lequel l'Accusé sera tenu de se remettre dans les Prisons, ou de comparoir en Justice, auquel cas il doit se représenter dans le tems indiqué par l'Arrêt ou Jugement, sans qu'il soit besoin de l'assigner pour cela.

ARTICLE XIII.

1. *Si la Procédure est valablement faite.*) On doit avant de passer au Réglement à l'extraordinaire, examiner si la Procédure est valable, & en cas qu'il y ait quelque nullité, il faut ordonner qu'elle sera recommencée aux dépens de celui qui l'a faite ; on évite même par-là des frais plus considérables au Juge d'instruction, qui continueroit d'achever le reste de la Procédure sur une instruction vicieuse. Néanmoins je vois que dans l'usage on rend ces sortes de Jugemens de récolement & de confrontation sans trop grande connoissance de cause, & sans examiner si les Actes sont valables ou non, sauf en jugeant le fond du Procès à prononcer sur les nullités de la Procédure.

Lorsqu'il y a des Accusés Contumaxs, il n'est pas nécessaire, pour pouvoir passer au Jugement de récolement & de confrontation contre les Accusés en général, que la Contumace ait été instruite préalablement contre ces Accusés Contumaxs ; il suffit après que cette Contumace aura été instruite contre lui, qu'un récolement, sans aucune confrontation à leur égard, au lieu que si l'on attendoit que les défauts de Contumace fussent échus pour faire ce récolement, il pourroit arriver qu'on perdroit la preuve à l'égard des autres Accusés, par la mort ou absence des Témoins, qui pourroient survenir pendant ces délais.

Mais on ne peut ordonner que ce récolement vaudra confrontation à l'égard des Contumaxs où il y a Contumace instruite. (Arrêt du 9 Décembre 1711, contre le Lieutenant Criminel de Montmorillon. Arrêt du Février 1712. au Journal des Audiences, tom. 6.)

ARTICLE XV.

1. *La Contumace doit être instruite.* Quand on a instruit la Contumace contre un Accusé pour un crime, que depuis cette instruction il se trouve prévenu d'un autre crime déféré à Justice, il faut nouvellement instruire contre lui une autre Contumace.

…que cette Contumace ait été

ARTICLE XVI.

1. *De mort naturelle.*) Mais cela ne s'entend pas de ceux à qui on fait le Procès après la mort, quoique leur cadavre ne soit point représenté à Justice, comme dans le cas de l'article premier du titre 22 ci-après, dont la condamnation n'étant que contre le cadavre & la mémoire, ne s'exécute point par effigie.

2. *Flétrissure & Fouet.*) Ajoutez, le Pilori & le Carcan, dont les condamnations doivent aussi être écrites dans un tableau, mais sans effigie. (Déclaration du 11 Juillet 1749.)

3. *Attachés dans la Place publique.*) Avec la copie du Jugement de condamnation, & à cet effet le Greffier du Siege doit se transporter au lieu où l'exposition du tableau ou effigie doit être faite, pour en dresser son Procès-verbal qu'il remettra au Greffe; de plus il doit être fait mention de ce Procès-verbal par Extrait en fin de la minute du Jugement. (*Infrà* article 17.)

4. *Signifiées & baillé copie au domicile ou résidence de l'Accusé.*) En

observant ce qui est dit ci-dessus sur l'article 3. aux notes.

Cette signification du Jugement doit être faite par la Partie civile, s'il y en a une, dans un délai compétent, par exemple de trois jours, ou de huitaine plus ou moins; & si cette Partie néglige de le faire dans le délai qui lui est prescrit, elle sera faite à ses frais par la Partie publique.

Article XVII.

1. *Le Procès-verbal d'exécution.*) Cette exécution doit être faite le jour même que le Jugement a été rendu. (Infrà titre 25. article 21.)

Quand même il y auroit appel par l'Accusé du Jugement de Contumace, cet appel ne suspend point l'exécution; il en seroit autrement s'il y avoit appel à *minimà* par la Partie publique.

Mais si dans la même accusation il y avoit des Complices qui eussent été jugés contradictoirement, le Jugement rendu contre les Contumaxs ou Défaillans ne doit être exécuté qu'après qu'il aura été ainsi ordonné par le Juge d'appel, à moins que le Jugement de Contumace n'ait été rendu en dernier ressort, ou que les Condamnés n'y eussent acquiescé dans le cas où ils le peuvent faire.

Article XVIII.

1. *Ou se représente.*) En se mettant en état. (Voyez *infrà* titre 25. article 4.)

Voyez ci-après article 28 & suivans ce qui doit s'observer lorsque l'Accusé ne se représente point.

2. *Dans les cinq années.*) C'est-à-dire, dans les cinq années de l'exécution du Jugement de Contumace. (*Infrà* art. 28. pag. 316.)

3. *Qui l'aura condamné.*) Quand l'Accusé a été absous par Contumace, on ne peut le faire arrêter & juger de nouveau, à moins qu'il n'y ait appel *à minimâ* par la Partie publique, parce que ce n'est qu'en faveur de l'Accusé que la Contumace est mise au néant par sa représentation : or c'est une maxime que, *quod in alicujus favorem introductum est, non debet adversùs eum retorqueri.*

4. *Sans qu'il soit besoin de Jugement.*) Cette représentation de l'Accusé se constate par la copie de l'E-

croue qui est faite de sa personne.

ARTICLE XX.

1. *Il sera ensuite interrogé.*) Au cas qu'il ne l'ait été, à moins qu'il ne soit nécessaire de l'interroger de nouveau.

2. *A la confrontation des Témoins.*) C'est-à-dire, des Témoins qui n'auront pas été confrontés à l'Accusé. Cette confrontation se fait sans qu'il soit besoin de prendre un nouveau Jugement, si le Réglement à l'Extraordinaire l'a déja ordonné.

Par une Déclaration du 18 Novembre 1679 rendue pour le Présidial de Nîmes, il est dit que lorsqu'un Accusé condamné par Contumace se présentera, & que le Procureur du Roi, ou la Partie civile ne fera point comparoître les témoins dans les délais qui lui seront prescrits, à l'effet de la confrontation dans les Procès auxquels cette confrontation aura été ordonnée, les Juges ne pourront prononcer l'absolution de cet Accusé; mais seulement qu'il sera mis hors de prison à sa caution juratoire de se représenter toutefois &

& Contumaces. Tit. XVII.

quantes qu'il lui fera ordonné pour fubir cette confrontation, & être procédé enfuite au Jugement définitif de fon Procès, fans que l'Arrêt ou Sentence qu'aura obtenu l'Accufé puiffe lui fervir de juftification ou d'abfolution diffinitive, quand ledit Arrêt ou Sentence feront intervenus lorfque ladite confrontation aura été ordonnée; & fans auffi qu'aucun Accufé contumacé pendant la tenue du Parlement puiffe pourfuivre fa juftification ou abfolution en la Chambre des Vacations, à peine de nullité.

Si l'Accufé n'étoit devenu Contumax que depuis les confrontations fubies, & que le Jugement n'eût été rendu contre lui par défaut, que faute de s'être repréfenté pour fubir le dernier interrogatoire, il fuffira alors dans le cas de repréfentation de cet Accufé, de procéder à ce dernier interrogatoire, & enfuite au Jugement définitif.

Article XXI.

1. *Des Témoins décédés avant le récolement.*) Et en général de tous ceux qui n'ont point été récolés; mais

s'ils sont encore vivans, il faudra observer ce qui est marqué en l'article 9 du tit. 15.

2. *Sera lûe.*) Pour y avoir égard par les Juges. (*Suprà* titre 15. article 10.)

Article XXII.

1. *Pendant la Contumace.*) C'est-à-dire, depuis l'évasion de l'Accusé, s'il s'est évadé des Prisons depuis l'interrogatoire par lui subi, ou depuis la perquisition faite de sa personne, s'il n'a pû être constitué prisonnier.

L'article 165 de l'Ordonnance de 1539, dit en général que la déposition des Témoins récolés vaudra dans tous ces cas, tout ainsi que s'ils avoient été confrontés, & ce quant aux Témoins qui seroient décédés, ou qui ne pourroient plus être confrontés lorsque les Accusés se représenteront à Justice.

2. *Sa déposition subsistera.*) Car la Contumace de l'Accusé ne doit pas lui profiter, ni empêcher l'exécution de la Loi.

3. *Et en sera faite confrontation lit-*

& Contumaces. Tit. XVII. 309
térale à l'Accusé.) Pour faire une confrontation littérale, 1°. L'Accusé doit prêter serment, & déclarer s'il connoissoit le Témoin, dont la confrontation doit lui être faite littéralement, & sa réponse doit être écrite. 2°. On doit lui faire lecture des premiers articles de la déposition du Témoin, & l'interpeller de fournir de reproches, si aucuns il y a, & faire mention de ces reproches. 3°. Il faut ensuite lui lire la déposition & récolement du Témoin, & écrire les réponses de cet Accusé sur ces déposition & récolement.

4. *Par piéces.*) Comme il est dit en l'art. 20 du tit. 15. ci-dessus, p. 265.

Article XXIII.

1. *A cause d'une longue absence.*) Pour justifier cette absence, il suffit d'un Procès-verbal de perquisition du Témoin attesté par les principaux Habitans du lieu de sa demeure, sans qu'il soit nécessaire pour cela de faire une information. (C'est ainsi que s'en expliquent M. Talon & M. Pussort sur cet article dans le Procès-verbal de l'Ordonnance de 1670 page 209.)

Si cette [...] [...]
les Juges n'auront aucun égard à la
déposition du Témoin, suivant la
résolue de l'article 3 du titre ci-
dessus, pag. 25 [...]

2. Ou quelque autre [...] [...]
légitime.] Comme s'il est en prison dans une place éloignée, s'il est
condamné aux Galeres, ou [...] du
reste tous ces empêchemens doivent
être justifiés par un Certificat en bonne forme.

ARTICLE XXIV.

1. *Depuis son interrogatoire.*] Quand
l'Accusé s'évade avant l'interrogatoire qu'il doit subir à la Chambre du
du Jugement, quoiqu'après avoir déja subi interrogatoire, même à la
Chambre devant le premier Juge, le
Jugement qui est rendu ensuite contre cet Accusé ne doit pas être regardé comme un Jugement contradictoire, & il ne s'exécute que de la même maniere que les autres Jugemens
de Contumace; en sorte que si cet
Accusé est repris, il faudra un nouveau Jugement, & même un nouvel
interrogatoire à la Chambre du

le Juge d'appel. Au reste si l'Accusé ne se représente point, il ne faut pas déclarer contre lui la Contumace bien instruite, mais seulement le défaut bien acquis.

2. *Ni proclamé à cri public.*) Mais si l'Accusé s'évade des Prisons avant d'avoir subi interrogatoire devant le premier Juge, il faudra instruire contre lui la Contumace dans les formes ordinaires. (Voyez *suprà* art. 10. aux notes, pag. 298.)

3. *Vaudra confrontation.*) Si les Témoins avoient été récolés & confrontés avant l'évasion de l'Accusé, & que l'instruction fût achevée de maniere que le Procès fût en état d'être jugé, alors il suffiroit d'assigner l'Accusé au domicile par lui élû (au cas qu'il ait fait élection de domicile) ou à son vrai domicile, s'il en a un, pour comparoître en la Chambre du Conseil, afin de subir le dernier interrogatoire à la Chambre; sinon & à faute de ce faire par l'Accusé, il faudroit le proclamer à huitaine par un seul cri public à la grande Porte du Palais & de la Jurisdiction, & y afficher le Procès-verbal; & si l'Accusé ne se représente pas

dans la huitaine après cette proclamation, il faudra passer au Jugement définitif, la Procédure préalablement communiquée à la Partie publique. (Ainsi jugé au Parlement de Paris en 1673 dans l'affaire de la Dame Sidonia de Lenoncourt.)

Si c'est sur l'appel que l'Accusé s'évade des Prisons, il sera passé outre au Jugement d'appel, de même que si c'étoit en premiere instance; & ce n'est pas là le cas où la Sentence dont est appel doit être exécutée purement & simplement.

Article XXV.

1. *Pour le crime de bris de Prison.*) Parce que ce crime par lui-même doit être puni, surtout lorsqu'il est fait avec conspiration & attroupement de plusieurs Prisonniers. (Voyez la Loi 1. ff. *de effract. & expilator.* & la Loi 13. ff. *de custodiâ reorum.* J. *Clar. in pract. crim. qu.* 21. n. 27. Bouteiller en sa Somme Rurale liv. 2. titre 6. *in fine.* Papon en ses Arrêts liv. 23. titre 2. n. 1. Et Theveneau sur les Ordonnances, liv. 4. tit. 24. article 1.) Un Arrêt de Réglement

ment du 4 Mars 1608. porte, que les Prisonniers qui feront effraction aux murailles ou portes des Prisons, seront pendus.

Mais la simple évasion du Prisonnier sans bris de Prison ne se punit point, parce qu'il est de droit naturel de chercher à se sauver quand on en trouve l'occasion.

Pour instruire le bris de Prison, il faut sur le Procès-verbal du Juge qui le constate décréter l'Accusé, & ensuite l'assigner à quinzaine, si on ne peut le trouver, & faire la Procédure ordinaire pour les Contumaces marquée dans les articles 2. 3 & suivans du présent titre.

Cette instruction du bris de Prison est absolument nécessaire. Par Arrêt du Parlement du 14 Août 1736, rapporté par la Combe en son Traité des Matieres Criminelles, troisiéme édition, la Procédure du Juge de la Ville l'Eu a été déclarée nulle pour n'avoir pas instruit le crime de bris de Prison par information, &c. comme les autres crimes. L'Accusé avoit été repris après s'être échappé, & le Juge s'étoit contenté de l'interroger sur le bris de Prison, sans faire une plus ample instruction sur ce crime.

2. *Par défaut & Contumace.* (En instruisant la Contumace dans toutes les formes par Décret, information, assignation à quinzaine & à huitaine, Jugement de récolement & confrontation, & autres formalités des Contumaces ordinaires.

Article XXVI.

1. *Se représente.*) Voyez ci-dessus article 18. pag. 305. avec les notes.

2. *Dans l'année.*) Si l'Accusé condamné meurt dans l'année de la Contumace, ses héritiers jouissent du même droit que cet Accusé qui se seroit représenté dans ce tems.

Si le Contumax ne se représente qu'après l'année, perdra-t'il les fruits de ses immeubles ? L'article 20 de l'Ordonnance de Roussillon de 1564. porte, que l'Accusé qui ne se représente qu'après l'année de la saisie & annotation, perdra les fruits de ses héritages saisis. Mais on a retranché lors de la rédaction de l'Ordonnance de 1670. un article du projet qui porétoit une pareille disposition, & cela sur la représentation faite par M. le Premier Président, que cette disposition étoit contraire à l'usage observé. (Voyez le Procès-verbal de l'Ordonnance de 1670. pag. 211.)

Pour concilier ces deux autorités on peut dire, que si l'Accusé contumax est condamné à une peine qui n'emporte point de confiscation, alors il ne perd pas les fruits de ses immeubles, encore qu'il ne se représente qu'après l'année, pourvû que ce soit dans les cinq ans ; mais que s'il ne se représente qu'après l'année, lorsqu'il y a eu contre lui une condamnation prononcée qui emporte confiscation, il perdra alors les fruits de ses immeubles ; ce qui résulte de la fin de l'article 31 de ce titre.

3. *De la vente de ses meubles.*) Dans le cas où le Juge en auroit ordonné la vente, ou de quelques-uns d'eux pour en éviter le dépérissement. (Voyez ci-dessus la note 2. sur l'article 4. pag. 296.)

4. *Les frais déduits.*) C'est-à-dire, les frais de saisie & ceux qu'il a fallu faire, soit pour la vente des meubles, soit pour les conserver.

5. *En consignant* le prix des meubles & immeubles.

Lorsque l'Accusé est [...] de consigner cette amende [...] vrere ou autrement, & qu'[...] & arrêté sur lui aucune chose [...] ges peuvent le dispenser de cette [...] lignation pour purger la Contumace [...]

Article XXVII.

1. *Meubles, hardes* [...] que ces meubles ou hardes [...] servir à conviction dans l'instruction du Procès, auquel cas il est be[soin] de les déposer au Greffe pour en [...] usage. (*Voyez* suprà titre [...] 9. & titre 13. article 7. pag. 10[...]

Article XXVIII.

1. *Seront réputés contumaces* [...] On peut pour le payement des [...] amendes & intérêts civils, faire [...] dre les meubles & biens [...] de l'[ac]cusé, du moins après l'année de l'[exé]cution de la Sentence de Contumace

& Contumaces. Tit. XVII. 317
mais ces condamnations pécuniaires ainsi prononcées ne doivent être adjugées avant les cinq ans, que par provision, & en donnant caution par ceux au profit de qui elles sont adjugées, de les rapporter au cas que l'Accusé se représente dans les cinq ans de la Contumace. (Ainsi jugé par Arrêt de la Cour des Aydes de Paris du 7 Août 1683.) Au reste les Parties sont déchargées de cette caution après l'expiration des cinq années. A l'égard des confiscations, elles n'ont pas lieu par provision pendant ces 5 années. (Voyez *infrà* article 32. pag. 321.)

2. *A ester à droit.*) Ester à droit signifie procéder en Justice, & être présent pour défendre sa cause & se faire absoudre, s'il y a lieu de prononcer cette absolution.

3. *Nos Lettres pour se purger.*) Ces Lettres pour ester à droit & se purger ne sont pas nécessaires, lorsque l'Accusé se représente dans les cinq années de la Contumace, (*Suprà* art. 8. p. 305.) si ce n'est à l'égard de ceux qui ont été condamnés par Contumace pour crime de Duel, lesquels ne peuvent être reçus en leur justification après les Arrêts ou Jugemens de

O iij

condamnés, même p[...]
cinq années de la Contum[ace]
paravant ils n'ayent obtenu [du]
Roi, *pendant* permission de s[e re]-
senter, jusqu'à ce qu'on ait payé les [sommes]
des auxquelles ils ont été conda[mnés,]
nonobstant le présent article 28. (O[rd.]
des Duels du mois d'Août 1679, [ar-]
ticle 23.)

La veuve, enfans, héritiers ou p[a]-
rens du défunt condamné par Contu[-]
mace, & décédé sans s'être représ[enté]
dans les cinq années de la Sent[ence]
de condamnation, sont aussi reçu[s à]
purger la mémoire de ce défunt, [&]
quelquefois même ils y sont reç[us]
après les cinq années, en obtena[nt des]
Letres à cet effet. (Voyez [...]
27. article 1 & suivans.)

Au reste, après trente ans de l'exé[-]
cution du Jugement, l'Accusé n'[est]
plus reçu à purger sa Contumace, [ni]
sa veuve, enfans ou parens à pur[ger]
sa mémoire. (Ainsi jugé par [Arrêt de]
la Tournelle du 7 Septembre [...]

4. *Et si le Jugement qui intervie[n]-*
dra.) Sur la représentation de l'[Ac]-
cusé après les cinq ans de la [Contu]-
mace.

5. *En l'état qu'il se [...]*

C'est-à-dire, que si les Seigneurs à qui la confiscation appartient, s'en sont mis en possession, en observant ce qui est marqué en l'article 32 ci-après, l'Accusé quoiqu'absent ne pourra répéter que ce qui reste de ces meubles & immeubles, sans que ces Seigneurs soient obligés de les rendre en bon état, parce qu'alors ces Seigneurs ont été possesseurs de bonne foi, & qu'ils ont joui en qualité de Propriétaires.

ARTICLE XXIX.

1. *Après les cinq ans.*) C'est-à-dire, après les cinq ans de l'exécution de la Sentence de Contumace, comme il est dit en l'article 28 précédent.

L'article 27 de l'Edit des Duels du mois d'Août 1679. déclare aussi ceux qui ont été condamnés par Contumace pour crime de Duel, incapables & indignes de toutes successions qui pourroient leur échoir depuis la condamnation, encore qu'ils soient dans les cinq années, & qu'ils ayent été restitués contre la Contumace.

2. *De l'exécution de la Sentence de*

Contumace.) ... que non...
ment la confiscation des biens...
depuis ce jour, mais même que depuis ce tems le Condamné est cen-
avoir été incapable de toutes successions, & de faire aucunes dispositions
par legs ou donation entre-vifs ;...
s'il en fait aucunes, elles sont nulles.

Si l'Accusé décède dans les cinq années de la condamnation sans s'être
représenté, il meurt *integri status*
(Voyez le Prêtre ch. 5. Centur. 1.
Et Domat en ses Loix Civiles, Part.
2. liv. 1. titre 1. sect. 2. n. 36.) Ainsi
la confiscation n'a pas lieu, & sa veuve
ou ses parens sont reçus à purger sa
mémoire, & à obtenir des dommages & intérêts contre l'Accusateur,
s'il y a lieu. (Voyez *infra* titre 27.
article 1. aux notes.)

ARTICLE XXXI.

1. *Pendant les cinq années.*) Parce
que si l'Accusé se représente ou décède
pendant ce tems-là, la Contumace
est mise au néant. (*Supra* article
18. pag. 305.)

2. *Sinon pour les fruits des immeubles.*) Voyez ci-dessus art. 26. & les
notes.

ARTICLE XXXII.

1. *Après les cinq années expirées.*) L'article 23 de l'Édit des Duels du mois d'Août 1679. contient une exception à cette régle. Il porte, que les biens de ceux qui auront été condamnés par Contumace pour crime de Duel, seront acquis & confisqués au Roi, sans attendre que les années des Défauts & Contumaces soient expirées.

2. *De se pourvoir en Justice.*) Il n'est pas nécessaire pour cela de se pourvoir devant le Juge qui a prononcé la confiscation; il suffit de le faire devant les Juges des lieux où les biens sont situés.

TITRE DIX-HUITIÉME.

Des Muets & Sourds, & de ceux qui refusent de répondre.

Article V.

1. *Sera debout & nue tête.*) Et derriere le Barreau. (Tit. 14. article 23 de la présente Ordonnance.) Cependant s'il y avoit des conclusions à peine afflictive contre l'Accusé, comme alors cet Accusé doit être interrogé sur la sellette, il semble que le Curateur doit être à côté de lui pour s'instruire avec lui par signes ou autrement, avant de répondre.

Article VI.

1. *Que de l'Accusé.*) Voyez *infra* titre 22. article 3.

Article VIII.

1. *Trois interpellations.*) Il en est de même si l'Accusé refuse de prêter le serment, comme cela arrive quelquefois.

L'omission d'une seule de ces trois interpellations feroit une nullité. (Ainsi jugé par Arrêt du 26 Octobre 1684.)

Pendant tout le reste de l'instruction du Procès, il n'est pas nécessaire de répéter ces interpellations, & il suffit d'en avoir fait trois la premiere fois.

Ces interpellations ne doivent pas avoir lieu dans le cas où l'Accusé refuse de répondre, lorsqu'il prétend avoir de bonnes raisons pour le faire, comme s'il demande son renvoi, ou qu'il allegue l'incompétence du Juge, ou qu'il récuse le Tribunal, ou du moins le Juge qui le veut interroger, ou s'il prétend que l'affaire pour laquelle il est décrété est trop légere, & n'est pas de nature à lui faire subir un interrogatoire; ou qu'il n'y a aucun indice contre lui pour pouvoir l'interroger sur le crime dont on l'accuse, ou enfin s'il prétend qu'il n'est pas légitimement constitué en Jugement. Alors cette prétention de l'Accusé forme un incident, sur lequel le Juge d'instruction ne peut prononcer seul; il doit seulement en dresser Procès-verbal, & faire juger cet incident au Siege par le Tribunal entier. (Voyez le Procès-verbal de l'Ordonnance de 1670. sur l'article 9 de ce titre, pag. 218. Voyez aussi l'article 8. du titre 14. ci-dessus aux notes, pag. 228.)

2. *Comme à un Muet volontaire.*) Mais il ne faut pas conclure de-là, que les faits sur lesquels l'Accusé ne veut pas répondre, soient censés confessés par lui, comme il est porté en l'article 4. du titre 10 de l'Ordonnance de 1667. pour les matieres civiles ; car en matiere criminelle il en est autrement, & c'est une maxime généralement observée dans le Royaume, que le silence de l'Accusé ne le fait pas regarder comme coupable des faits sur lesquels il est interrogé, ce qui est fondé sur ce qu'en matiere criminelle il s'agit le plus souvent de la vie ou de l'honneur de l'Accusé : néanmoins ce silence peut former un indice contre lui, dans le cas où il n'apporte aucune raison pour le justifier.

Article IX.

1. *Et autres Procédures.*) Comme les confrontations, &c.

Article X.

1. *Subsistera.*) Sans que l'Accusé puisse revenir contre.
2. *Par pieces.*) Voyez ci-dessù tit. 15. article 20. pag. 265. & titre 17. article 22. pag. 308.

Article XI.

1. *Comme il est ordonné ci-dessus.*) Voyez les articles 7. 8 & 9. de ce titre.

TITRE DIX-NEUVIEME.

Des Jugemens & Procès-verbaux de Question & Torture.

ARTICLE PREMIER.

1. S'*Il y a preuve considérable.*) Il est difficile de déterminer cette preuve : cependant la plûpart des Auteurs s'accordent à dire,

1°. Que la confession extrajudiciaire de l'Accusé prouvée par deux Témoins, ou faite pardevant un Juge incompétent, quoique révoquée devant le Juge qui instruit le Procès, est une preuve suffisante pour condamner cet Accusé à la question. (V. la Constitution Caroline de l'année 1532. ch. 32. *Jul. Clar. in Pract. Crimin. quæst.* 21. *n.* 31. Papon en les Arrêts liv. 24. tit. 9. n. 2.)

2°. On prétend que la déposition d'un seul Témoin ne suffit, s'il n'y a d'ailleurs quelqu'autre indice joint à cette déposition. C'est ainsi que le pense Carondas en ses Réponses liv. 12. où il dit, que la déposition d'un seul Témoin même *de visu* ne suffit pas pour condamner l'Accusé à la question, & qu'on ne doit pas regarder cette déposition comme une preuve suffisante, si elle n'est pas d'ailleurs soutenue de quelqu'autre indice. Mais Lizet, en sa Pratique Criminelle titre 7. au commencement, pag. 58 de l'édition de 1609. *in-*8°. pense le contraire; ce qui est plus conforme à la disposition de l'Ordonnance de Saint Louis du mois de Décembre 1254. qui porte, que la déposition d'un seul Témoin suffit pour la question, si l'Accusé est un homme de mauvaise réputation. Voici les termes de cette Ordonnance : *Personas honestas vel bonæ famæ, etiamsi sint pauperes, ad dictum testis unici subjici tormentis vel quæstionibus inhibemus, ne ob metum falsum confiteri, vel suam vexationem redimere compellantur.* Voyez aussi *Car. de Grassalio Regal.* lib. 1. jur. 7. Imbert en sa Pratique, liv. 3. ch. 13. n. 2. Et Mazuet *in Pract.* tit. 36. qui ajoute, *maximè si sit cum famâ publicâ.*

Il faut cependant observer, que cette

preuve d'un seul Témoin contre un Accusé vagabond ou de mauvaise réputation, peut bien être suffisante pour la question sans réserve de preuves; mais elle ne paroît pas suffisante pour la question avec réserve de preuves. (Voyez la distinction de ces deux questions dans l'article qui suit aux notes.)

A l'égard de la déclaration faite par un des Complices, même condamné à mort, elle ne peut être suffisante pour faire donner la question à un Accusé, si cette déclaration n'est d'ailleurs fortifiée par d'autres indices.

3°. Quelquefois les indices seuls sont suffisans pour faire condamner à la question, surtout dans les grands crimes & dans les délits occultes; mais il faut que ce soient des indices violens, & du nombre de ceux qui ont une liaison prochaine, & un rapport immédiat avec le fait principal, ensorte que l'un emporte presque nécessairement la conclusion de l'autre: par exemple, en matiere de vol, si l'Accusé est trouvé saisi des effets volés, ou s'il est vû emportant la chose dérobée du côté du lieu où elle a été prise, sans pouvoir dans l'un & l'autre cas en rendre un bon compte, surtout si cet Accusé est un homme d'une mauvaise renommée. (*Ita Jul. Clar. quæst.* 21. *n.* 41.) De même en matiere de meurtre, si l'Accusé a été pris proche de l'endroit où le cadavre a été trouvé, ayant l'épée à la main & s'enfuyant, ou autres indices semblables. Enfin des indices moins violens que ces derniers peuvent aussi quelquefois suffire, lorsqu'il y en a d'ailleurs un grand nombre qui se fortifient mutuellement les uns les autres; car leur accord & leur nombre supplée à leur violence; suivant cette maxime que *quæ sing. la non profunt, simul collecta juvant.* Mais il faut observer, que chacun de tous ces indices en particulier doit être prouvé par deux Témoins.

2. *Contre l'Accusé.*) Quel qu'il soit. Néanmoins les Juges doivent être plus retenus à condamner à la question les Ecclésiastiques, les femmes, les jeunes garçons, & les personnes distinguées par leur emploi & par leur naissance, que les personnes robustes & de vile condition.

3. *Et qui soit constant.*) C'est-à-dire, dont le corps de délit soit suffisamment prouvé.

4. *Toutes...* ... mais cela n'a été jugé... Officiaux, qui ne peuvent... pofer que des pein... (Voyez l'Auteur des... fur l'Edit, Traité de... tion de 1736. liv. 1. ch... est vrai que M. ... Hericourt... Loix Ecclésiastiques part... art. 9. semble être d'un senti... opposé, conformément à l'ancien... Jurisprudence, mais ce senti... peut être aujourd'hui ...

5. *Appliqué à la question.*) C'est-à-dire, à la question p... qui sert à tirer la vérité de... bouche de l'Accusé en ce qui... garde lui-même, pour s... Auteur ou Complice du crime... non. A l'égard de la question préa... ble, qui sert à avoir révélation... Complices d'un Accusé, voyez... après l'art. 3. pag. 336.

6. *Au cas que la preuve... suffisante.*) Car quand la preuve... suffisante, on ne doit jamais co... ner un Accusé à la question p... toire, & il faut passer tout d... à la condamnation.

Article II.

1. *Les preuves subsisteront en leur entier.*) Car il y a deux sortes de questions préparatoires. 1°. La question sans réserve de preuves. 2°. La question avec réserve de preuves. (*Infrà* tit. 25. art. 13.)

La différence entre ces deux questions est, que dans celle qui se fait *sans réserve de preuves*, si l'Accusé n'avoue rien à la question, les indices & les preuves qui étoient contre lui sont purgés, & il ne peut plus être condamné à aucune peine, en sorte qu'on doit seulement prononcer contre lui un plus amplement informé, & cependant qu'il aura issue des Prisons; au lieu que dans la question *avec réserve de preuves* les indices ne sont point purgés, & que quoique l'Accusé n'ait rien avoué, il peut néanmoins être condamné en toutes sortes de peines excepté celle de mort, comme il est dit en cet article.

En effet, c'est une maxime généralement admise par tous les Criminalistes, que l'effet de la question soufferte par un Accusé sans rien avouer, est de purger les indices qu'il y a contre lui. C'est le sentiment de Lizet en sa Pratique Criminelle liv. tit. 7. page 59. de l'Edition de 1609. & de Carondas en ses notes sur le Code Henri liv. 7. tit. 8. article 4. où ces Auteurs disent expressément que les indices sont purgés en telle sorte par la question, qu'il doit être fait droit sur l'absolution de l'Accusé; & c'est aussi ce qui résulte de l'article 164 de l'Ordonnance de 1539, & du Commentaire de M. Bourdin Procureur Général sur cette Ordonnance. Voyez aussi Theveneau sur les Ordonnances livre 5 titre 8 article 4. *Per torturam*, dit Farinacius, *purgata esse indicia contra tortum ante torturam librantia, non solùm à Doctoribus communiter fuit receptum, sed etiam hanc practicam ubique servari.* (Voyez Farinacius *in Theor. Crim.* tom. 1. qu. 40. n. 2. Ita etiam Boerius qu. 163. & Jul. Clar. *quæst.* 64. n. 38)

Mais cette maxime reçoit une exception dans le cas où ces indices sont très-violens, & du nombre de ceux qu'on appelle urgens & indubiétables ; car alors l'Accusé malgré la question par lui soufferte sans rien avouer, peut encore être condamné, non pas à la vérité à la peine de mort, mais à toute autre peine, même celle des Galeres. (C'est ainsi que s'en expliquent Jul. Clar. ibid. qu. 64. n. 38. & Farinacius tom. 1. qu. 40. n. 15. Voyez aussi Carondas en ses notes sur la Pratique de Lizet liv. 1. titre 7. pag. 64 de l'Edition ci-dessus, en quoi ils sont conformes à la disposition du présent article.)

C'est pourquoi lorsque les indices qui forment la preuve contre l'Accusé, quoique considérables, ne sont pas du nombre de ceux qu'on appelle très-violens, alors les Juges ne doivent pas condamner l'Accusé à la question preuves tenantes, mais seulement à la question sans réserve de preuves ; (V. Faber en son Code Définit. 9 & 25) au lieu que si les indices sont du nombre de ceux qu'on appelle urgens & indubitables, dans ce cas les Juges, non-seulement peuvent, mais même doivent condamner l'Accusé à la question avec réserve de preuves ; & c'est ainsi que l'établit Theveneau en son Commentaire sur les Ordonnan-

ces liv...
2. A...
siaires ou a...
leres à perpétuité...

Il fait clairement...
que les Juges peuvent...
des peines *pro modo*...
qui est évident en com...
ticle avec l'article...
effet d'article... point...
preuve considérable...
pour un crime qui...
mort, (c'est-à-dire...
ve ne soit pas suffisa...
damner l'Accusé à la...
cette peine soit d'ailleurs...
dérable) des Juges pour...
ner que l'Accusé sera...
question. (Or la question)...
ment est une peine, mais...
de toutes les peines...
ble après la mort, furent...
est ordonnée avec...
ves, (comme il est por...
a 3. du titre 25.) D...
une conséquence néces...
du crime qui mérite...
ou peut infliger une pei...
comme celle des Galeres ou...
ment, lorsque la preuve a'est

suffisante pour condamner à la peine ordinaire dûe au crime. (C'est aussi le sentiment de la plus grande partie des Auteurs, surtout dans les grands crimes, & particulierement celui de Balde sur la L. derniere au Code *de Probation. n.* 8. & sur la L. 34. C. *ad L. Jul. de Adult. de* Jul. Clar. *in Pract. crimin. lib.* 5. *receptarum sententiarum* §. *Assassinium, n.* 6. De Menochius en son Traité *de Præsumptionibus qu.* 97. De d'Argentré sur l'article 41 de la Coutume de Bretagne. De Zœsius *in tit. ff. de Probat. & Præs.* & c'est aussi la disposition du Canon 23. *extra de Accusat.* & du Canon 5. *extra de Adulteriis.*)

3. *Sans rien avouer.*) Quoique l'Accusé avoue, il est souvent de la prudence du Juge de vérifier les faits par lui avoués, s'il y a lieu de le faire, dans la crainte que la douleur ne lui ait fait avouer des choses qu'il n'a point faites.

4. *De nouvelles preuves depuis la question.*) Soit par des Témoins, ou par la confession de l'Accusé faite librement depuis qu'il a souffert la question.

II. *Il pourra être ordonné...*
il faut être condamné à [...]
pouvoir être condamné à cette question. Il faut cependant observer qu'on ne doit jamais condamner [l'ac]cusé, à moins qu'il n'y ait [preuve] qu'il ait des complices, et [que le cri]me soit de nature à n'avoir [pu être] commis par un [seul homme, et l'on] doit aussi y condamner l'Ac[cusé] lorsqu'il refuse de déclarer [ses com]plices; car s'il les a décla[ré claire]ment, & qu'elle semble [vouloir] garder cette déclaration [mensong]ère, on ne doit point [le condamner] à cette question.

ARTICLE IV.

1. *Pourra en être fait...* [quoique] cette déclaration puisse [être décisi]ve contre le Complice, [néanmoins] on ne doit point y avoir égard [lorsqu'il] n'est dans le cas où ce Complice [se]roit en Contumace. (V. supra [art. 22. p. 308.) Cette con[damna]tion se fait par les Commissaires

més pour la queſtion, même dans les cas Prévôtaux, & quoique dans ce cas le Prevôt ſoit préſent à la queſtion, ainſi qu'il peut y être aux termes de l'article 26. du titre 2. ci-deſſus.

2. *Sur le champ.*) On peut douter, lorſque ceux qui ſont révelés comme Complices par l'Accuſé ſont éloignés, s'il faudra ſurſéoir ou non à la condamnation de cet Accuſé, juſqu'à ce qu'il ait été confronté à ces Complices, à cauſe de l'article 21 du titre 25 ci-après. Mais il faut dire que cela dépend de la prudence des Juges, & qu'on ne doit différer que quand la confrontation ſe peut faire dans un court eſpace de tems, & pour des crimes importans.

ARTICLE V.

1. *Sera préſenté à la queſtion.*) Cette ſimple préſentation à la queſtion s'ordonne par un *retentum* particulier, qui ſe met au bas de l'Arrêt.

Au reſte, on ne doit ordonner cette préſentation qu'à l'égard des impuberes, vieillards, valétudinaires,

P

infirmes, ou autres personnes auxquelles la question ne peut être ordonnée sans danger. (Voyez la Loi 1. §. 33. ff. ad Senatusc. Sillanian.)

Article VI.

1. *Se transportera.*) Si le Jugement est rendu en dernier ressort mais s'il est rendu à la charge de l'appel, il faudra suspendre l'exécution jusqu'à ce que la Sentence ait été confirmée par Arrêt. (*Infrà* article 7.)

2. *Pour le faire prononcer à l'Accusé.*) L'Accusé doit être à genoux quand on lui fait cette prononciation.

Article VII.

1. *Qu'elles n'ayent été confirmées.*) L'Accusé doit être transféré sur appel. (*Infrà* tit. 26. art. 6.)

Article VIII.

1. *Sera interrogé.*) Voyez la note sur l'article 3 du titre 14, pag. 2 pour sçavoir sur quels faits on peut interroger l'Accusé.

Cet interrogatoire qui se fait avant la question, doit être très-sommaire quand l'Accusé nie.

ARTICLE IX.

1. *La question sera donnée.*) En la maniere usitée dans la Province; car il n'est pas permis de la donner en une autre forme que celle qui est autorisée par l'usage. Dans le Ressort du Parlement de Paris, la question qui est en usage est celle à l'eau ou aux brodequins. Par Arrêt du Parlement du 18 Janvier 1697, il a été ordonné aux Officiers du Bailliage d'Orléans, au lieu de la question de l'estrapade qui y avoit été jusqu'alors en usage, de la faire donner de la même maniere qu'elle se donne en la Cour, soit par l'extension & avec de l'eau, ou par les brodequins, ainsi que les Officiers dudit Siége le jugeront à propos.

Au reste, à quelque genre de question qu'on applique l'Accusé, il faut avoir attention qu'il ait été auparavant huit ou dix heures sans manger. Voyez Zacchias *in quæst. Medico-legal.* tom. 1. liv. 6. tit. 2. qu. 4.

340 *Des Jugemens & Procedur*
n. 17. Jul. Clar. qu. 64. n. 10.
Farinacius tom. 1. qu. 38. n. 62.
Ainsi le Juge qui prévoit qu'un Accusé pourra être condamné à la question, doit prévenir le Geolier, afin qu'il prenne en conséquence les mesures convenables.

On ne doit pas faire prêter un nouveau serment à l'Accusé lorsqu'on met à la question ; l'interrogatoire qui s'y fait est une suite du premier. D'ailleurs l'Ordonnance ne l'exige point.

2. *En présence des Commissaires.* Et non d'autres personnes. (*Voyez* ci-dessus titre 6. art. 11. pag. 140. tit. 14. art. 6. p. 227. & *infra* tit. 24. art. 2. pag. 370.) Néanmoins dans les Procès Prévôtaux, le Prévôt y est aussi présent. (Titre 2. article 26 de la présente Ordonnance.) On y appelle aussi ordinairement un Médecin ou un Chirurgien, pour prévenir le danger dans lequel le patient pourroit se trouver par la violence des douleurs.

3. *Et des réponses, confessions, &c.* Les Commissaires doivent aussi faire mention dans leur Procès-verbal des autres expressions, cris, ou gestes de l'Accusé, qui pourroient servir à la connoissance de la vérité.

ARTICLE X.

1. *De faire modérer.*) La question ne doit pas durer plus d'une heure ou une heure & un quart, (Bartol. *in L. unius* §. 1. ff. *de quæstion.* Farinacius *in Theor. Crimin. quæst.* 38. *n.* 54.) si ce n'est dans les crimes énormes.

Les Commissaires doivent aussi régler la question suivant les circonstances, & considérer la force ou la foiblesse, le sexe, l'âge, la santé, le tempéramment, ou l'infirmité de l'Accusé. *Ita torqueat judex, ut innocentiæ vel supplicio reum reddat incolumem.* (Jo. Faber *quæst. de Torturâ, n.* 1. 27.)

Ils doivent même quelquefois, non-seulement la modérer, mais même sursseoir dans certains cas, v. g. si le Patient avoit une descente, ou autre infirmité qui le mît hors d'état de souffrir la question; alors les Commissaires doivent le faire visiter par des Médecin & Chirurgien Jurés, & dans le cas où ceux-ci déclareroient qu'il ne le peut, les Commissaires en doivent faire mention dans leur

142 *Du Jugement & Procès...*
Procès-verbal qu'ils feront signer au Médecin & Chirurgien, ensuite surseoir à la question, & en donner avis aux Juges qui ont rendu le Jugement, pour en être par eux délibéré.

Un Mémoire instructif touchant la manière de donner la question, joint à l'Arrêt de la Cour du 18. Janvier 1697. dont il a été parlé ci-dessus en la note première sur l'article précédent, porte, que si le Médecin & Chirurgien qui auront visité l'Accusé déclarent qu'il est hors d'état de souffrir la question avec l'eau & l'extension à cause d'une descente, ou de quelqu'autre infirmité, dans ce cas les Juges sur le Procès-verbal des Commissaires ordonneront que la question sera donnée à l'Accusé avec les brodequins, & à cet effet, lorsque la question doit être donnée avec l'eau & l'extension, l'Accusé doit être visité par les Médecin & Chirurgien pour sçavoir s'il est en état de souffrir cette question.

Il peut aussi arriver quelquefois que le Patient tombe en défaillance au milieu des tourmens; alors sur le rapport des Médecin & Chirurgien, suivant leur déclaration, il faudra seulement l'ôter de la question, mais encore lui donner les remedes nécessaires pour le faire revenir ; les Commissaires dresseront Procès-verbal du tout, & interrogeront ensuite l'Accusé lorsqu'il sera revenu à lui.

La différence entre la question ordinaire & la question extraordinaire est, que cette derniere est beaucoup plus rude, & se donne en doublant le nombre des pots d'eau pour la question qui se donne à l'eau, & le nombre des coins pour la question avec les brodequins, ce qui dépend des usages de chaque lieu. Ordinairement en condamnant à la question on ne sépare pas l'une de l'autre : cependant à l'égard des personnes foibles ou infirmes, des jeunes gens qui sont encore proche l'âge de puberté, & quelquefois à l'égard des personnes du sexe, on ne doit condamner qu'à la question ordinaire ; mais à l'égard de la simple présentation à la question, il n'y a que les Cours seules qui peuvent l'ordonner. (V. ci-dessus article 5. p. 337.)

Si une femme ou fille condamnée à la question se déclare grosse, les Commissaires manderont d'office sur le champ deux Matrones, ou à défaut des Médecin & Chirurgien qui visiteront l'Accusée; & si par leur rapport ils disent qu'elle est enceinte, ou qu'ils ne peuvent s'assurer du contraire, laissant la chose douteuse, les Commissaires ne passeront pas outre à la question, mais ils en dresseront leur Procès-verbal & différeront la question, renverront l'Accusée en Prison, & le lendemain feront leur rapport à la Chambre de ce qui se sera passé, & il sera ordonné sur leur rapport ce que les Juges trouveront à propos. Ordinairement on ordonne que l'exécution sera différée jusqu'après l'accouchement de l'Accusée, ou jusqu'à ce qu'il soit certain qu'elle ne soit pas enceinte. (*Voyez infrà* titre 25. article 23.)

Article XI.

1. *Sur le champ & derechef interrogé.*) Sans qu'il soit besoin de faire prêter à l'Accusé un nouveau serment, parce qu'on peut regarder cet interrogatoire comme une suite du premier qui est prescrit par l'article 6 de ce titre. Néanmoins je vois que le contraire s'observe dans l'usage, & c'est le plus sûr de le faire, à cause

ces mots, *sera derechef interrogé, & cet interrogatoire par lui signé*, qui peuvent donner lieu de penser que c'est un nouvel interrogatoire. Ce dernier interrogatoire se fait dans la Chambre même de la question, l'Accusé étant sur un matelas auprès du feu.

2. *Par lui confessés.*) Afin de connoître s'il les ratifiera; mais s'il les révoque, il ne faut pas se persuader que cette révocation fasse le même effet que si l'Accusé n'avoit rien avoué, lorsque cet Accusé ajoute, que c'est la violence des tourmens qui l'a forcé d'avouer; car si toutes les circonstances du crime qui résultent de cette confession, s'accordent parfaitement avec tout ce qui est prouvé au Procès, ensorte qu'il ne soit pas morablement possible qu'elles soient si parfaitement connues que par celui qui est l'Auteur du crime même, on ne doit pas avoir beaucoup d'égard à une révocation de cette espece, & il y a lieu de croire que, malgré cette révocation, les Juges peuvent condamner l'Accusé. (Voyez Papon en ses Arrêts, liv. 24. titre 9. aux additions, n. 1.) Il est vrai qu'on trouve une

Ordonnance de Louis X. du mois de Mai 1315. (rapportée au premier tome du nouveau Recueil des Ordonnances des Rois de France) qui porte en l'article 4. *que pour la gehine nuls ne soient condampnés ne jugiés s'ils ne perseverent en sa confession par temps souffisant après la gehine;* mais il paroît que cette Ordonnance doit s'entendre avec la modification qui vient d'être apportée.

Au reste, tout cela doit dépendre de la prudence des Juges; c'est pourquoi les Commissaires ne sçauroient être trop exacts à interroger le Patient qui avoue, sur toutes les circonstances & particularités du crime, & ne rien omettre à cet égard, parce que les réponses de l'Accusé à toutes ces circonstances, si elles n'étoient pas suffisantes pour le convaincre, pourront du moins servir à acquérir une preuve plus complette, en vérifiant les faits dont l'Accusé est convenu, quoiqu'il les ait depuis révoqués.

Enfin il faut observer, que quand un Criminel condamné à la question préparatoire vient à avouer, il faut l'interroger encore à la Chambre avant de le condamner.

TITRE VINGTIÉME.

De la Conversion des Procès Criminels en Procès Civils, & de la réception en Procès ordinaire.

Article Premier.

1. *Pourront ordonner.*) D'office, & quand même il n'y auroit à cet égard aucunes conclusions de la Partie publique ; mais la Partie publique ne peut demander cette conversion, parce que quand une Partie s'est une fois pourvûe par action civile, elle ne peut plus prendre la voie criminelle. (Ordonnance de 1667. titre 18. des Complaintes, article 2.)

2. *Sera poursuivi extraordinairement.*) C'est-à-dire, par récolement & confrontation, ou du moins sur la poursuite du Procureur du Roi ou Fiscal.

348 *De la Conversion des Procès*

3. *A quelque peine corporelle.*) Il semble qu'il faudroit y ajouter *ou afflictive*, à cause de l'article 19. du titre 25 ci-après, & même *infamante*. (Voyez la note sur l'article 24. du titre 10. pag. 190.)

Voyez au reste l'explication de ces différentes sortes de peines, *suprà* titre 10. article 19. pag. 176. & *infrà* titre 26. article 6.

ARTICLE II.

1. *Décerner Décret de prise de corps.*) Il n'est pas nécessaire que ce Décret soit rendu sur la réquisition de la Partie publique; je vois que dans l'usage on l'ordonne d'office à l'Audience ou à la Chambre, en ajoutant, *sur les Conclusions du Procureur du Roi*, quoique souvent il ne l'ait point requis.

Ce Décret forme, à proprement parler, un nouveau Procès, puisque la Partie publique devient alors la Partie principale.

2. *Suivant la qualité de la preuve.*) Et suivant la qualité de la personne & du crime: (*Suprà* titre 10. article 2. pag. 160.)

3. Et ordonner l'instruction à l'extraordinaire.) Pour faire cette instruction extraordinaire, il n'est pas nécessaire de répéter les Témoins en leurs dépositions, mais seulement de les récoler & confronter. C'est ce qui résulte des termes de cet article, & c'est aussi ce qui s'observe dans l'usage.

Article III.

1. *Avant la confrontation des Témoins.*) C'est-à-dire, avant le Jugement de récolement & confrontation, soit que l'Accusé ait subi interrogatoire ou non; car si l'affaire est légere, il n'y a pas lieu d'interroger l'Accusé.

2. *En Procès ordinaire.*) C'est ce qui s'appelle civiliser un Procès, ou renvoyer les Parties à fins civiles. Mais quand il y a plusieurs Accusés, on ne peut instruire criminellement à l'égard des uns, & civiliser à l'égard des autres. (Arrêt du neuf Août 1709, au Journal des Audiences tome 6.)

Ce Procès ainsi civilisé s'instruit & se poursuit devant le même Juge, qui a instruit de l'affaire au Criminel ; même dans les Sièges où il y a des Juges particuliers pour le Civil & pour le Criminel. (Voyez la Déclaration du mois de Mai 1553, servant de Réglement général entre les Lieutenans-Généraux Civils, & les Lieutenans-Criminels ; & il a été ainsi jugé par Arrêt du 29 Août 1579, entre le Lieutenant-Général & le Lieutenant-Criminel du Mans ; & par autres du 16 Octobre 1582, entre le Lieutenant-Civil & le Lieutenant-Criminel de Concressant, & du 28 Mars 1699, entre le Lieutenant Civil & le Lieutenant-Criminel du Mans.) Les Procès Criminels de la Tournelle qui se civilisent, & où les Accusés sont reçus en Procès ordinaire, restent aussi en la Tournelle. (Ordonnance du mois de Mai 1549. art. 2.)

Au lieu de renvoyer à fins civiles, il arrive le plus souvent que le Juge qui est saisi de l'affaire, la juge tout d'un coup en l'état où elle est, ce qui arrive 1°. lorsque l'Accusé demande à être jugé définitivement, & qu'il croit qu'il n'est pas nécessaire de demander à être renvoyé à fins civiles, ni de faire une enquête ou preuve contraire de fa part, ni en un mot de produire en fa faveur aucune autre juftification. 2°. Lorfqu'il y a des Enquêtes contraires, comme il arrive le plus fouvent dans le cas où les plaintes font réciproques. 3°. Lorfque le Juge, dans le cas même où l'Accufé demande à être renvoyé à fins civiles, voit que cela ne ferviroit à rien, la preuve étant complette contre lui, & ne pouvant être détruite par une Enquête contraire ou autrement.

Il n'eft pas inutile d'obferver à ce fujet, que les Juges ne doivent pas fe prêter aifément à admettre & à favorifer des Procédures criminelles. C'eft pourquoi en matiere légere, comme d'injures verbales & autres femblables, furtout à l'égard des perfonnes de baffe condition, ils ne doivent jamais permettre d'informer, mais feulement d'affigner les Parties pour les regler fur le champ à l'Audience. (Voyez *fuprà* titre 10. article 2. aux notes, pag. 160.)

Si outre les injures verbales il y a quelque excès, qui ne foit pas cependant fort confidérable, les Juges peuvent & doivent au lieu de décreter l'information, ordonner que celui dont on se plaint sera assigné aux fins de la plainte, dont il doit à cet effet lui être donné copie, & sur le récit qui sera fait à l'Audience des informations, arbitrer la peine. Car on ne doit, ainsi qu'on l'a déja observé, décreter & faire subir interrogatoire que dans des cas graves, & où il s'agit de violences & de voies de fait considérables, ou d'injures atroces, qui attaquent l'honneur & la réputation des personnes constituées en dignité, ou du moins qui soient de condition honnête.

Enfin la même chose doit se pratiquer, lorsqu'une information a été décrétée, & que l'Accusé après avoir subi interrogatoire, a pris droit par les charges & informations, ou la Partie civile par les confessions de l'Accusé ; car alors, si le crime n'est pas de nature à mériter une peine afflictive, il faut juger définitivement sur le récit des informations, & observer ce qui est porté en l'article 20. du tit. 14. ci-dessus. (Voyez le Procès-verbal de l'Ordonnance de 1670. page 229.)

Lorsqu'il y a appel par la Partie civile du Jugement, qui reçoit en Procès ordinaire, la Sentence doit s'exécuter par provision nonobstant l'appel, parce que le Juge ne fait que continuer l'instruction. Il est vrai que par Arrêt du 12 Mai 1604, rendu contre le Lieutenant d'Issoudun, il est défendu aux Juges, lorsqu'ils auront reçû les Parties en Procès ordinaire, & qu'il y aura appel de leur Jugement, de passer outre à l'instruction ou autrement au préjudice de l'appel. (Voyez *omninò*, ce qui est dit *infrà* tit. 28. article 4. note 1.) Mais il paroît que cela doit être restreint au cas où l'appel seroit au nom de la Partie publique, auquel cas il faudroit surseoir, parce que ces sortes de Sentences peuvent détruire ce qu'il pourroit y avoir de preuves contre l'Accusé pour lui infliger la peine publique. (Voyez l'article 24 du titre 10. & l'article 11 du titre 26.)

On ne reçoit aussi jamais les Parties en Procès ordinaire, lorsqu'il n'y a point d'autre Partie que le Procureur du Roi ou Fiscal.

3. *Que les Informations seront com-*

verties en Enquêtes.) Quand les Informations sont converties en Enquêtes, comme il n'y a point alors de Procès-verbal qu'on puisse signifier, ainsi qu'il s'observe dans les Enquêtes faites en matiere civile, il faut que le Demandeur fournisse à l'autre Partie un extrait des noms, surnoms, âges, qualités & demeures des Témoins omis en l'information, afin de lui donner moyen de proposer des reproches contre les mêmes Témoins.

ARTICLE IV.

1. *Mais sera prononcé définitivement sur son absolution ou sa condamnation.*) Ces termes n'excluent pas le plus amplement informé, & n'ont été mis que pour exclure la réception en Procès ordinaire : car il y a deux manieres de prononcer sur une Instance criminelle outre la condamnation, sçavoir par absolution, & par plus amplement informé ; & cette derniere prononciation a lieu ordinairement dans les crimes qui se poursuivent à la requête de la Partie publique, pour peu qu'il y ait d'indi-

ues contre l'Accusé. (Voyez le Procès-verbal de l'Ordonnance de 1670 sur cet art. pag. 232.)

TITRE VINGT-UNIEME.

De la maniere de faire le Procès aux Communautés des Villes, Bourgs & Villages, Corps & Compagnies.

ARTICLE III.

1. *Subira les interrogatoires.*) Pour interroger ce Syndic, il faudra observer ce qui est dit titre 14. article 23 de la présente Ordonnance.

2. *Corps & Compagnies.*) V. l'art. 6. du tit. 18 de la présente Ordonnance.

ARTICLE IV.

1. *Réparation civile, dommages & intérêts.*) Ces dommages & intérêts se prennent sur les biens de la Communauté, & à défaut, ils se levent par

forme de taxe contre les Prêtres qui composent cette Communauté mais par têtes, & sans solidité.

2. *Par leur crime.*) Comme abattant leurs Murailles, Forts, Lieux ou Edifices distingués &c.

ARTICLE V.

1. *Ils ne pourront être tenus.*) Parce que, pour un même crime on ne peut être condamné deux fois.

TITRE VINGT-DEUXIEME,

De la maniere de faire le Procès au Cadavre ou à la mémoire d'un Défunt.

ARTICLE PREMIER.

1. *Leze-Majesté Divine.*) Les crimes de leze-Majesté Divine font l'Hérésie, le Sortilége, le Sacrilége, & le Blasphême.

au Cadavre, &c. Tit. XXII. 357

2°. *Dans les cas où il échet de faire le Procès aux Défunts.*) Sçavoir, 1°. En crime de léze-Majesté divine pour *Hérésie* ou crime de *Relaps*. (Déclaration du 29 Avril 1686, & du 14 Mai 1724. art. 9. Voyez aussi la L. 4. §. 4. C. *de Hæreticis*, & le Droit Canon Cauf. 24 qu. 2. cap. 6.) 2°. Au cas de léze-Majesté humaine, contre ceux qui attentent à la personne Sacrée du Prince, & ceux qui prennent les armes, ou qui ont des intelligences avec les Etrangers ou autres contre les intérêts de l'Etat, ce qu'on appelle en France *perduellion* ou *félonie*, & en Angleterre *haute-trahison*. (Voyez Airault en son Instruction Judiciaire liv. 4. partie 1. num. 17. Voyez aussi la L. derniere ff. *ad L. Jul. Maj.*)

3. *Homicide de soi-même.*) Lorsqu'il paroît par les circonstances & par l'information qu'une personne s'est tuée par folie, (qui dans le doute est toujours présumée) on instruit le Procès comme contre les autres criminels qui se tuent de propos délibéré ; mais alors on ne doit point prononcer de condamnation contre le Cadavre, & au contraire on doit or-

358 *De la manière de faire le* [...]
donner qu'il fera enterré [en terre]
fainte. (Ainfi jugé par Arrêt du [...]
Mars 1550. Autre du Parlement [de]
Dijon du 13 Février 1567, rapporté par Bouvot tom. 1. partie 1. [...]
bo infenfé, queftion 2. Voyez in[fra]
titre 28. article 1. note 1. nombr[e]
4.)

Si cette folie n'eft point préfumée
par elle-même, & que cette pré-
fomption réfulte feulement de l'information, on ordonne avant faire
droit qu'il fera plus amplement informé des vie & mœurs & comportemens du défunt ; pour l'information faite & rapportée & communiquée à la Partie publique, être ordonné ce qu'il appartiendra ; & fi la
démence eft prouvée, on met fur
l'accufation hors de Cour, & on ordonne que le Cadavre fera inhumé
fi fait n'a été.

Article II.

1. *Un Curateur.*) Il faut d'abord
commencer par informer ; enfuite
l'information étant faite, & le corps
de délit bien établi, tant par la vi[fite]
que par l'information, le Juge do[it]

ordonner sur les conclusions de la Partie publique, que le Cadavre sera apporté dans la basse Geole, s'il y en a, sinon dans un autre endroit de la Prison, & nommer un Curateur à ce Cadavre. Il doit aussi ordonner que les instrumens qui ont servi à la destruction du suicide, si aucuns se trouvent, seront remis au Greffe, pour les représenter au Curateur lors de l'interrogatoire.

2. *S'il est encore extant.*) Quand le Cadavre du Défunt est encore extant, & que l'instruction ne peut pas être si-tôt achevée, on a soin de le faire embaumer, afin de le conserver pour pouvoir exercer sur lui la condamnation, au cas que ce Défunt soit déclaré coupable. Le Juge ordonne à cet effet que le Cadavre restera en la garde & possession de personnes qu'il nomme pour cela, jusqu'à ce qu'il en soit autrement ordonné par Justice. Mais si ce Cadavre est tel qu'il ne puisse être conservé, on ordonne par provision qu'il sera enterré en Terre sainte ou profane, suivant que le cas y échet, sauf à l'exhumer. Mais c'est au Tribunal entier à ordonner cette inhumation pro-

360 De la maniere [...]
[...]toire, & non [...]
qui a encore moins [...]
ner sont qu'un Cadavre [...]
ré par provision [...]
puisqu'alors ici est [...]
avance.

Article III.

1. *En la forme ordinaire.* La confrontation qui se fait au Cadavre se fait de la même maniere que les autres confrontations; mais on ne confronte point au Cadavre.

Pour faire une Procédure [...] il faut représenter le Cadavre [...] Témoins qui en parlent & [au Cura-]teur; à l'effet de quoi le Juge [qui fait] la confrontation doit se transporter avec le Témoin & le Curateur [dans] la basse Geole, ou dans l'endroit [où] le Cadavre est déposé, & les interroger sur cette reconnaissance, [dont] il dressera Procès-verbal.

2. *Ou la mémoire [seulement.]* tit. 18. art. 6. de la présente Ordonnance.

Les condamnations rendues contre le Cadavre d'un Défunt, portent qu'il sera traîné sur une Claie la face contre terre par les Rues & Carrefours lieu où la Sentence a été rendue, & ensuite à être pendu à une potence, à être traîné à la Voirie, & ses biens confisqués.

Quand le Cadavre n'a pû être conservé, & a été enterré, on fait une figure d'homme ou de femme, qui représente le Défunt, sur laquelle on exécute le Jugement de même que si c'étoit le Cadavre.

A l'égard des condamnations contre la mémoire d'un Défunt, elles se rendent *ad perpetuam rei memoriam*, afin de laisser à la postérité une note générale & éternelle du crime contre celui qui l'a commis ; par exemple, à l'égard des Nobles, en les déclarant Roturiers & leurs descendans, en brisant leurs Armoiries, abattant leurs Maisons, coupant leurs bois, & supprimant les noms des coupables à jamais. (Voyez l'exemple du Procès fait à la mémoire du Maréchal d'Ancre en 1617, dans Bouchel, Traité de la Justice Criminelle de France page 296.)

Article IV.

a. *Il pourra même y être obligé.*

D'où il suit que l'appel des Sentences de condamnation contre le Cadavre ou la mémoire d'un Défunt, ne se fait pas de droit, & que ces sortes de Sentences ne sont pas du nombre de celles qui ne peuvent s'exécuter sans avoir été confirmées par Arrêt, comme sont celles portées en l'article 6 du titre 26 ci-après. Cependant la maxime du Parlement de Paris est, que ces sortes de Sentences de condamnation contre le Cadavre ou la mémoire d'un Défunt, ne peuvent s'exécuter dans le cas même où il n'y en a point d'appel, que lorsqu'elles ont été confirmées par Arrêt, ce qui paroît directement contraire à la disposition de l'Ordonnance. Il a été rendu à ce sujet un Arrêt du 2 Septembre 1737, dans un Procès Criminel d'un nommé Louis Martin, qui s'étoit pendu dans les Prisons d'Orléans ; & depuis par un autre Arrêt du 31 Janvier 1749, il a été ordonné que l'Arrêt précédent seroit envoyé à tous les Bailliages du Ressort, pour y être publié & enregistré.

2. *D'avancer les frais.*) Parce qu'alors ces frais étant pour l'avantage de la famille, il est juste que ce-

lui des parens qui veut suivre l'appel, en fasse les avances. (Voyez tit. 17. art. 19 de la présente Ordonnance, & infrà tit. 27. art. 4. & tit. 28. art. 7.)

Mais dans le cas où l'appel seroit de droit, suivant la maxime du Parlement, il est inutile à la famille d'avancer ces frais, comme dans tous les Procès de grand Criminel, parce qu'alors ils le payent sur le Domaine du Roi, ou sur celui des Seigneurs, à moins qu'il n'y ait Partie civile, comme dans les cas portés par l'art. 6. du tit. 26. ci-après.

Article V.

1. *Elire un Curateur.*) Ce Curateur doit être oui sur l'appel en la Chambre du Conseil, de la même maniere qu'en Cause principale.

2. *Dont est appel.*) On peut ajouter ici la Procédure qui s'observe, quand il s'agit de faire le Procès à des Filles ou à des Femmes débauchées. Cette Procédure est établie par la Déclaration du Roi du 26 Juillet 1713, qui à la vérité n'est rendue que pour la Ville de Paris, mais qui peut cependant servir de régle

364 *De la maniere de faire le Procès* pour les Provinces. Cette Déclaration veut, que dans le cas de débauche publique & vie scandaleuse de Filles ou de Femmes, où il a écherr de prononcer que des condamnations d'amendes ou d'aumônes, ou des injonctions de vuider les Lieux, ou même la Ville, & d'ordonner que les meubles desdites Filles ou Femmes seront jettés sur le Carreau, & confisqués au profit des Pauvres de l'Hôpital Général, les Commissaires du Châtelet puissent chacun dans leur quartier recevoir les déclarations qui leur en seront faites & signées des voisins, auxquels ils feront prêter serment avant de recevoir ces déclarations, dont ils seront tenus de faire mention dans le Procès-verbal qui sera par eux dressé ; que le rapport des faits contenus dans ce Procès-verbal sera fait par lesdits Commissaires au Lieutenant-Général de Police, jours ordinaires des Audiences de Police, auxquels les Parties intéressées seront assignées en la manière accoutumée, pour y être pourvu contradictoirement ou par défaut sur les conclusions de celui des Avocats du Roi, qui sera présent à l'Audience,

& entre les mains duquel lesdites déclarations seront remises, pour faire connoître au Lieutenant-Général de Police les noms & qualités des voisins qui les auront faites. Qu'en cas que les Parties dénient les faits contenus auxdites déclarations, le Lieutenant de Police pourra, s'il le juge à propos, pour la suspicion des voisins, ou pour autres considérations, ordonner qu'il sera informé desdits faits pardevant l'un desdits Commissaires, à la requête du Substitut du Procureur Général, pour y être ensuite statué définitivement, ou autrement par ledit Lieutenant-Général de Police, sur le récit des informations qui sera fait à l'Audience par l'un des Avocats du Roi ; ou en cas qu'il juge à propos d'en délibérer sur le Registre, sur les conclusions par écrit du Procureur du Roi audit Siége, le tout à la charge de l'appel au Parlement. Que sur cet appel, soit que l'affaire ait été jugée sur un simple Procès-verbal du Commissaire, ou sur le récit ou vû des informations, les Parties procéderont en la Grand'Chambre du Parlement, encore qu'il y ait eu un Décret sur les

Q iij

informations, & que la suite de la Procédure ait obligé le Lieutenant-Général de Police à ordonner, que lesdites Filles ou Femmes seront renfermées pour un tems dans la Maison de Force de l'Hôpital-Général.

Cette même Déclaration porte aussi, qu'en cas de Maquerellage, Prostitution publique, & autre où il écherra peine afflictive ou infamante, le Lieutenant-Général de Police sera tenu d'instruire le Procès aux Accusés ou Accusées par récolement & confrontation, suivant les Ordonnances & les Arrêts & Réglemens de la Cour, auquel cas l'appel sera porté à la Chambre de la Tournelle, à quelque genre de peine que les Accusés ou les Accusées ayent été condamnés, le tout sans préjudice de la Jurisdiction Criminelle du Châtelet, qu'il pourra exercer en cas de Maquerellage concurremment avec le Lieutenant-Général de Police, auquel néanmoins la préférence appartiendra, lorsqu'il aura informé & décrété avant le Lieutenant-Criminel, ou le même jour.

Les Jugemens ainsi rendus, portant que les Filles ou Femmes seront enfermées à l'Hôpital, ne s'exécutent

au Cadavre, &c. TIT. XXII. 367
point par provision. (Arrêt du 9 Décembre 1713, rendu sur la Déclaration précédente.)

TITRE
VINGT-TROISIE'ME.

De l'abrogation des Appointemens & Forclusions en matiere Criminelle.

ARTICLE III.

1. *Qu'à faute d'en bailler.*) C'est-à-dire que faute de donner copie, tant par l'Accusé que par les Parties, des Requêtes & pieces par eux produites, le Procès ne pourra être retardé ; mais alors l'Accusé ne pourra être condamné en vertu de ces pieces non-communiquées, & de même les Parties civiles ne pourront souffrir aucun préjudice des Requêtes présentées par l'Accusé, dont il n'aura pas été donné copie.

Les Requêtes présentées par l'Ac-

Q iv

cusé doivent concerner les moyens qui démontrent la vérité de son innocence. Il doit s'appliquer & s'étendre, soit sur les nullités, remarques & irrégularités qu'il peut avoir découvertes dans la Procédure, soit sur l'incompétence du Tribunal. Il doit pareillement combattre les dépositions des Témoins, s'il y a lieu de le faire, en faire voir la contradiction, ou les démentir par possibilité ou de convenance dans les mêmes faits, & en diminuer autant qu'il pourra les circonstances. Enfin il doit expliquer tout ce qui peut induire à faire prononcer son absolution, soit en la forme & au fond, avec dommages & intérêts contre la Partie plaignante, ou en tout cas demander à être élargi, & renvoyé en état d'ajournement personnel ou d'assigné pour être ouï, &c.

Les Requêtes présentées par les Parties sont pour charger l'Accusé, accélérer l'instruction, conclure à intérêts civils, &c. & doivent en contenir les moyens.

TITRE VINGT-QUATRIEME.

Des Conclusions diffinitives de nos Procureurs, ou de ceux des Justices Seigneuriales.

ARTICLE PREMIER.

1. **P**Rendront *communication du Procès.*) Voyez *infra* titre 26. article 10. pour les Procès d'appel.

2. *Pour y donner leurs conclusions.*) S'il y avoit plusieurs Accusés au Procès, & que la Partie publique n'eût donné des conclusions que contre l'un d'eux, par exemple, qu'avant faire droit un tel seroit appliqué à la question, cela n'empêcheroit pas les Juges de procéder au Jugement de tous les Accusés, ou de plusieurs d'entre eux, s'ils croyent qu'il y a lieu de le faire ; & il en est de même quand le Procureur du Roi auroit conclu à

370 *Des Conclusions diffinitives*
ce qu'il fût sursis au Jugement contre ces autres particuliers. (Ainsi jugé au Présidial d'Orléans dans l'affaire du nommé Métro dit Breton le Mignon & de ses Complices le 22 Décembre 1745.) Mais alors ceux contre lesquels le Procureur du Roi n'a point pris de conclusions, ne peuvent être interrogés que derrière le Barreau, à cause de l'article 21 du titre 14 ci-dessus.

Article II.

1. *A la visite ou au Jugement du Procès,*) Voyez ci-dessus titre 6. article 11. p. 140. titre 14. article 6. p. 227. & tit. 19. article 9. p. 339.

Article III.

1. *Les Conclusions.*) C'est-à-dire, conclusions définitives.

2. *Et cachetées.*) Lorsqu'elles ne tendent à aucune peine afflictive ou infamante, il semble qu'il soit inutile de les donner cachetées; néanmoins l'Ordonnance ne fait ici aucune distinction, & avec raison, de peur que l'Accusé venant à sçavoir le con-

tenu des conclusions, ne fût plus disposé à nier.

3. *Et ne contiendront les raisons.*) Afin que ces raisons ne puissent former aucun préjugé sur l'esprit des Juges, ou plutôt afin que ces conclusions ne soient point trop diffuses.

TITRE
VINGT-CINQUIE'ME.

Des Sentences, Jugemens & Arrêts.

ARTICLE II.

1. M*Ême comme de Juge incompétent.*) Si l'Accusé a décliné la Jurisdiction lors du premier interrogatoire, & refusé de répondre sous prétexte de l'incompétence du Juge, & que sur cet incident jugé devant le premier Juge, cet Accusé ait été débouté de son renvoi, l'appel qu'il interjetteroit ensuite comme de Juge incompétent, ne pour-

roit empêcher qu'on ne continue de lui faire son Procès comme à un Muet volontaire, s'il refuse de répondre. (Voyez ci-dessus tit. 14. art. 8. & les notes, pag. 228.)

2. *Jusqu'à Sentence diffinitive.*) Même inclusivement.

ARTICLE III.

1. *Depuis les appellations.*) Non celles faites auparavant. (Voyez ci-dessus tit. 1. art. 3.)

2. *Ne pourront leur être opposées.*) C'est une suite nécessaire de ce qui est dit en l'article précédent. Car puisque l'appel des Accusés ne suspend point l'instruction, s'il falloit qu'à chaque interrogatoire ou confrontation ils fissent des protestations, cela ne serviroit qu'à rendre la Procédure plus longue ; mais en cause d'appel, le Juge fait droit sur l'incompétence de la même maniere que s'il n'y avoit eu aucunes Procédures faites avec l'Accusé depuis son appel.

ARTICLE IV.

1. *Instruite & jugée.*) Mais tant

que la Contumace n'est point jugée, les Accusés Contumaxs peuvent se pourvoir par appel contre le Décret & la Procédure, sans être obligés de se mettre en état. (Voyez *infrà* titre 26. art. 4.)

Il n'est pas même nécessaire que celui qui appelle d'un Décret de prise de corps, & qui ne s'est pas présenté devant le premier Juge, se range en Prison devant le Juge d'appel, à moins que ce Juge d'appel ne l'ordonne ainsi ; (Arg. tiré du présent article *in fine*) ce qui est néamoins contraire à la disposition de l'Ordonnance de Roussillon du mois de Janvier 1563, article 18, qui porte que les Appellans de prise de corps sur informations faites par Juges Royaux, ne seront reçûs Appellans, sinon après qu'ils se seront rendus actuellement Prisonniers ès Prisons des Juges qui auront décreté, ou du Juge d'appel.

2. *A présenter leur Requête.*) Soit pour former quelque exception, reproche, récrimination, ou inscription de faux incidente, récusation, allégation de faits justificatifs, &c.

3. *Qu'ils ne se soient mis en état.* Il en seroit autrement, si l'Accusé étoit

374 *Des Sentences, Jugemens*
Appellant du Décret, comme rendu par un Juge incompétent ; car alors il n'est pas tenu de se mettre en état, à moins que le Juge Supérieur ne l'ordonne ; ce qui a pareillement lieu dans le cas où le Procureur Général du Tribunal Supérieur appelleroit d'office de la Sentence de Contumace, sur le motif de l'incompétence du Juge. Cela n'est nullement contraire à la disposition du présent article.

4. *Ils pourront néanmoins proposer leur exoine.*) Mais si cette Exoine est déclarée valable, elle n'aura d'autre effet que de faire accorder un délai à l'Accusé, pour se mettre en état & pouvoir purger sa Contumace.

ARTICLE V.

1) *Encore qu'il n'y ait point d'information.*) C'est-à-dire, encore qu'il n'y ait point de Témoins entendus, récolés & confrontés. Mais s'il y a des Témoins du corps de délit, il est convenable que le Juge les entende en déposition, quand même cet Accusé avoueroit d'ailleurs. (Voyez la note 1. sur l'art. 1. du titre 15 ci-dessus, pag. 243.)

2. *Preuve suffisante pour les Interrogatoires.*) Parce que de toutes les preuves qu'on peut avoir en matiere Criminelle, la confession de l'Accusé est la plus forte & la plus certaine; & par conséquent cette preuve est suffisante, lorsque le crime ou corps de délit est d'ailleurs constant & bien vérifié. C'est ainsi que le pensent Bartole & Paul de Castro sur l'Autentique, *Sed novo jure C. de servis fugitivis*; & c'est aussi la disposition précise de la Loi 16. *C. de pœnis*, & de la L. 10. *C. de Episcopis & Clericis*. Ita etiam Paulus libro 5. Sent. tit. 10. §. 13. Papon en son Recueil d'Arrêts liv. 24. tit. 8. n. 2. est aussi de ce sentiment, & il ajoute que cela a été ainsi jugé par plusieurs Arrêts.

Ajoutez à ces autorités celle de Julius Clarus l'un des plus sçavans & des plus éclairés de tous les Criminalistes, en la quest. 65. liv. 5. §. *Finali sententiarum*, où il avance comme une maxime certaine, que c'est un usage observé universellement, *& hanc practicam totus mundus servat*, ce sont ses propres termes. Cet Auteur fait là-dessus une distinction fort judicieuse entre la confession faite au milieu de tourmens, soit dans la question, soit au sortir promptement & du [...] moment [...] l'Accusé. Dans le premier cas que la confession du crime ne [...] ve contre l'Accusé que lorsqu'[...] tiñe ensuite dans le tems qu'il [...] plus dans les tourmens, [...] quoi l'article 71 du[...]Ordonnance semble être conforme [...] ce qu'il exige que l'Accusé ayant été tiré de la question, soit interrogé de nouveau sur les faits [...] confessés ou déniés. Mais dans le second cas où l'Accusé a confessé soûtenirement, & librement [...] me, cet Auteur établit comme [...] maxime constante, qu'une seule unique confession de cette nature fait une preuve complette contre l'Accusé, & que c'est le sentiment [...] de tous les Auteurs.

En effet quelque certaine que soit la preuve testimoniale, quand elle est composée de plusieurs [...] moins, on peut dire avec raison que cette preuve est imparfaite & sujette à erreur, puisque ce n'est qu'une certitude physique, qui souvent, en [...] équivoque par elle-même, indépendante ment des motifs de vengeance ou de haine qui peuvent animer les Témoins; au lieu que celle qui naît de l'aveu & de la science de l'Accusé, est incontestable, étant fondée sur l'évidence même, qui est de toutes les certitudes la plus parfaite & la plus infaillible.

Il faut cependant distinguer à ce sujet avec Julius Clarus. (*Ibid.* ques. 55.) deux cas, 1°. Celui où le crime avoué par l'Accusé est du nombre de ceux que la volonté seule peut commettre, comme l'hérésie dans les sentimens non manifestée à l'extérieur, &c. 2°. Le cas où le délit est accompagné d'un fait. Dans le premier de ces deux cas le corps de délit ne pouvant être prouvé, la confession de l'Accusé ne peut suffire pour le faire condamner. Mais dans le second cas où le délit est accompagné d'un fait, alors s'il y a une plainte au sujet de ce crime de la part d'une Partie civile, ou de la Partie publique jointe à la déclaration de l'Accusé, & que la vérité du fait ou corps de délit ait été constatée par le moyen d'une visite ou d'un Procès-verbal, ou par la déposition de Témoins, cela doit suffire pour prononcer une condamnation contre cet Accusé; & c'est ainsi que Julius Clarus dit qu'on l'observe dans l'usage. Si cependant il n'y avoit ni plainte, ni information, ou qu'il n'y eût aucun corps de délit constant, une pareille confession ne pourroit suffire pour operer une condamnation contre celui qui s'avoueroit coupable d'un tel crime.

La Coutume de Bretagne, article 172. porte une disposition conforme à ce sentiment & à la distinction qui vient d'être établie. Il est dit dans cet article: » Que confession faite en ju-
» gement fait entiere preuve, excepté
» en cas de crime, au quel cas ne doit
» nuire la confession à celui qui con-
» fesse, s'il n'est accusé par un autre,
» & qu'autrement il apparoisse du dé-
» lit. « D'où il suit, que quand le corps de délit est constant, la confession de l'Accusé est une preuve suffisante. C'est ainsi que le pense d'Argentré sur cet article, n. 4. & c'est aussi le sentiment de Louet, lettre C. Sommaire 34. Brodeau à la vérité dans ses notes sur ce Sommaire est d'une opinion contraire; mais les autorités qu'il cite ne prouvent point du tout son sentiment.

Quant à la maxime assez généralement reçue, que *non auditur perire volens*, elle ne recevoit en droit son application, à proprement parler, que dans le cas où celui qui étoit condamné à mort ne vouloit pas appeller, quoiqu'il en eût la faculté. (V. la Loi 6. ff. *de appellationibus*, & Godefroi sur cette Loi.)

L'aveu fait dans les tourmens ne faisoit pas chez les Romains une preuve suffisante, non plus que parmi nous, quand il n'y avoit point d'ailleurs d'autre preuve, parce qu'il peut arriver dans ces cas que des Accusés par le désespoir, ou par la crainte ou la violence des tourmens, s'avouent coupables de crimes qu'ils n'ont pas commis; & c'est le cas de la Loi 1. §. 17 & §. 27. ff. *de quæstionibus*.

Mais lorsque l'Accusé avoue librement son crime sans aucune violence & dans un état tranquille, une pareille confession est la plus complette des preuves qu'on peut désirer. En effet, on ne présumera jamais sans renverser toutes les Loix de la nature, qu'un homme veuille de sang froid s'accuser d'un crime dont il n'est point l'auteur, de même qu'on ne présu-

fiera pas que deux […]
accusent un autre, veuillent […]
de propos délibéré […]
bien moins naturel à présumer […]
le premier de ces deux cas, […]
le second, puisque notre pro[pre]
nous est infiniment plus cher que […]
ne l'est aux autres; & c'est à qu[oi se]
roit conforme la disposition du présent article.

3. *Et par les autres présomptions &
circonstances du Procès.*] […]
celles tirées des Procès-verbaux d[es]
Juges qui constatent, par exemple,
qu'on a trouvé sur le lieu le cha[peau]
ou l'épée de l'Accusé, ou quelqu'autre effet à lui appartenant, ou autres
présomptions semblables.

ARTICLE VI.

1. *Que des condamnations pécuniaires.*] Voyez ci-dessus titre […]
article 7. pag. 197.

Mais si la Sentence, outre la condamnation pécuniaire, porte quel[que]
réparation ou interdiction, blâme [ou]
bannissement, alors l'appel ne suspend que la peine & non la con[dam-]
nation pécuniaire, si elle n'excède […]

la somme portée en cet article; ce qui résulte de l'article suivant où il est dit, que l'amende payée par provision ne portera aucune note d'infamie: car l'amende en matiere Criminelle ne se prononce jamais sans être jointe à quelqu'autre peine. (V. la note 1. sur l'article suivant.)

2. *Si outre les dépens.*) Mais quand il y a appel de la Sentence, le payement des dépens ne se fait pas par provision. Il en étoit autrement par l'ancien droit du Royaume ; par l'Edit de Saint Maur du mois de Novembre 1566, ces Sentences étoient exécutoires par provision, tant en principal que dépens, sans autre caution que la juratoire.

Article VII.

1. *L'amende.*) Dans toutes les condamnations à peines corporelles, afflictives, ou infamantes, on adjuge toujours quelqu'amende au profit du Roi, ou des Appanagistes, Engagistes, & Seigneurs dans la Justice desquels se fait l'instruction du Procès criminel. Cette amende est pour les indemniser des frais du Procès,

& tient lieu de dépens. (Voyez la note sur l'article 8. du titre 3. p. 118.)

2. *Ne portera aucune note d'infamie.*) Il ne faut pas conclure de cet article, qu'en matiere Criminelle l'amende puisse être infligée seule sans la jonction de quelque autre peine; mais ce qui fait que cet article ne parle que de l'amende seule, c'est que comme il ne s'agit dans l'article précédent que de condamnations qui s'exécutent par provision, on auroit pû penser que l'appel des condamnations d'amende qui sont dans le cas de cet article, n'en suspendant pas l'effet, l'infamie portée par cette condamnation subsistoit pendant l'appel; & c'est pour prévenir cette difficulté, que l'Ordonnance ajoute que cette amende ainsi payée par provision ne portera aucune note d'infamie, si elle n'est confirmée par Arrêt.

Au reste, il faut faire attention qu'il ne s'agit ici que d'amendes prononcées sur une information en matiere Criminelle faite *ex delicto infamante* ; car les autres amendes, quoique rendues sur des Procès Criminels, v. g. pour contraventions en matieres d'Eaux & Forêts ou de Fermes du Roi, même confirmées par Arrêt à la Tournelle ou dans une autre Cour, ne sont point infamantes.

3. *Si elle n'est confirmée par Arrêt.*) L'amende est aussi infamante, quand elle est prononcée par un Jugement Criminel rendu en dernier ressort, quoiqu'en premiere Instance, soit Présidialement ou Prévôtalement, &c. Il en est de même si elle est prononcée par un Jugement, quoique non rendu en dernier ressort, lorsque l'Accusé y acquiesce, comme dans le cas du blâme ou du bannissement à tems.

ARTICLE VIII.

1. *Aucunes défenses.*) Voyez ci-dessus titre 12. article 8. pag. 198. & *infrà* titre 26. article 4. p. 407.

ARTICLE IX.

1. *Ne pourra être jugé.*) Mais il peut être rapporté & visité, & même les Accusés pourront être interrogés de relevée; l'Ordonnance défend seulement de les juger de relevée, & cela afin que les Juges soient en état de donner

toute l'attention nécessaire dans leur opinion.

On peut même juger un Procès criminel l'après-dîner, lorsqu'on a commencé le matin, & que cela se fait en continuant & sans désemparer la chambre.

2. *Du bannissement à tems.*) L'Ordonnance ne parle point des autres peines, comme de la Question, du Fouet, du Carcan, & de l'amende honorable ; mais la défense portée en cet article doit avoir lieu à plus forte raison pour ces sortes de peines, puisque dans l'ordre des peines ces dernieres sont plus rigoureuses que le bannissement à tems. (Voyez infrà article 13. avec les notes. p. 389.)

ARTICLE X.

1. *Ausquels il y a des conclusions à peine afflictive.*) En crime de Duel il faut cinq Juges, du moins quand le Procès se Juge dans un Présidial, ou par un Prevôt des Maréchaux. (Voyez la Déclaration du 5 Février 1731. article 28.)

Il suit des termes de cet article que les Jugemens de récolement &

de confrontation dans les Procès criminels qui se jugent à la charge de l'appel, n'ont pas besoin d'être jugés & signés par trois Juges, lorsqu'il n'y a point de conclusions à peine afflictive, comme en effet il n'y en a presque jamais en pareil cas, quand il ne s'agit que de passer au Réglement à l'extraordinaire. Néanmoins dans les Jurisdictions où il y a plusieurs Juges, ces sortes de Jugemens doivent être rendus à la Chambre, & signés de tous les Juges qui y ont assisté. (Voyez infrà art. 14.)

Voyez au reste pour l'explication de ces mots, *à peine afflictive*, l'article 19. du titre 10 ci-dessus, p. 176.

2. *Si tant il y en a dans le Siege.*) Les Procureurs du Roi ou Fiscaux ne peuvent faire aucunes fonctions de Juges en cas d'absence, ou récusation des Juges ordinaires dans les matieres sujettes à communication, & principalement dans les matieres criminelles, & dans ces cas la fonction en est dévolue à l'ancien Gradué du Siege. Arrêts des 31 Mars & 2 Octobre 1711. 21 Juin & 23 Juillet 1712.)

3. *Ou Gradués.*) Ajoutez, & maîtres.

R

386 *Des Sentences, Jugemens*

L'Ordonnance des Gabelles du mois de Mai 1680. porte, que dans les Sentences qui prononcent des condamnations à peine afflictive, il pourra en cas d'absence des Officiers être pris des Gradués ou anciens Praticiens.

Le Praticien qui représente un Juge, doit être résident dans le lieu de la Jurisdiction. (Ainsi jugé par Arrêt du 12 Septembre 1711.)

Article XI.

1. *Par sept Juges au moins.*) Même les Jugemens de récolement & de confrontation. (Voyez *suprà* titre 2. article 24. p. 105.)

Au Châtelet de Paris il faut avoir été Juge deux ans pour pouvoir opiner au Criminel en dernier ressort. (Edit de Janvier 1685. article 17.)

2. *Pour cause jugée légitime par le Siege.*) Conformément à ce qui est marqué par l'article 18. du titre 24. de l'Ordonnance de 1667.

Article XII.

1. *Les Jugemens.*) Non ceux

compétence, qui ne font point des Jugemens criminels, mais des Jugemens purement civils; (ainfi qu'il a été obfervé ci-deffus titre 1. art. 17. note 3. p. 80.) ainfi dans ces fortes de Jugemens il fuffit que l'avis, même pour déclarer l'Accufé compétent, paffe d'une voix, & c'eft ainfi qu'on l'obferve dans l'ufage.

2. *A l'avis le plus doux.*) Lorfqu'en jugeant le fond quelques-uns des Juges font d'avis d'infliger une peine, v. g. du Blâme ou des Galeres, & que les autres font d'avis d'un plus amplement informé preuves tenantes, & que le crime eft de nature à mériter une peine plus févere que le Blâme ou les Galeres, alors l'avis qui doit être confidéré comme le plus doux, eft celui des Juges qui font d'avis de condamner dès-à-préfent; mais fi les Juges qui font de l'avis du plus amplement informé font de cette opinion, non parce qu'ils trouvent que ce crime mérite une plus grande peine, mais feulement parce qu'ils ne trouvent point de preuve, alors l'avis du plus amplement informé doit être regardé comme le plus doux.

Il faut obferver la même regle

lorsqu'il s'agit de passer au Réglement à l'extraordinaire, si quelques-uns des Juges sont d'avis de condamner l'Accusé à une aumône ou admonition, & que les autres soient d'avis de passer au récolement & à la confrontation, parce qu'ils regardent l'affaire comme étant de nature à mériter une peine afflictive ou infamante.

Lorsqu'en opinant il y a trois ou plusieurs opinions différentes, les Juges doivent nécessairement revenir à deux. (Ordonnance de 1510. article 32. Ordonnance de 1535. chap. 1. article 87. Edit de Février 1705. rendu pour le Présidial d'Ipres, article 27.)

Au reste en comptant les opinions, il faut le faire suivant la disposition de l'Arrêt du Conseil du 31 Juin 1679. qui porte, que dans les Compagnies supérieures ou inférieures, les avis des Officiers titulaires, honoraires, ou vétérans qui se trouvent parens ou alliés aux dégrés, sçavoir de pere à fils, de frere, d'oncle & neveu, de beau-pere & gendre, & de beau-frere, ne seront comptés que pour un, quand ils se trouveront conformes.

Article XIII.

1. *De la question avec réserve de preuves.*) Voyez la différence de cette question avec *celle sans réserve de preuves* ci-dessus titre 19. article 2. note 1. pag. 331.

2. *De la question sans réserve de preuves.*) Cette peine est regardée comme plus severe que celle des Galeres à tems, & avec raison, parce qu'elle peut avoir trait à la mort dans le cas où l'Accusé avoueroit à la question.

3. *Des Galeres perpétuelles. Des Galeres à tems.*) La peine d'être enfermée dans une Maison de Force à l'égard des Femmes, équivaut à celle des Galeres. (Voyez ce qui a été dit à ce sujet sur l'article 19 du titre 10. note 1. p. 176) Ainsi cette peine doit être mise dans la même classe que celle des Galeres.

4. *Du Fouet, de l'amende honorable & du bannissement.*) Le Carcan & le Pilori qui peut lui être comparé, ne sont pas mis ici dans l'ordre des peines; mais sans doute que c'est par oubli, cette peine étant plus

grande que celle du bannissement à tems. Car le Carcan est une peine corporelle ; (*Infrà* titre 26. artic. 6. note 1. p. 412.) au lieu que le bannissement à tems n'est qu'une peine afflictive, (ci-dessus titre 10. article 19. note 1. p. 176.) La Déclaration du Roi du 1 Juillet 1747 compare la peine du Carcan & du Pilori à celle de la Flétrissure.

Après le bannissement à tems, c'est le blâme, & ensuite l'admonition, qui est la moindre des peines publiques non pécuniaires.

La Prison est aussi prononcée par forme de peine en certains cas ; les réglemens sur le point d'honneur en ont des dispositions. (Voyez le Réglement de Messieurs les Maréchaux de France du 22 Août 1653, articles 8. 9 & 10. & l'Edit du mois de Décembre 1704, art. 2. 3 & 4.)

Article XIV.

1. *Tous Jugemens.*) Soit diffinitifs ou d'instruction.

2. *Seront signés par tous les Juges.*) A l'égard des *Retentums*, l'usage est qu'ils ne sont signés que du Président

& du Rapporteur, du moins c'est ainsi que nous l'observons à Orleans. Il est plus régulier néanmoins qu'ils soient signés de tous les Juges. On ne lit point ces *Retentums* au Condamné.

Les Jugemens doivent aussi contenir la cause de la condamnation; mais dans les Jugemens en dernier ressort on met quelquefois simplement *pour les cas résultans du Procès*.

Il faut aussi observer que c'est un abus de signer des Sentences dont le vû est en blanc. (Arrêt des grands jours de Poitiers du 15 Janvier 1689 art. 28.)

ARTICLE XV.

1. *Pour ce qui regarde la peine.*) Non à l'égard des saisies qui se font en exécution des Jugemens criminels, parce que la saisie est une exécution civile, quoiqu'elle soit la suite d'une condamnation criminelle. (Voyez le Procès-verbal de l'Ordonnance de 1670, page 250.)

Article XVI.

1. *Pour les frais nécessaires à l'instruction.*) Voyez ci-dessus titre 1 article 6, avec les notes, p. 25. Et *infrà* tit. 26. art. 14 & 16.

Article XVII.

1. *En décernieront d'autres.*) Mais ces Exécutoires doivent être visés par les Intendans & Commissaires départis dans les Provinces. (Arrêt du Conseil du 26. Octobre 1683.)

La Déclaration du 12 Juillet 1687 excepte de cette régle les Exécutoires pour frais d'instruction, conduite ou translation des Prisonniers, & autres dépenses urgentes & nécessaires, & dont le défaut de payement suspendroit le cours de la Justice & la punition des Criminels, lesquels doivent être payés sur le champ, & sans attendre qu'ils ayent été visés, à la charge par les Fermiers des Domaines de les faire viser dans l'espace de trois mois, après qu'ils en auront fait le payement.

Article XIX.

1. *Peine afflictive.*) Voyez l'explication de ces mots titre 10. article 19. note 1. p. 176. Il semble qu'il faudroit ajouter ici *ou infamante*, comme il étoit porté au projet de cet article. (Voyez le Procès-verbal de l'Ordonnance de 1670, pag. 352.)

Le vol simple devant être puni de la peine du Fouet, suivant l'article 3 de la Déclaration du 4 Mars 1724, & le Fouet étant non-seulement une peine afflictive, mais même corporelle, ainsi qu'il est observé ci-après sur l'article 6 du titre 26. Il s'ensuit que ce crime doit être poursuivi à la requête des Procureurs du Roi, ou des Seigneurs, nonobstant toutes Transactions faites par les Parties.

Il y a plusieurs autres cas pour lesquels les Procureurs du Roi ou ceux des Seigneurs doivent informer d'office, quoique pour crimes privés. Tels sont l'incendie volontaire, le faux, les banqueroutes frauduleuses, le rapt de séduction, les libelles diffamatoires, blessures considérables, impéritie grossière, &c.

ARTICLE XX.

1. *Soit exécuté en matiere Criminelle.*) C'est-à-dire, que tous ceux qui succombent même aux renvois déclinatoires, évocations, ou réglemens de Juges, doivent être condamnés aux dépens, tant en matiere Criminelle que Civile, & que la taxe s'en doit faire de la même maniere. (Voyez *suprà* tit. 2. art. 27. p. 106.)

Mais cela ne doit s'entendre que quand il y a Partie civile; car quand il n'y a point de Partie civile, & que les Procès sont poursuivis seulement à la requête des Procureurs du Roi ou Fiscaux, il n'y a jamais de condamnation de dépens contre l'Accusé: l'amende en tient lieu. (Voyez ce qui a été dit ci-dessus tit. 3. article 8. aux notes. p. 118.)

Il faut aussi observer, qu'il est défendu aux Cours & Juges de faire application d'aucunes amendes à des réparations, pain des Prisonniers, nécessités du Palais, ou sous quelque autre prétexte que ce soit, mais que ces amendes doivent appartenir entierement au Roi. (Déclaration du

21 Mars 1671.) Cette Déclaration permet seulement de condamner les Accusés en quelques aumônes applicables en œuvres pies dans les cas de sacrilege, & ajoute que cette condamnation d'œuvres pies fera partie de la réparation.

Une autre Déclaration du 21 Janvier 1685 ordonne l'exécution de la Déclaration précédente, & fait défenses aux Cours & Juges Royaux qui jugent en dernier ressort, en condamnant les Accusés en des amendes envers le Roi, de prononcer contre eux aucunes condamnations d'aumônes pour employer en œuvres pies, si ce n'est dans le cas où il aura été commis sacrilege, & où ladite condamnation pour œuvres pies fera partie de la réparation ; que néanmoins lesdites Cours & Juges (attendu qu'il n'échet pas d'amende contre les porteurs de Lettres de rémission, ou en autres cas où il n'échet pas non plus d'amende envers le Roi) pourront condamner, s'il y échet, selon qu'ils l'estimeront en leurs consciences, lesdits porteurs de Lettres de rémission ou Accusés en des aumônes, lesquelles (quant aux porteurs de rémission)

seront in[...]
des Prisonniers, [...]
aumônes, esquelles les Ac[cusés se-]
ront être condamnés, soit p[our cas]
legers, soit pour les autres [cas où]
il n'échet point d'amende, [lesquelles]
dites aumônes ne pourront [être ap-]
pliquées à autres usages qu'au [profit]
des Prisonniers, ainsi qu'il [est accou-]
tumé, ou au profit des Hôtels [Dieu,]
Hôpitaux Généraux des Lieux, [Re-]
ligieux & Religieuses Mendians, [&]
autres Lieux pitoyables, à p[eine de]
désobéissance.

Article XXII.

1. Les Jugemens seront exécuté[s...]
À moins qu'il n'y en ait appel, & [mê-]
me quand il y en auroit appel [de]
l'Accusé, si le Jugement a été [rendu]
par Contumace, il doit aussi être [exé-]
cuté le même jour. Il en seroit [au-]
trement si cet appel étoit in[terjetté]
par la Partie publique. [Voyez ci-]
près tit. 17. art. 17. annoté n[...]

2. Le même jour.] Aucun [ne]
la [sic] peut faire, parce qu'il [...]
quelquefois par des déclara[tions sur-]
venues en de la part des Conda[mnés]

més, & de la Procédure qui doit se faire avec eux, qu'on est obligé de différer jusqu'au lendemain ; mais aussitôt que l'instruction est faite, il faut procéder à l'exécution du Jugement, quand même cette exécution tomberoit un jour de Fête, & même le jour de Pâques : il y en a des exemples récens. Ce qui est conforme à la Loi 10 *C. de Feriis.*

Voyez encore une exception à cet article *infrà* art. 23. pag. 422.

3. *Qu'ils auront été prononcés.*) Les Sentences portant condamnation à peine corporelle ou afflictive, doivent être prononcées aux Accusés avant que d'être mises à exécution. (Ordonnance du mois de Mars 1498 article 116. Ordonnance de 1535, chap. 13. art. 44.) Cette prononciation se fait par le Greffier en présence du Juge ou du Rapporteur. L'usage est de faire mettre l'Accusé à genoux pour entendre la lecture de sa Sentence ou Jugement, lorsqu'il contient des peines de cette espéce.

Il faut aussi quand la Sentence condamne au bannissement, faire lecture à l'Accusé, sçavoir, aux hommes de la Déclaration du 31 Mai 1682, &

aux femmes de celle du 29 Avril 1687. (Arrêt du 12 Mars 1685 qui l'enjoint aux Juges du ressort de la Cour.)

Lorsque l'exécution de la Sentence est suspendue par un appel de droit, comme dans le cas de l'article 6 du titre 26, ou que sur un appel il est intervenu une condamnation du nombre de celles portées en ce même article 6 du titre 26, le Jugement de condamnation doit être tenu secret, jusqu'à ce que le Criminel ait été transféré dans le lieu auquel l'exécution aura été renvoyée, & il ne lui doit être prononcé que le jour même de l'exécution.

Au reste cette obligation d'exécuter les Jugemens le jour même qu'ils ont été prononcés, ne regarde point les Cours. (C'est ainsi que s'en explique M. Pussort sur cet article. Voyez le Procès-verbal de l'Ordonnance de 1670. page 256.)

Le Juge doit être présent à l'exécution ou du moins proche. A Paris l'usage est, que le Lieutenant-Criminel y assiste en robe, lorsqu'on exécute ses Jugemens; & si c'est un Arrêt, le Conseiller-Rapporteur va à

& Arrêts. T I T. XXV. 399
l'Hôtel-de-Ville vis-à-vis le lieu où
se fait l'exécution.

On doit aussi lire & prononcer le
Jugement au lieu même du supplice,
où le Juge doit aussi avoir soin de
faire trouver un certain nombre de
gens armés pour assister à l'exécution,
& après l'exécution faite, le Greffier
en doit dresser Procès-verbal.

S'il arrivoit qu'un Condamné à
mort mourût dans la Prison depuis
son Jugement, & avant que ce Jugement soit exécuté, ou que cet Accusé se défît lui-même, il en doit être
dressé Procès-verbal par le Juge ; &
s'il se trouve que l'Accusé soit lui-
même l'auteur de sa mort, le Procès-
verbal sera rapporté à la Chambre
après avoir été communiqué au Procureur du Roi, pour être ordonné sur
ce rapport ce qu'il appartiendra.

Si la mort du Condamné arrivoit
en chemin, en allant au lieu de l'exécution, soit naturellement ou de sai-
sissement & de frayeur, il ne faudra
pas passer outre, & il suffira que le
Juge ou Rapporteur dresse Procès-
verbal de la maniere dont le cas sera
arrivé : ensuite il fera ramener le corps
dans la basse Geole de la Prison, jus-

que ce qu'il seroit permis au Juge com-
petent pour voir à ce qu'il soit jugé
qu'il fût tombé en leur disposition, afin de le faire exécuter
en la manière accoutumée, … réfé-
rence au surplus demeurant … …
pour la confiscation & l'amende …

La même chose doit être observée
si un Condamné à mort vient à mourir après la prononciation de la Sentence de condamnation à la question préalable.

Si le Condamné a quelque déclaration à faire, elle doit être reçue par
le Juge, ou par le Rapporteur assisté
du Greffier. Lorsque le Condamné fait
cette déclaration avant que d'aller
au lieu du supplice, le Rapporteur
doit en dresser Procès-verbal & la
faire signer au Condamné, lequel
fera à cet effet délié les mains, s'il
est besoin.

Mais si le Condamné a quelques
déclarations à faire au lieu de l'exécution ou par le chemin, autres que
celles qui tendroient à nommer ses
Complices, le Greffier les recevra
sans les faire signer, soit du Patient,
ni au Rapporteur, c'est à tout …
du Procès-verbal d'exécution …

met au pied de la Sentence, & qui est signé du Greffier seul.

Lorsqu'on arrête quelques personnes en vertu de ces déclarations, il faut les confronter au Condamné, autant qu'il est possible; (Voyez ce qui est dit *suprà* titre 19. article 4. p. 336.) & alors le Juge ou le Rapporteur doit faire amener le Condamné dans un endroit particulier proche le lieu du supplice, afin de pouvoir dresser son Procès-verbal, & faire cette instruction en particulier.

Article XXII.

1. *Les Juges.*) C'est-à-dire, les Juges qui ont prononcé la condamnation.

Il y a plusieurs exemples de pareilles condamnations, qui prononcent de plus grandes peines contre des Accusés condamnés en des amendes honorables pour avoir refusé d'obéir à Justice. (Voyez les Arrêts de Papon liv. 19. titre 8. aux Additions, n. 1. Bardet tom. 2. liv. 1. chap. 28. Voyez aussi un Arrêt du Parlement de Provence du 15 Mai 1669. rapporté par Boniface tom. 2. partie 3.

liv. 1. titre 2. chap. 34. & un autre Arrêt du Parlement de Paris du 31 Juillet 1714.)

ARTICLE XXIII.

1. *Condamnée à mort.*) Ou à la question. (Voyez ci-dessus titre 19. article 10. aux notes, p. 341.) quelquefois même on diffère pour le fouet, (Jul. Clar. *in supplementis quæst.* 64. n. 83.) surtout quand la grossesse est avancée. Je l'ai vû ainsi observer.

2. *Jusqu'après son accouchement.*) Et même quelques jours après l'accouchement, jusqu'à ce qu'elle soit en santé. (Voyez ce qui a été dit à ce sujet, titre 19. art. 10. sur la fin de la note, pag. 343.)

ARTICLE XXIV.

1. *Sera offert aux Condamnés.*) Mais jamais on ne leur donne la Communion.

Les corps des Condamnés à mort doivent être exposés sur les grands chemins pour l'exemple, à moins que les Juges, pour de justes considérations, ne leur accordent la sépulture

TITRE XXVI.

Des Appellations.

ARTICLE PREMIER.

1. *Directement portées en nos Cours.*) Excepté dans le Duché de Bar, où ces sortes d'appels se portent d'abord au Bailliage de ce Duché, en conséquence des anciens Traités faits avec les Ducs de Lorraine.

2. *Pour crimes qui méritent peine afflictive.*) Voyez l'explication de ces mots ci-dessus, titre 10. article 19. aux notes, pag. 176.

Comme il n'est pas aisé souvent de déterminer, avant toute l'information achevée, si un crime mérite peine afflictive ou non, il semble qu'il eût été plus simple de mettre *dans toutes les accusations où les Procureurs du Roi ou Fiscaux sont Parties.*

3. *Et pour les autres crimes à nos Cours.*) C'est-à-dire, pour tous les au-

tres cas où l'on n'est pourvû par voie
criminelle, encore qu'il s'agisse
de délits très-legers. Quand l'appel
d'une Sentence dont la condamnation
n'est que pécuniaire, & où il est prononcé aucune peine afflictive, ba-
nissement, amende honorable, ni autre peine plus sévere, est appellé, il est
porté aux Chambres des Enquêtes,
& les Procès se distribuent comme
Procès civils. (*Infrà article*)

4. *Où à nos Baillis & Sénéchaux*.
Et jamais aux Juridictions Seigneuriales ou Prévôtés Royales, quoi-
même les appellations des autres
Justices où le Procès auroit été in-
ressortiroient devant elles. (Ainsi
par Arrêt du 10 Septembre
contre le Juge de la Baronnie d'Anc-
Malenne, & par un autre du
vembre 1712 contre les Juges du
ché de Nevers.)

5. *Au choix des Accusés*,
des Plaignans qui, sur l'appel qu'
peuvent interjetter de ces sortes
Sentences, doivent nécessairement
pourvoir aux Bailliages & Sénécha
sés.

Article II.

1. *A l'Audience.*) Les appellations de Sentences définitives rendues au Criminel, où le Procureur du Roi ou Fiscal n'est point Partie, & qui n'ont point été suivies de récolement & confrontation, se portent aussi à l'Audience des Cours. (Argument tiré de l'article 5 ci-après., p. 411.)

Il n'est pas permis aux premiers Juges de prendre des épices pour les Jugemens définitifs de ces sortes de Procès où il n'y a ni récolement, ni confrontation, & ces Procès doivent être jugés simplement à l'Audience ou sur Délibéré. (Il y en a un grand nombre d'Arrêts, & entr'autres un de la Tourelle du 12 Avril 1709. rapporté au Journal des Audiences tom. 5. qui fait défenses d'en prendre en pareil cas. Autres du 8 Mai 1711. & 28 Mai 1717. rapportés aussi au Journal des Audiences tom. 6.)

Il en est de même des Procureurs du Roi pour leurs Conclusions. (Arrêt du 2 Juillet 1710. qui fait défenses au Lieutenant-Criminel & au Procureur du Roi de S. Pierre-le-

Moutier de plus à l'avenir prendre d'épices dans les Procès criminels, quand il n'y a point de Réglement à l'extraordinaire, & qui les condamne à restituer celles qu'ils avoient prises dans une affaire de cette espece.)

Voyez néanmoins l'Edit de Mars 1673. article 10. qui semble permettre aux Juges de prendre des épices dans ce cas.

Les appellations des Décrets se relevent par Lettres prises en Chancellerie, tout ainsi qu'en matiere civile, & l'Appellant doit cotter le nom du Procureur qui occupera pour lui, suivant l'article 16. du titre 2 de l'Ordonnance de 1667.

Quoique l'appel soit d'un Décret de prise de corps, néanmoins l'Accusé pour le faire juger n'est pas obligé de se rendre dans les Prisons du Juge qui a décrété, ou du Juge d'appel. (Voyez *suprà* titre 25. article 4. note 1. pag. 372.)

Article III.

1. *Aucune appellation.*) Même comme de Juge incompétent ou récusé. (Voyez ci-dessus titre 10. article 12. pag. 169.)

ARTICLE IV.

1. *Ne pourront nos Cours.*) Ces défenses se donnent aussi dans les Bailliages & Sénéchaussées, mais seulement dans les accusations où il n'échet peine afflictive. C'est une suite de la disposition portée en l'article 1. de ce titre. Voyez aussi le Réglement de la Cour du 10 Juillet 1665, article 8, qui en a une disposition précise.

2. *Aucunes défenses.*) Voyez ci-dessus titre 12 article 8, p. 198. & titre 25. article 8. p. 383.

3. *Sans avoir vû les charges & informations.*) La Déclaration du mois de Décembre 1680 explique cet article : » Elle porte, que les Cours » ne pourront à l'avenir donner au- » cuns Arrêts de défenses d'exécuter » les Décrets d'ajournement person- » nel, qu'après avoir vû les infor- » mations, lorsque ces Décrets au- » ront été décernés par les Juges Ec- » clésiastiques (ce qui depuis a été confirmé par l'article 40 de l'Edit du mois d'Avril 1695) » & par les Ju- » ges ordinaires Royaux, & des Sei-

» gneurs pour […]
» d'Officiers […]
» Charges, ou les […]
» tes Accusés, […]
» aura un Décret de p[…]
» té que les Accusés […]
» ront ainfi des défenfes, […]
» d'attacher à leur Requête […]
» du Décret qui leur aura […]
» né. Que tous Juges Royaux […]
» Seigneurs feront tenus […]
» à l'avenir dans les ajournemens […]
» fonnels qu'ils décerneront […]
» de l'accufation pour la[…]
» décerneront, à peine d'[…]
» de leurs Charges, de […]
» Requêtes tendantes ainfi à fin […]
» défenses d'exécuter les D[…]
» journement perfonnel, [com-]
» muniquées au Procureur G[énéral]
» qu'à l'égard de ceux qui a[uront]
» décretés d'ajournement p[…]
» pour d'autres cas que ceux […]
» exprimés dans la préfente D[écla-]
» ration, les Cours pourront r[endre]
» des Arrêts de défenfes, […]
» par le titre de l'accufation […]
» paroîtra convenable au b[ien de la]
» Juftice. »

Comme l'Aca[démie ne peut …]

TIT. XXVII.

copie des Charges, & Informations pour obtenir les défenses qu'il demande, à cause de l'article 15 du titre 6 ci-dessus, les Juges sur la Requête de cet Accusé, & en le recevant Appellant du Décret, ordonnent, avant faire droit, que copie des Charges & Informations sera apportée à leur Greffe, à quoi le Greffier du Juge dont est appel sera contraint, à peine de, &c.

L'effet des défenses est,

1°. D'ôter au Juge dont est appel le pouvoir de suivre l'instruction, en sorte que tout ce qu'il feroit depuis ces défenses signifiées seroit nul.

2°. Mais quand il s'agit de l'appel d'un Décret qui emporte interdiction contre un Officier, ce n'est pas assez qu'il obtienne un Arrêt, qui en le recevant Appellant, fasse défenses de mettre le Décret à exécution, pour pouvoir rentrer dans ses fonctions; il faut encore que l'Arrêt porte mainlevée de l'interdiction, ou renvoye cet Officier dans les fonctions de sa Charge, autrement il demeure toujours interdit.

3°. Les Ecclésiastiques qui ont

Des Appellations.

obtenu des défenses contre un Décret de prise de corps rendu par un Juge d'Eglise, ne peuvent faire aucunes fonctions de leurs Bénéfices & Ministere, en conséquence des Arrêts de défenses qu'ils ont obtenus, jusqu'à ce que l'appellation ait été jugée définitivement, ou jusqu'à ce que par les Archevêques, Evêques ou leurs Officiaux il en ait été autrement ordonné. (*Edit du mois d'Avril 1695, art. 40.*)

La disposition portée par cet article 40 a aussi lieu à l'égard des Décrets d'ajournement personnel, avec interdiction jointe, émanés des Juges d'Eglise, dont l'interdiction n'a point levée par les Arrêts de défenses qui ont obtenus contre ces Décrets, jusqu'à ce que l'appellation ait été jugée définitivement.

L'article 41 du même Edit du mois d'Avril 1695, porte que lorsque les Cours, après avoir vû les Charges & Informations faites contre des Ecclésiastiques, estimeront qu'ils soient abſous à *Cautele*, elles les renverront aux Archevêques Evêques qui auront procédé contre eux, & en cas de refus, à leur Su-

TIT. XXVI.

rieur en l'ordre de l'Eglise, pour en recevoir l'absolution, sans que ces Ecclésiastiques puissent en conséquence faire aucunes fonctions Ecclésiastiques, ni en prétendre d'autre effet que d'ester à droit.

On entend par *absolution à Cautele*, une absolution provisionnelle accordée non définitivement, mais sous la condition & avec promesse par serment de la part de celui qui a été interdit, de se soumettre à ce que le Juge Supérieur Ecclésiastique devant lequel l'appel simple est porté, ordonnera. (Voyez les Loix Ecclésiastiques de M. d'Hericourt tom. 1. part. 1. ch. 22. art. 74.)

Ester à droit, c'est-à-dire, procéder en Justice, & ester en Jugement pendant l'appel comme d'abus. (V. ci-dessus tit. 17. art. 28. note 2. p. 317.)

4. *De nos Procureurs Généraux.*) Ou de leurs Substituts.

ARTICLE V.

1. *Par nos Cours.*) Il en est de même des Baillis & Sénéchaux dans les cas où il n'échet peine afflictive. (Voyez ci-dessus la note 4. sur l'article 1. de ce titre. p. 404.)

S ij

2. *Pourront les évoquer à la charge de les juger sur le champ.*) Cette évocation ne doit avoir lieu à proprement parler qu'en deux cas, 1°. Lorsque l'Accusé la demande, cet Accusé pouvant avoir de bonnes raisons pour ne s'en pas tenir aux Informations, & pour ne pas laisser juger l'affaire en l'état qu'elle est ; car autrement il seroit injuste de lui ôter ses moyens de défenses, & le droit d'alléguer les preuves nécessaires pour sa justification, les reproches contre les Témoins, &c. 2°. Lorsque l'Accusé demandant une plus ample instruction, les Juges voyent que cela seroit entierement inutile, comme s'il n'y avoit aucune preuve suffisante contre l'Accusé. (Voyez ci-dessus titre 20. article 3. note 2. pag. 349.)

Cette évocation doit être prononcée par tout le Siége, & jugée sur le champ à l'Audience, aux termes de cet article.

Article VI.

1. *De peine corporelle.*) On entend par *peine corporelle* toutes celles qui privent de la vie, ou qui affli-

TIT. XXVI.

ront le corps en lui causant de la douleur. On confond quelquefois les peines corporelles avec les peines afflictives; mais il y a cependant de la différence, en ce que toute peine corporelle est afflictive, au lieu que toute peine afflictive n'est pas peine corporelle. (Voyez ci-dessus titre 10. art. 19. note 1. p. 176 quelles sont les différentes peines afflictives.)

Les peines corporelles sont,

1°. Toute condamnation à mort, à quoi il faut joindre celle d'être traîné mort sur la Claye.

2°. La question avec réserve de preuves, ou sans réserve de preuves. (J. Clar. in Pract. Crim. quæst. 70. n. 3.)

3°. L'amputation de quelque membre, comme le poing coupé, la langue coupée ou percée d'un fer chaud, le nés & les oreilles coupées ou fendues, &c.

4°. La flétrissure ou marque avec un fer chaud; (Jul. Clar. ibid. quæst. 70. n. 1.) & par conséquent la peine des Galeres, à cause de la marque qui y est toujours jointe, suivant la Déclaration du 4 Mars 1724, article 5.

5°. Le Fouet. (*Jul. Clar. iv.* qu. 70. *n.* 2.)

6°. La condamnation à être pendu sous les aisselles, qui se prononce quelquefois contre les impuberes pour crimes considérables; on en a vû plusieurs exemples. Par Arrêt du Parlement du 22 Décembre 1683, un petit Garçon de la Ferté-Bernard fut condamné à être pendu sous les aisselles à la Gréve pendant deux heures, pour avoir mis du poison dans un pot au feu, qui occasionna la mort de quatre personnes. La même peine a été prononcée en 1722 contre le frere de Cartouche fameux Voleur, lequel même en mourut.

7°. Le Fouet sous la custode est aussi une peine corporelle. Cette peine s'inflige même contre des Majeurs, en faisant fouetter l'Accusé dans la Geole ou Chambre de Question, par les mains du Geolier ou du Questionnaire. Il en est parlé dans l'Edit du mois de Juin 1698 servant de réglement pour les Chasses, articles 12. 17. 18. 20. &c.

8°. Le Carcan ou Pilori. (*L.* qu. 70. *n.* 7 & 8.) Voyez les Declarations du Roi des 8 Janvier 17

& 5 Juillet 1722, rendues contre les Mandians. Un Arrêt de la Cour du 4 Mai 1662, ordonne que l'appel de ces sortes de Sentences sera porté en la Cour, quand même l'Accusé consentiroit au Jugement. La Déclaration du 11 Juillet 1749, dit que c'est une peine approchante de la flétrissure, & qu'à l'égard des Accusés contumaxs, elle doit être écrite en un Tableau comme celle du Fouet. (Voyez ci-dessus titre 17. art. 16. aux notes, pag. 303.)

A l'égard des Galeres seules, il semble que cette peine ne doit point être regardée comme corporelle, quand la marque ou flétrissure n'y est pas jointe. (Arg. tiré de cet article 6. où cette peine est distinguée & énoncée séparément des peines corporelles.) Contrà Jul. Clarus qu. 70. n. 5. où il dit que les Galeres sont peines corporelles afflictives, mais voyez ci-dessus p. 413. n. 4.

L'amende honorable n'est pas non plus une peine corporelle, (Arg. tiré de cet art. 6.) mais seulement une peine afflictive.

Non plus que le bannissement perpétuel. (Même art. 6.)

S iv

De bannissement à perpétuité.) Non, le bannissement à tems, dont l'appel n'est de droit, & doit être interjetté par l'Accusé, s'il veut se pourvoir contre.

Ou d'amende honorable.) C'est-à-dire, amende honorable à Justice. (Voyez l'article 19. du tit. 25. aux notes, pag. 176.)

Outre les peines énoncées en cet article, il y en a encore quelques autres, pour lesquelles l'Accusé est transféré de plein droit aux Cours, soit qu'il y en ait appel ou non. Ces peines sont,

1°. La condamnation à être autentiquées, à l'égard des femmes adulteres. (Arrêt de la Tournelle du 12. Août 1672, rapporté au Journal du Palais tom. 1. page 296. de l'édition in folio.)

2°. La condamnation à la question. (Ci-dessus tit. 19. art. 7. p. 318.) d'ailleurs c'est une peine corporelle.

3°. La peine contre les Cadavres d'être traînés sur la Claye, suivant la maxime du Parlement de Paris. (Voyez ci-dessus titre 22. article note 1. pag. 361.)

4°. La condamnation qui se prononce contre les Relaps, & que l'article 9. de la Déclaration du 14 Mai 1724, compare au bannissement à perpétuité, & joint à la confiscation de biens ; car cette peine doit être regardée comme capitale.

Dans les Appels de Jugemens d'instruction (excepté pour la Question) on ne transfere point les Accusés ; c'est une suite de la disposition portée en cet art. 6.

4. *Soit qu'il y en ait appel ou non.*) Lorsque l'appel est de droit, les Juges ne doivent point exécuter la Sentence, quand même l'Accusé y acquiesceroit. (Ainsi jugé par plusieurs Arrêts, & entr'autres par un du 26 Octobre 1708. contre le Lieutenant-Criminel de S. Estienne-en-Forêt ; & par un autre du 12 Octobre 1712. rendu contre le Juge de Lupy.)

5. *L'Accusé.*) S'il est Prisonnier : car il peut arriver quelquefois qu'il ne le soit pas ; mais alors il faut qu'il se mette en état, ainsi qu'il est dit ci-après en l'article 13. de ce titre.

6. *Et son Procès.*) Non les minutes du Procès, mais seulement les grosses. (Voyez ci-dessus titre 1. article 5. & la note 1. p. 25.) Un Arrêt de la Cour du 6 Avril 1675. enjoint aux

S v

Des Appellations.

Greffiers, avant que d'envoyer ces copies ou grosses, de les parapher par premiere & derniere. Ils doivent aussi les inventorier par inventaire, & le signer, ainsi que toutes les Procédures qu'ils envoient. (Arrêt du 24 Octobre 1558.)

La Sentence fait partie du Procès, & doit être envoyée avec les autres pieces, même dans le cas où il y a Partie civile, sans que cette Partie civile soit obligée d'en payer le coût. Ces Procès s'envoient clos & scellés. (Arrêt du 6 Mars 1539.)

Au reste il faut observer, que les Greffiers ne peuvent mettre en grosse que les pieces secrettes du Procès, sçavoir la plainte, les informations, interrogatoires, récolemens, confrontations, conclusions de la Partie publique, & rapports en Chirurgie; l'article 42 du Réglement du 10 Juillet 1665. le porte expressément, & ajoute, sans pouvoir par eux grossoyer les Requêtes, Ordonnances, Exploits & autres pieces servans à l'instruction, dont ils doivent envoyer les originaux: ce qui a depuis été renouvellé par un Arrêt du 13 Mai 1709.

Un autre Arrêt du 12 Février 1633 défend aux Greffiers du Châtelet de Paris de groſſoyer une ſeconde fois les informations que les Commiſſaires portent à leur Greffe, & leur enjoint de les envoyer en l'état qu'ils ſont.

7. *Seront envoyés.*) C'eſt-à-dire, que les Accuſés doivent être transférés dans les Priſons de la Cour, & le Procès envoyé au Greffe. Cette translation de l'Accuſé & port des informations, doit ſe faire aux frais de la Partie civile ſur la pourſuite de la Partie publique.

Ce ſont les Meſſageries publiques qui ſont chargées de faire ces transports; mais il n'eſt pas permis aux Greffiers d'adreſſer les Procès à des Particuliers pour les remettre au Greffe de la Cour. (Arrêt de la Tournelle du 4 Juin 1715. rapporté au Journal des Audiences tom. 6.)

ARTICLE VII.

17. *Ils ſeront envoyés.*) Si quelques-uns de ces Accuſés ne ſont pas Priſonniers, ils ſeront tenus de ſe mettre en état, comme il eſt dit ci-après en l'article 13. (Voyez la note 3 ſur cet article 13. pag. 429.)   S vj

Des Appellations.

2. *Encore qu'il n'y en ait eu qu'un de jugé.*) Cela doit toujours s'entendre des Procès dont l'appel est de droit, ou de ceux qui sont de grand Criminel, du moins quand il y a appel *à minima* par la Partie publique. (Voyez ci-dessus titre 10. article 24. pag. 198. & *infra* article 17.) En effet, cet article 7 ainsi que l'article 8. sont la suite de l'article 6 qui les précède. Mais cet article 7 n'a pas lieu dans les affaires légeres, & où les Procureurs du Roi ou Fiscaux ne sont pas Partie principale ou jointe, puisque dans ces cas l'appel de l'un des Accusés n'empêche pas l'exécution contre les autres qui ne sont pas Appellans. (Voyez Papon en ses Arrêts liv. 19. titre des Appellations, Arrêt 38.)

ARTICLE VIII.

1. *Le même sera pratiqué.*) Voyez les notes sur l'article précédent.

ARTICLE IX.

1. *Des Conclusions s'il y échet.*) Ces mots font voir que quand

d'appel le Procureur Général n'a rien à ajouter aux conclusions prises par la Partie publique devant les premiers Juges, il n'est pas nécessaire d'en donner de nouvelles ; mais s'il s'agit d'un appel *à minimâ* interjetté, ou par la Partie publique sur les lieux, ou d'office par le Procureur Général, ou qu'il s'agisse d'évoquer & juger le fond sur l'appel d'un Décret & autres cas semblables, alors il faut de nouvelles conclusions.

Article XI.

1. *N'ordonne point de peine afflictive.*) Voyez ci-dessus titre 10. n. 24. & les notes p. 191. Il semble qu'il auroit fallu ajouter, *ou infamante*. (V. ce qui a été dit là-dessus titre 25. article 19. pag. 393.)

2. *Bannissement ou amende honorable.*) Dans les condamnations de bannissement à tems, de blâme, & autres qui doivent être traitées sur l'appel comme matieres de grand Criminel, mais où l'appel n'est pas de droit, il faut en prononçant la Sentence aux Accusés, recevoir leurs déclarations, s'ils y acquiescent ou non.

Des Appellations

suivant l'Arrêt du 17 Août 1602. S'ils y acquiescent, on leur fait sur le champ exécuter la Sentence; s'ils n'y acquiescent pas, on les renvoie devant le Juge supérieur. Un Arrêt du 9 Juillet 1716. enjoint aux Greffiers de faire signer ces déclarations aux Accusés, s'ils sçavent signer, sinon d'en faire mention, ou de leur refus.

3. *Par nos Procureurs, ou ceux des Justices Seigneuriales.*) Lorsqu'il y a appel *à minimâ* de la part de la Partie publique, il faut envoyer le Procès & les Accusés, même ceux qui n'ont pas été jugés ou qui ont été absous, en la Cour supérieure, & observer ce qui est porté en l'article 6 de ce titre; & si quelques-uns des Accusés ne sont pas Prisonniers, ou ont été élargis avant l'appel, il faudra pareillement qu'ils se mettent en état, comme il est dit ci-après en l'article 13. Dans les conduites.

Afin que la Partie publique puisse en appeller, il faut que la Sentence soit montrée au Procureur du Roi, ou Fiscal, toutes les fois que la condamnation prononcée par le Jugement moins sévere que celle à laquelle il a conclu; & cet appel peut être lui interjetté en tout état de cause, à moins qu'il n'y ait acquiescé. Cette communication ou dénonciation doit lui être faite dans les vingt-quatre heures de la Sentence rendue. (Arrêt du Conseil du 31 Août 1689. article 33. rendu entre les Officiers du Présidial d'Orléans. Un Arrêt de la Cour du 6 Septembre 1681. rendu contre le Greffier du Bailliage de la Meilleraye, dit dans le Jour. Un autre Arrêt du 7 Septembre 1660. rendu pour Dreux, porte, que les Sentences criminelles définitives, soit que le Procureur du Roi ait été seule Partie ou joint avec Partie civile, lui seront montrées & prononcées par le Greffier avant de les montrer aux Parties.)

Mais si la condamnation est égale, ou plus sévere que les conclusions de la Partie publique, alors elle ne peut appeller. (Arrêt du 27 Novembre 1674 qui le défend au Procureur Fiscal de la Prévôté de Tilly en Brie. Autre du 18 Mars 1686 contre le Procureur du Roi de la Prévôté de Peronne.) Il n'y a dans ce cas que le Procureur Général qui puisse appeller.

Il faut aussi observer que la Partie publique ne peut appeller *à minimâ* dans les affaires légeres & où il n'échet peine afflictive. (Argument tiré de l'article 19. du titre 25 ci-dessus. Arrêt du 18 Décembre 1679 qui le défend au Procureur Fiscal de Souverain-Moulin.)

Quand la Partie publique a appellé *à minimâ* dans le cas où il y a lieu de le faire, elle ne peut plus se désister de son appel. (Arrêt du 13 Mai 1683 qui fait défenses au Procureur du Roi en la Prévôté de Chartres, de se désister de ses appellations *à minimâ* des Sentences rendues sur des Procès criminels, & au Geolier des Prisons de laisser sortir les Accusés Prisonniers en conséquence de pareil désistement.) Ce qui a son fondement dans les dispositions de droit, qui traitent de tergiversation le désistement de l'Accusateur.

Un Arrêt du 31 Décembre 1677 enjoint au Procureur Fiscal de la Roche-Posay de mettre l'appel *à minimâ* au bas de la Sentence, & non par un Acte séparé.

Dans le cas d'adultere, l'appel du mari a le même effet que l'appel à *minimâ* pour les autres crimes. (Arrêt de la Tournelle du 12 Août 1672. au Journal du Palais tom. 1.)

4. *Mais seulement par les Parties civiles.*) Pour sçavoir si la Partie civile ou l'Accusé veulent appeller, il faut que la Partie civile, après la Sentence par elle levée ou à elle signifiée, déclare si elle veut appeller ou non, sur la sommation qui lui en est faite, sinon la Sentence s'exécute à l'égard de l'Accusé en ce qui concerne les intérêts civils, si l'Accusé n'en a point appellé. A l'égard de ce dernier, il faut que la Sentence lui soit prononcée dans le jour, pour sçavoir s'il veut appeller ou non, si ce n'est dans les cas où l'appel est de droit. (Arrêt du Conseil du 31 Août 1689. article 3. rendu pour le Présidial d'Orléans.)

Le Greffier en prononçant la Sentence à l'Accusé doit recevoir sa déclaration, s'il en est appellant ou s'il y acquiesce, & faire signer cet Accusé au bas de la prononciation au cas qu'il sçache écrire, sinon faire mention qu'il ne sçait écrire ni signer, de ce interpellé. (Ainsi jugé par Arrêt rendu en la Tournelle le 9

Juillet 1716. rapporté au Journal des
Audiences tom. 6.)

Voyez au reste l'article 19 du titre
13 ci-dessus, p. 206, pour le cas où
la Sentence prononce l'élargissement
du Prisonnier.

5. *Le Procès sera envoyé.*) Et non
l'Accusé, qui dans ce cas doit être
élargi, ce qui résulte de l'article 24
du titre 10 ci-dessus, p. 190.

6. *Après le Commandement qui lui
en sera fait.*) Par la Partie civile ou
par l'Accusé, en conséquence d'un Ordre ou Arrêt du Juge supérieur qui
doit connoître de l'appel, dont il doit
être donné copie au Greffier avec sommation d'y satisfaire.

Les appels des Sentences mentionnées
en cet article se relevent par des Lettres
obtenues en Chancellerie, comme les
appellations en matiére civile; ils tombent aussi en péremption.

ARTICLE XII.

1. *De la qualité mentionnée en l'article précédent.*) C'est-à-dire, où la
Sentence ne prononce aucune peine
afflictive, bannissement ou amende
honorable. L'Arrêt de Règlement

TIT. XXVI.

du 3 Septembre 1667. article 38. renfermoit auſſi la même diſpoſition à l'égard de la condamnation au blâme, quoique cette peine ne ſoit pas du nombre des peines afflictives. (V. ci-deſſus titre 10. article 19. note 1. p. 176. Mais il paroît que cette diſpoſition a été changée par cet article. 12.

2. *Ils ſeront diſtribués ainſi que les Procès civils.*) L'inſtruction, s'il y a lieu d'en faire quelqu'une, ſe fait auſſi comme aux Procès civils; l'information ſe communique aux Parties qui en ont beſoin, & elle n'eſt plus conſidérée que comme une Enquête : on n'y interroge plus la Partie ; en un mot ces Procès ſont conſidérés en tout comme purement civils.

Au reſte cela n'empêche pas M. le Procureur Général d'appeller *à minimâ*, s'il croit qu'il y a lieu de le faire ; & alors le Procès doit être porté à la Tournelle pour y être jugé. Les Juges même des Enquêtes, ſi le Procès a été diſtribué en quelqu'une de ces Chambres, peuvent auſſi d'office ordonner que le Procès ſera pourſuivi extraordinairement, ſi fait n'a été ; & ſi ce Procès a déja été inſtruit par récolement & confrontation, & qu'ils jugent que la peine prononcée par la Sentence dont est appel, est trop légere, & qu'il y ait lieu de prononcer une peine afflictive ou infamante, alors il est d'usage qu'ils renvoient le Procès à la Tournelle pour y être rapporté & jugé.

Il en est de même à l'égard des Procès portés à la Tournelle, & pour lesquels il n'y auroit point d'appel *à minimâ* de la part du Procureur Général; car si les Juges, en examinant le Procès, estiment qu'il y a lieu d'infliger une plus grande peine que celle qui a été prononcée par le premier Juge, alors l'usage est de faire interjetter appel par un des Conseillers de la Chambre, & sur cet appel on juge le Procès sans le renvoyer au Parquet, ce qui se fait pour abreger la Procédure, & pouvoir juger sur le champ.

Article XIII.

1. *Sont Appellans.*) Voyez ci-dessus tit. 10. art. 24. pag. 190.

2. *Et s'ils ont été élargis.*) Car il y a des cas où les Accusés doivent être élargis avant l'appel; sçavoir,

lorsque la condamnation prononcée contre eux n'eſt point à peine afflictive. (Arg. tiré de l'article 24. du titre 10.)

3. *De ſe rendre en état.*) C'eſt-à-dire, de ſe repréſenter en la Cour, ſoit en comparoiſſant en perſonne, ce qui ſe fait par un acte au Greffe du Parlement, portant que l'Accuſé comparoît pour ſe rendre au Jugement de ſon Procès, ſoit en ſe mettant dans les Priſons de la Conciergerie, ſuivant qu'il eſt ordonné par l'Arrêt qui lui ordonne de ſe mettre en état.

Si l'Accuſé négligeoit ou refuſoit de ſe mettre en état dans le délai qui lui eſt preſcrit, le Procureur Général ou la Partie civile obtiendroit un Arrêt, portant que cet Accuſé ſera tenu de ſe repréſenter à la Cour, ou de ſe mettre dans les Priſons de la Conciergerie dans tel tems, ſinon qu'il ſera pris & appréhendé au corps; & alors il ſemble qu'il y a lieu, faute par l'Accuſé de ſe rendre en état dans le tems qui lui eſt indiqué par l'Arrêt (qui à cet effet lui doit être ſignifié) d'inſtruire contre lui la Contumace, ou plutôt celle marquée en

Des Appellations.

l'article 10 du titre 17, si cet Accusé a déja subi interrogatoire devant le premier Juge.

4. *Ainsi qu'il sera par elles ordonné.*) C'est pourquoi afin que les Accusés se mettent en état, il faut faire ordonner par un Arrêt, portant que l'Accusé dans tel tems sera tenu de se mettre dans les Prisons de la Conciergerie, ou qu'il sera tenu de se rendre aux pieds de la Cour.

ARTICLE XIV.

1. *Les Exécutoires.*) Voyez ci-dessus titre 1. article 6. & titre 25. article 16 & 17. & *infrà* article 16 de ce titre.

ARTICLE XV.

1. *Seront interrogés.*) Et l'interrogatoire rédigé par écrit, ce qui résulte des articles 12 & 13 du tit. 1 ci-dessus. Voyez cependant la note 2. sur l'article 21. du même titre 14. pag. 241.

2. *Sur la Sellette ou derriere le Barreau.*) Voyez l'article 21 du tit. 1 ci-dessus, pag. 248.

ARTICLE XVI.

(1. *Condamnation de peine afflicti-ve.*) Voyez ci-dessus tit. 10. art. 19. note 1. pag. 176.

(2. *Seront renvoyés sur les Lieux.*) Ce qui est conforme à la Loi 28. §. 15. ff. *de Pœnis.*

(3. *Pour des considérations particu-lieres.*) Ce qui arrive le plus souvent, quand l'Arrêt infirme la Sentence.

Un autre cas où l'on ne renvoie point sur les Lieux pour l'exécution de la Sentence, c'est quand il y a lieu de craindre la recousse de l'Accusé, & qu'on ne l'enleve par les chemins, ou lorsqu'il y a plusieurs Accusés, & qu'il n'y en a qu'un de jugé, & qu'on veut surseoir au Jugement des autres Accusés pour sçavoir si ce premier les chargera: ou enfin lorsqu'un Accusé ayant été condamné à la Question par le premier Juge, vient à avouer sur l'appel, & est condamné à mort.

TITRE VINGT-SEPTIEME

Des Procédures à l'effet de purger la Mémoire d'un Défunt.

ARTICLE PREMIER.

1. *LA veuve, les enfans, les parens.*) L'Ordonnance ne dit pas, *& héritiers,* parce qu'il n'est pas nécessaire que les enfans & parens soient héritiers du Défunt pour être reçus à purger sa mémoire.

2. *Par Sentence de Contumace.* Ou par défaut. Quand la Sentence est contradictoire, & qu'on veut purger la mémoire d'un condamné, il faut se pourvoir par Lettres de révision de Procès. (Voyez *suprà* tit. art. 8. & les notes, pag. 274.)

3. *Qui sera décédé avant les cinq ans.*) Sans s'être représenté. Car quand l'Accusé a été arrêté, ou s'est représenté dans les cinq années, Sentence

de purger, &c. Tit. XXVII.

Sentences de condamnation par Contumace sont mises au néant. (Ci-dessus tit. 17. art. 18. p. 305.)

Il y a deux voies pour purger la mémoire d'un défunt condamné sans s'être représenté. Car ou l'Accusé est décédé dans les cinq ans de la Sentence de condamnation, ou après les cinq ans. Dans le premier cas, la veuve ou les parens ont la voie de se pourvoir par appel de la Sentence de Contumace, ou par Requête devant les mêmes Juges, si la Sentence ou le Jugement est en dernier ressort. Mais dans le second cas où l'Accusé est décédé après les cinq ans, il faut prendre des Lettres en Chancellerie, comme il est dit en l'article 2. qui suit.

4. *Pourront appeller de la Sentence.*) Non pour purger la mémoire du défunt, parce que celui qui meurt dans les cinq ans de la Sentence ou Arrêt de Contumace, meurt *integri statûs*; mais afin que sa mémoire ne soit point blessée par aucune condamnation, & à cause de l'action en dommages & intérêts que la veuve & enfans ou parens sont en droit d'exercer pour raison de l'accusation

intentée contre ce défunt, si cette action est injuste, & ils peuvent intenter cette action par la voie Civile, ou par la voie Criminelle à leur choix, & suivant qu'ils le jugeront à propos.

Article II.

1. *D'un Défunt après les cinq années de la Contumace expirées.*) C'est-à-dire, d'un Défunt décédé sans avoir été constitué prisonnier, ou sans s'être représenté dans les cinq années, à compter du jour de l'exécution du Jugement de Contumace.

Dans ce second cas la poursuite de la veuve, enfans & parens du Défunt, est principalement pour rétablir la mémoire du Défunt ; & à l'égard des condamnations pécuniaires, il faudra observer ce qui est porté en l'article 28. du titre 17. ci-dessus. (Voyez cet article 28. avec les notes, pag. 316.)

Article III.

1. *Leur sera baillé copie.*) Avec Assignation pour voir dire qu'elles

seront entérinées ; en conséquence, que la mémoire du Défunt sera déchargée de l'accusation qui avoit été formée contre lui, & qu'il sera ordonné que sa veuve & enfans ou héritiers demeureront en possession & jouissance des biens de sa succession, sauf à eux à se pourvoir pour leurs réparations, dommages & intérêts contre le plaignant ou dénonciateur, ou autre qu'ils aviseront bon être.

Article IV.

1. *Les frais de Justice seront acquittés.*) Voyez ci-dessus titre 17. article 19. & titre 22. article 4. p. 361. & *infra* tit. 28. art. 7. p. 254.

2. *Et l'amende consignée.*) Ce payement & cette consignation se justifient par les certificats ou copies des quittances de la Partie & du Receveur des Amendes, comme ces frais & amende ont été payés. Les Parties doivent joindre ces Quittances à la Requête qui doit précéder l'Assignation.

A l'égard des meubles & immeubles du Défunt, qui ont été saisis & annotés, il paroît qu'il en doit être donné main-levée à la veuve, enfans ou héritiers aussitôt qu'ils se présentent, si le Défunt est mort dans les cinq années, (Arg. tiré de l'article 18 du titre 17 ci-dessus,) mais s'il n'étoit mort qu'après les cinq années, alors il faudra suivre ce qui est marqué dans l'article 28 du même titre 17. p. 316. *Nam ubi eadem est ratio, ibi idem jus esse debet.*

ARTICLE VI.

1. *Que bon leur semblera.*) Ils pourront même demander à faire preuve par témoins des faits qui établissent la justification du Condamné ; mais il semble que cette preuve ne doit être admise qu'en connoissance de cause, & au cas qu'il soit ainsi réglé par les Juges. Au reste, les faits qui peuvent servir à purger la mémoire d'un Défunt, sont tous les faits justificatifs que le Condamné auroit pû lui-même alléguer pour sa justification, ou que le Juge peut suppléer d'office. (Voyez infrà tit. 28. art. 1. note 1. p. 459.)

Article VII.

1. *Par les Juges.*) La Sentence qui intervient sur toutes ces Procédures, si l'on juge que la veuve, enfans ou parens sont bien fondés, est de purger la mémoire du Défunt, & de le décharger de l'accusation contre lui intentée ; & s'il y a lieu à quelque réparation, ou à des dommages & intérêts contre la Partie civile où contre le Dénonciateur ou autre, on y condamne par la même Sentence.

TITRE VINGT-HUITIEME.

Des Faits Justificatifs.

Article Premier.

1. *La preuve d'aucuns faits justificatifs.*) Il n'est pas nécessaire que cette preuve se fasse à la requête de l'Accusé : les Juges la peu-

vent ordonner d'office, soit en cause principale ou sur l'appel, en tirant eux-mêmes des interrogatoires, récolemens & confrontations, tous les faits qui peuvent établir la justification des Accusés ; ce qui n'est point contraire à l'article 2 de titre, qui ne regarde que le cas où la preuve de ces faits est demandée par l'Accusé, & non le cas où cette preuve est ordonnée d'office. Au reste cela est fondé sur cette maxime de Droit, qu'en matiere criminelle, il est du devoir des Juges de s'attacher avec soin à découvrir l'innocence de l'Accusé. (V. la Loi 19. ff. *de pænis.*) On a un exemple célebre de cette interposition d'office des Juges pour faire informer de faits importans à la décision d'un Procès criminel, dans un Arrêt du 24 Juillet 1696. rendu dans l'affaire de la Dame Dubois. Le Parlement de Paris ordonna par cet Arrêt, qu'avant de faire droit sur des appels respectifs, il seroit informé à la requête du Procureur Général de plusieurs faits articulés par l'Accusé contre l'Accusatrice, tendans à démontrer la supposition qui régnoit alors dans l'accusation.

Tit. XXVIII.

Quelquefois aussi la preuve de ces faits s'ordonne sur la réquisition de la Partie publique. Dans le Procès du Poëte Rousseau contre le sieur Saurin, ce dernier qui étoit accusé, voyant des preuves positives contre lui sur un fait dont il étoit innocent, rendit plainte en subornation de Témoins, & obtint permission d'informer. Pour rendre le Procès plus solide, M. le Procureur Général obtint que l'exécution de cet Arrêt se feroit à sa requête, & le 7 Avril 1712 il intervint un Arrêt de condamnation au bannissement perpétuel contre Rousseau.

Cette preuve de faits justificatifs résulte même quelquefois des pieces produites au Procès; sans qu'il soit besoin d'en faire la preuve par Témoins ou autrement.

Les faits justificatifs qui peuvent être allégués en faveur de l'Accusé, tombent ou sur la preuve du corps de délit, ou sur les preuves au fond. Ces faits sont,

1°. L'impossibilité d'avoir commis le crime, comme si l'Accusé étoit absent & éloigné dans le tems du crime commis. C'est ce qu'on appelle justification par *l'alibi*, dont il est parlé dans l'Ordonnance de Louis XII. du mois de Mars 1498. article 111. Mais cet éloignement doit être tel, qu'il ne soit pas possible qu'au même tems l'Accusé ait pû se trouver dans l'endroit où le délit a été commis.

2°. Si l'Accusé justifie que c'est un autre qui a fait le crime, (par exemple, qui a fait l'homicide dont on l'accuse,) en rapportant un Arrêt ou une Sentence de condamnation en bonne forme contre une autre personne pour raison de ce même homicide. L'article 14. du titre 11 de la Coutume de Tournai en a une disposition.

3°. S'il prouve que celui qu'on l'accuse d'avoir tué est encore vivant, en offrant de le représenter ou autrement. Il semble même que la preuve de ce fait doit être admise avant toute l'instruction & la visite du Procès, contre ce qui est dit en l'article 1? parce que s'il n'y a point de corps de délit, il est inutile d'aller plus loin. (Voyez ci-après ce qui est dit sur la fin de cette note, p. 449.)

4°. La folie ou fureur est aussi un des principaux faits justificatifs, parce que tout crime suppose la volonté de le commettre. Or celui qui est furieux ou insensé n'a aucune volonté, & ne sçait ce qu'il fait; ainsi il ne doit pas être puni, & il l'est assez par sa folie. (*L. pen. §. ult. ff. ad Leg. Pomp. de parricidiis. L. 13. §. 1. ff. de Offic. præsidis.*) On doit ordonner alors avant de faire droit, qu'il sera informé des vie & mœurs & comportemens de l'Accusé; & si cette information constate son dérangement d'esprit, les Juges ordonnent qu'il sera renfermé à l'Hôpital ou dans une Maison de force, pour y être traité comme les autres Insensés.

Si celui qui a commis le crime a des intervales lucides, on présume dans le doute qu'il étoit dérangé dans le tems de l'action, à moins que le contraire ne soit prouvé; & cette preuve doit être faite par l'Accusateur, ou celui qui poursuit le Procès criminel.

C'est pourquoi les Juges doivent alors examiner avec attention toutes les circonstances, pour sçavoir si l'Accusé doit être puni ou non. (*Ita Covarruvias in 4. Decretal. cap. 2. part. 2. n. 6.* Voyez aussi la Loi 14. *ff. de Officio præsidis.*)

Au reste c'est l'état où étoit cet

T v

Des faits justificatifs.

Accusé au tems du crime commis, qui le rend coupable ou non ; c'est pourquoi le Criminel qui devient furieux pendant l'instruction, doit être jugé tel qu'il étoit lors du délit ; & au contraire celui qui étant insensé lors du crime, vient ensuite à recouvrer l'esprit, ne doit point être puni.

Il est nécessaire d'observer ici, qu'on trouve plusieurs Arrêts qui défendent aux premiers Juges de décharger les Accusés sur ce fondement de folie ou démence, & qui ordonnent de juger à la rigueur, sauf à la Cour d'ordonner sur l'appel l'instruction de ce fait justificatif. (Arrêts de la Tournelle des 11 Février 1732, 21 Septembre 1733, & 8 Juillet 1735.)

Mais il semble qu'il est difficile de pouvoir regarder ces Arrêts comme devant servir là-dessus de Jurisprudence fixe. En effet, comme tous les Juges indistinctement peuvent & doivent même admettre à la preuve des faits justificatifs, & que de tous les faits justificatifs, un des premiers est celui de la démence, c'est une conséquence nécessaire que les premiers Juges puissent admettre à la preuve de ce fait.

C'est envain qu'on voudroit opposer, que ce seroit ouvrir un moyen aux premiers Juges de sauver un Accusé coupable, en faisant entendre des Témoins qui déposeroient de la démence de cet Accusé, & qui pourroient parconséquent le soustraire à la peine qu'il mérite, & qu'il arriveroit souvent par ce moyen, que des crimes demeureroient impunis, parce qu'alors il seroit facile à des parens de trouver des Témoins pour sauver le Coupable. Mais outre qu'on ne doit pas faire légerement ces sortes de suppositions, qui tendent à faire regarder des Juges ou des Témoins comme injustes & parjures, c'est qu'il n'y a pas plus de raison de faire ici cette supposition, que dans tous les autres cas où, si l'on ôte aux Juges & aux Témoins la Religion & le devoir qui les doit animer, il leur est également facile de sauver les Coupables, soit en ne poursuivant point le crime, soit en ne faisant point entendre en déposition les principaux Témoins, soit en affoiblissant leurs dépositions, & autres artifices dont un Juge inique peut user, &c. Et si l'on dit que cela ne peut gueres arriver quand il y a

Partie civile, comme cela arrive souvent, il sera facile aussi de répondre, que dans le cas où les Juges ordonnent la preuve des faits justificatifs de démence, cela ne peut non plus jamais préjudicier à la Partie civile, qui en appellant de ce Jugement, suspend l'exécution de celui qui peut intervenir sur le vû de cette instruction.

D'ailleurs, si cette maxime que les premiers Juges ne peuvent ordonner la preuve des faits justificatifs de démence, avoit lieu, il pourroit tous les jours en arriver des inconvéniens; car un furieux ou un insensé pourroient souffrir une condamnation injuste sans qu'il y eût de remede, comme il arriveroit dans le cas où ce furieux seroit condamné au bannissement à tems, ou à quelqu'autre peine dont l'appel ne se fait pas de plein droit.

5°. Un autre fait justificatif est que l'Accusé a commis le délit à son corps défendant, ou dans le cas d'une juste nécessité, ou par accident & sans le vouloir.

6°. Quand sur une accusation intentée par une fille pour rapt de séduction, l'Accusé oppose la débauche de la fille, c'est encore un fait justificatif : sur quoi il faut même observer, que si c'est le pere ou le Tuteur de l'Accusé qui oppose ce moyen, il peut le faire en tout état de cause, & avant le Jugement du fond, pourvû que ce soit par la voie criminelle, & non par la voie civile. (Arrêt du 16 Janvier 1671. rapporté par Boniface, tom. 3. Liv. 1. titre 1. ch. 6.)

7°. En matiere d'injures, la vérité de l'injure proférée par l'Accusé excuse, lorsqu'elle est notoire. (Ainsi jugé par Arrêt du Parlement de Dijon du 8 Octobre 1610. qui a renvoyé d'une plainte un Particulier, qui avoit reproché à un autre que son pere avoit été pendu, parce que la chose étoit véritable. Voyez aussi la Loi 18. *ff. de injuriis*.)

Cependant si des reproches, quoique véritables, étoient faits à des personnes constituées en dignité, on ne laisseroit pas de châtier ceux qui les auroient faits, mais moins sévérement.

Au reste, pour s'excuser d'une injure, on ne seroit pas reçû à prouver qu'elle est véritable. (Coutume de Bretagne article 672. D. D. sur la Loi 5. *Cod. de injuriis*. Arrêt du 14

446 *Des faits justificatifs*,
Juillet 1576, rapporté par Papon en son Recueil d'Arrêts liv. 8. titre 3. article 1. aux notes. A moins qu'il n'y eût quelque circonstance particuliere qui dût engager le juge à admettre cette preuve. (Voyez la Loi *qui injuria*, Cod. *de injuriis*, & Bouchel verbo *injures*.)

8°. Il y a aussi des faits justificatifs qui regardent les preuves en particulier. Ainsi si un Accusé a été trouvé saisi d'effets volés, il peut être admis à prouver qu'il a acheté ces effets de bonne foi, & quelquefois même de l'auteur du vol.

Si des Lettres de conspiration contre quelqu'un ont été trouvées dans le cabinet d'un Accusé, il peut prouver que c'est une autre personne qui les y a mises, ou qu'elles lui ont été données par un tel, & déposées à son insçu.

Si l'épée ou le couteau d'une personne a servi à commettre un homicide, & a été trouvé sur le lieu, cette personne seroit recevable à prouver qu'elle l'avoit prêté, ou perdu plusieurs jours auparavant.

9°. Les reproches contre les Témoins, s'ils sont pertinens, peuvent aussi être regardés comme des faits justificatifs, dont l'Accusé peut demander à faire preuve pour sa justification, tant par écrit que par Témoins ; ce qui est quelquefois accordé par les Juges, lorsque ces reproches sont jugés valables, mais non suffisamment justifiés. (Voyez le Procès-verbal de l'Ordonnance de 1670. tit. 20. article 3. pag. 222.)

10°. A l'égard de l'allégation ou plainte en subornation de Témoins, ce n'est pas à proprement parler un simple fait justificatif, mais une espece d'exception péremptoire : car les faits justificatifs sont ceux dont la preuve, en opérant la décharge de l'Accusé, laissent subsister néanmoins la vérité du délit & de l'action commise ; au lieu que les exceptions péremptoires sont fondées sur des preuves qui détruisent, ou le corps de délit, ou les charges, & par conséquent la preuve.

Ainsi lorsqu'un Accusé dans le cours d'un Procès criminel donne une plainte en subornation de Témoins, il faut instruire sur cette plainte, & ne la pas joindre au fond, comme on le pratique à l'égard des faits justificatifs. (Ainsi jugé par Arrêt du 6 Avril 1675

Des faits Justificatifs,
contre un Médecin de Paris, qui avoit rendu plainte au Châtelet de mauvais traitemens qu'il avoit reçus. Les Témoins produits donnerent lieu à les soupçonner de corruption; le Procureur du Roi en forma une accusation incidente; & par Sentence du 20 Octobre 1674. il fut ordonné, qu'avant de faire droit au principal, le Procès seroit instruit contre les Témoins, & le tout ayant été joint, il intervint Sentence le 19 Janvier 1675. confirmée par l'Arrêt ci-dessus, qui renvoya les principaux Accusés absous, & condamna les Témoins au fouet.

Dans une autre affaire criminelle instruite au Châtelet de Paris, un Témoin étant devenu suspect de variation, & y ayant eu plainte rendue pour raison de subornation contre ce Témoin, le Lieutenant-Criminel joignit cette plainte au fond, & sur l'appel ayant eu appel de ce Jugement de jonction, la Cour par Arrêt du 1. Mars 1712. rendu sur les Conclusions de M. Joly de Fleury, mit l'appellation & ce dont étoit appel au néant; permit d'informer de la subornation, & ordonna que le Lieutenant-Crinel seroit mandé. Voyez le Journal des Audiences tom. 6.

2. *Qu'après la visite du Procès.*) Afin que le Jugement des Procès criminels ne soit pas retardé par l'instruction des faits justificatifs, dont on ne manqueroit pas le plus souvent de demander la preuve, si on y étoit admis avant le Jugement ; ce qui éterniseroit le Procès, & empêcheroit la punition prompte des crimes, & quelquefois même en feroit manquer la preuve.

Il y a cependant des cas, où la preuve d'un fait justificatif doit être admise avant la visite du Procès, par exemple, lorsque le fait tend à détruire le corps de délit. Comme si un Accusé d'homicide à l'égard d'une telle personne, pour raison de quoi le Procès a été suivi, veut prouver que celui qu'on dit avoir été tué, existe & est encore vivant : car l'information & la recherche des preuves contre un Accusé deviennent inutiles, quand il est prouvé que le corps de délit est faux, & ce n'est plus alors un simple fait justificatif, mais une exception, qui en anéantissant le corps de délit, arrête dans l'instant le cours de l'instruction.

Article II.

1. *L'Accusé.*) Ou son Tuteur ou Curateur, s'il est mineur, ou ses parens, s'il s'agit d'un fait justificatif de démence ou de folie.

Il a même été jugé, que le pere d'un fils mineur accusé en crime de rapt d'une fille aussi mineure, pouvoit accuser en subornation les parens de la fille, sans être tenu de représenter son fils défaillant. (Arrêt du 10 Décembre 1678. rapporté par Boniface tom. 5. liv. 4. titre 3. ch. 14.)

2. *Qui auront été choisis par les Juges.*) En visitant le Procès.

3. *Que l'Accusé aura articulés.*) A moins qu'il n'y ait lieu de les suppléer d'office. (Voyez la note 1. sur l'article précédent, p. 437.)

Article IV.

1. *Par le Juge.*) C'est-à-dire, par le Juge d'instruction, ou par le Rapporteur.

S'il y a appel par la Partie civile ou publique, du Jugement qui ordonne la preuve des faits justificatifs, on prétend que cet appel en suspend de droit l'exécution ; c'est ainsi que le pense l'Auteur des Loix Criminelles sur l'article 4. du titre 4. Cet Auteur cite pour fondement de son opinion plusieurs Arrêts, & entr'autres un du 12 Juillet 1602. sur l'appel d'une Sentence du Juge de Mâcon ; un autre du 12 Janvier 1611. pour le Juge de Civray ; & un autre plus récent du 1 Avril 1705. qui cassant une Enquête faite au préjudice d'un appel sur faits justificatifs, enjoint au Lieutenant-Criminel de Cognac de déférer à l'appel des Sentences par lesquelles les Accusés auront été reçûs à la preuve des faits justificatifs, & lui fait défenses, ainsi qu'au Substitut du Procureur Général, de passer outre.

Cependant il est difficile de regarder ces autorités comme sans réplique, & sans doute qu'il y avoit quelque chose de particulier, surtout dans ce dernier Arrêt ; car c'est une maxime incontestable, qu'aucun Jugement d'instruction n'est suspendu par l'appel : or le Jugement qui avant de faire droit admet à la preuve de faits justificatifs, n'est qu'un Jugement d'ins-

Des Faits Justificatifs.

truction qui sert à éclaircir la religion des Juges, & qui ne peut jamais changer l'état & la nature du Procès, ni en détruire les preuves, qui subsistent toujours en leur entier malgré cette instruction. D'ailleurs, cela ne peut jamais préjudicier à la Partie civile, ni à la Partie publique, puisque l'Accusé n'est point élargi pendant la preuve de l'Instruction de ces faits, (*infrà* article suivant,) & que la voie d'appel est un moyen ouvert pour faire infirmer la Sentence, si le Juge avoit admis mal-à propos à la preuve de ces faits justificatifs. C'est pourquoi il semble que tout ce qu'on pourroit prétendre dans ce cas, c'est que l'appel d'un Jugement qui ordonne la preuve de faits justificatifs, doit empêcher que le Juge ne puisse rendre un Jugement définitif sur cette preuve, du moins s'il y a lieu d'absoudre l'Accusé, afin que la Sentence d'absolution qui interviendroit, ne pût en élargissant l'Accusé & en donnant main-levée de sa personne & de ses biens, préjudicier à la Partie civile & à l'intérêt public.

Mais dans les vrais principes il faudroit dire, que dans le cas même où il y a appel du Jugement qui admet à la

preuve des faits juſtificatifs, non-ſeulement cet appel ne ſuſpend point l'inſtruction, mais même qu'il n'empêche
pas qu'il ſoit paſſé au Jugement définitif, parce qu'alors la Partie publique
ou civile ont l'une & l'autre la voie
de ſe pourvoir contre cette Sentence.

2. *Et ſera interpellé.*) Cette interpellation ſe fait par le Procès-verbal qui eſt dreſſé par le Juge de la prononciation du Jugement. Ce Procès-verbal doit être ſigné de l'Accuſé, s'il ſçait ſigner.

3. *De nommer les Témoins.*) On peut entendre pour Témoins de faits juſtificatifs, ceux qui ont déjà été entendus dans l'Information, même ceux qui ont été récolés & confrontés. (*Ita* Papon en ſes Arrêts, liv. 24. tit. 5. n. 11.)

On peut auſſi entendre les Parens & Domeſtiques de l'Accuſé, & autres Témoins d'ailleurs reprochables, *idque favore liberationis.* (V. Jul. Clar. *Pract. crim.* qu. 24. n. 12. & 20.)

Article VI.

1. *Ou de ceux des Seigneurs.*) Parce qu'il n'eſt pas permis à l'Accuſé de

faire entendre des Témoins à sa Requête en matière criminelle.

Article VII.

1. *Pour fournir aux frais.*) Car cette preuve étant pour l'intérêt de l'Accusé, il est juste qu'elle soit faite à ses dépens. (V. Ord. de 1670. tit. 17. art. 19. tit. 22. art. 4. & tit. 27. art. 4.)

2. *Par la Partie civile, s'il y en a, sinon, &c.*) Parce qu'il est de l'intérêt public que l'innocence soit justifiée, & que la pauvreté du Condamné ne doit pas empêcher cette justification.

Article VIII.

1. *L'Enquête étant achevée.*) On ne récole ni ne confronte les Témoins entendus pour faits justificatifs, cette Enquête étant purement Civile.

2. *Et à la Partie civile, s'il y en a.*) Non à l'Accusé, qui ne peut avoir aucun intérêt de la débattre.

NOTES
SUR
L'ORDONNANCE
DU MOIS DE JUILLET
1737.
TOUCHANT
LE FAUX
PRINCIPAL
ET
INCIDENT.

TITRE

TITRE DU FAUX PRINCIPAL.

Article II.

Eme avec le Plaignant.) Dans le cas même où le Plaignant auroit approuvé la piece, il peut néanmoins l'attaquer de Faux, & obliger la Partie adverse de la représenter, si elle est entre ses mains. Mais s'il a transigé sur cette piéce, il ne peut plus l'attaquer de faux, & il n'y a alors que la Partie publique qui puisse agir. (V. *infrà* l'article 52. du titre du Faux incident.)

ARTICLE III.

Que par Témoins.) Parmi les faits qui concernent le Faux, il y en a qui se vérifient par comparaison d'écritures, & d'autres par titres & par Témoins. Lorsque celui qui attaque un Acte de faux prétend qu'il n'a point été passé avec lui, mais avec une personne supposée à qui l'on a fait déclarer qu'elle ne sçavoit ni écrire ni signer, & soutient qu'il a été absent lorsque cette obligation étoit passée, ou qu'il étoit dangereusement malade, &c. tous ces faits ne peuvent se vérifier par comparaison d'écritures, parce que la personne n'a point écrit ni signé ; mais ils doivent être vérifiés par des titres qui justifient l'absence ou la maladie, ou par des Témoins qui puissent déposer de l'une ou de l'autre, ou qui ayent eu connoissance de la supposition de la personne, pour avoir été présens lorsque l'obligation a été passée, & avoir reconnu que la personne supposée dans l'obligation n'est pas la même que celle contre laquelle on veut mettre à exécution.

Mais si par les moyens de faux

Principal. Plaignant expose que l'écriture ou la signature de la Piéce prétenduë fausse est contrefaite ou falsifiée, ou qu'on en a enlevé de l'écriture pour y substituer autre chose que ce qui y étoit originairement, dans ce cas la preuve du Faux doit se faire par comparaison d'écritures.

Article VI.

De trois jours.) Voyez sur ces délais l'art. 20 du titre des reconnoissances d'écritures, ci-après.

Article VIII.

Nommés d'Office.) On doit prendre pour Experts des Maîtres Ecrivains, & à leur défaut, des Notaires ou Greffiers.

Article X.

Partie Civile.) Si la Partie civile est absente ou ne veut pas comparoître elle-même, elle pourra assister par un fondé de Procuration. (Voyez ci-après l'art. 57. de ce titre.)

Article XVII.

Partie Civile.) Ou de son fondé de Procuration. (*Infrà* art. 57.)

Article XX.

Sinon il y sera pourvû.) Voyez ci-après l'art. 52.

Article XXII.

De déposition.) Il faudra pour cela les assigner; mais en cas de refus de comparoître pour donner leur avis, ils ne pourront y être contraints comme les autres Témoins. La raison de cette différence est sensible. Pour faire les fonctions d'Experts en matiere de comparaison d'écritures, il faut une certaine habileté qui doit être accompagnée de réflexion. Or le refus que fait un Expert de procéder à ces sortes de vérifications pouvant être fondé sur ce que cet Expert ne se croit pas assez de lumieres pour donner un avis solide, il ne seroit pas juste de le forcer à remplir une fonction dont il se juge lui-même incapable. Il faut cependant que

Principal.

l'Expert qui est assigné, comparoisse pour s'excuser.

Article XXIV.

A en établir la preuve.) *Quæ enim singula non profunt, cumulata juvant.* Cette preuve qui vient de la déclaration des Témoins, est beaucoup plus certaine & moins équivoque, que celle qui résulte de la comparaison d'écritures, suivant la Novelle 73. chap. 3. car cette derniere preuve n'est qu'une preuve conjecturale. (Voyez le Traité de la preuve par comparaison d'écritures de M. le Vaier.)

Article XXVIII.

Lors du Récolement.) Voyez *infrà* art. 38.

A la fin de l'article.) Si le Témoin représente quelque Piéce lors de sa déposition, elle y demeurera jointe, après avoir été paraphée, tant par le Juge que par le Témoin. (Voyez *infrà* art. 40.)

Article XXXI.

A la fin de l'article.) Si l'Accusé a

V iij

quelques Piéces à représenter lors de son Interrogatoire, elles y demeureront jointes, après avoir été paraphées, tant par le Juge que par l'Accusé. (Infrà art. 41.)

ARTICLE XXXIII.

Un corps d'écriture.) Cela a lieu principalement, lorsqu'il n'y a point de Piéces de comparaison, ou lorsque ces Piéces de comparaison ne sont pas suffisantes.

ARTICLE XXXVII.

A la fin de l'article.) Si l'Accusé est contumax, il suffira de représenter les Piéces aux Experts ou aux Témoins lors de leur récolement, & de leur faire parapher ces Piéces, si elles ne l'ont point été lors de leur déposition.

ARTICLE XXXVIII.

A la fin de l'article.) Voyez l'observation sur l'article précédent.

ARTICLE XLVI.

Nouvelles Piéces de comparaison.)

L'Accusé ou Défendeur en faux est admis à produire des Piéces de comparaison pour sa justification. Par exemple, si c'est un Acte passé devant Notaire qu'on attaque de Faux, comme n'étant pas signé de ce Notaire, le Défendeur pourra pour justifier son exception, produire d'autres Actes passés & signés par ce même Notaire.

Article LI.

Nouvelle information.) Cette information étant un fait justificatif, n'est suivie ni de récolement ni de confrontation.

Article LIII.

Même information par Experts.) Et alors il n'est pas nécessaire que les Témoins soient récolés & confrontés, à moins qu'ils ne fassent charge contre l'Accusé, ce qui dépend de la prudence du Juge, comme il est dit ci-après en l'article 56.

Article LV.

En la forme prescrite.) Mais sans

récolement ni confrontation des Témoins, lorsque c'est à la Requête de l'Accusé, cette preuve étant pour sa justification.

Article LVI.

Les joindre au Procès.) Il en est de même, si dans l'information faite à la Requête de l'Accusé pour sa justification, les Piéces par lui produites étoient attaquées de faux; car il faudroit aussi joindre cette nouvelle instance.

Article LXIX.

A la fin de l'article.) Aucunes Transactions sur le faux principal ne peuvent être exécutées, qu'elles n'ayent été homologuées en Justice sur des Conclusions des Procureurs du Roi ou Fiscaux. (Voyez ci-après l'art. 52. du Titre du Faux incident.)

TITRE DU FAUX INCIDENT.

SUR le Titre en général.) Il y a un Titre particulier dans le nouveau Reglement de la procédure du Conseil du 28 Juin 1738. partie 2. tit. 10, pour les Inscriptions de faux incidentes aux affaires pendantes au Conseil.

Il y a aussi des Reglemens particuliers pour les Inscriptions de faux incidentes contre les Procès-verbaux des Commis & autres Employés dans les Fermes du Roi. (Voyez là-dessus une Déclaration du 25 Mars 1732. & un autre du 8 Septembre 1736.)

Article I.

Quelque Piéce.) Soit que cette Piéce soit authentique, ou sous signature privée. S'il s'agit d'une écriture privée, comme elle ne fait point de foi sans reconnoissance ou vérification, la seule dénégation de cette écriture suffit sans inscription de faux ; mais après qu'elle a été vérifiée, on ne peut l'attaquer que par la voie d'inscription de faux, soit principal ou incident.

Dans le cours.) Mais cette inscription en faux seroit faite à tard, si on attendoit pour la faire que les gens du Roi eussent pris des Conclusions dans une Cause d'Audiance. (Ainsi jugé par Arrêt de la Tournelle du 15 Décemb. 1703. qui a déclaré une Partie non-recevable en une pareille demande.)

Ou falsifiée.) Soit que celui qui a produit ou signifié la Piéce maintenue fausse, ait fait, ou fait faire cette Piéce, soit qu'un autre en soit l'Auteur. (V. *infrà* art. 12.)

ARTICLE II.

Avec le Demandeur en faux.) V. ci-dessus la note sur l'art. 2. du faux principal, pag. 457.

ARTICLE III.

Une Requête.) Cette Requête doit être présentée au Juge saisi de la Cause ou du Procès, auquel l'inscription de faux est incidente, & ce seroit une mauvaise procédure de porter cette demande en une autre Jurisdiction. (V. le Procès-verbal de l'Ordonnance de 1670. tit. 9. pag. 101.)

Dans les Bailliages mêmes & Sénéchaussées où il y a un Tribunal particulier pour les affaires Criminelles, c'est au Juge Civil à connoître du faux incident. Mais si on vient à poursuivre ce faux par la voie extraordinaire, c'est-à-dire comme faux principal, alors ce sera aux Juges Criminels du même Siége à en connoître. (Voyez *infrà* art. 22, pag. 470.)

ARTICLE V.

Délai de trois jours. (Voyez l'article 20. du tit. des Reconnoissances d'écritures en matière Criminelle, qui regle ces délais.

ARTICLE VI.

Greffiers du Siége.) Qui s'en chargeront comme dépositaires, & sans qu'ils puissent s'en dessaisir qu'elles n'ayent été définitivement adjugées, pour être après le Jugement les Inscription de faux rendues ou délivrées à qui il appartiendra.

Article XII.

Du Bénéfice contentieux.) Voyez Brodeau sur Louet, Lettre R. n. 48.)

Article XIII.

Se servir de ladite Piéce.) Le Défendeur en faux est toujours admis à abandonner la Piéce prétendue fausse & à déclarer qu'il ne s'en veut plus servir, même après l'instruction commencée, sauf à faire droit sur les dommages & intérêts pour raison de la téméraire accusation. (Ainsi jugé par Arrêt du 2 Juin 1704.)

Mais quand une fois il a déclaré ne vouloir pas se servir de la piéce, il ne peut plus ensuite s'en servir au même Procès.

Article XVI.

Il sera ordonné.) Les Actes publics contre lesquels on s'inscrit en faux, ne doivent se vérifier que par la représentation de la minute, & non par Témoins, à moins que la minute n'ait été perduë par incendie, vol, inondation, &c. ou que ce soit un Acte ancien, auquel cas le Défendeur sera déchargé du rapport de cette Piéce.

Ne pût être rapportée.) Pour constater que cette minute ne se trouve pas, il suffit d'un Procès-verbal de perquisition. (Ainsi jugé par Arrêt du 11 Mars 1709.)

ARTICLE XIX.

Par le fait du Défendeur.) En matiere de faux, le désistement de celui qui a fabriqué la Piéce, n'empêche pas qu'il ne puisse être poursuivi criminellement comme faussaire. (Arrêt rapporté par Boniface tom. 5. liv. 3. tit. 2. ch. 8.)

Voie du faux principal.) Il faut faire une grande différence entre celui qui se sert d'une Piéce fausse, & qui l'emploie dans l'instruction de son Procès croyant qu'elle est bonne, & celui qui en est le Fabricateur. Car contre le premier, il faut procéder par les voies ordinaires & par l'inscription de faux; mais contre l'Auteur de la fausseté, on

doit prendre la voie de l'information.
(Voyez Boniface to. 5. liv. 3. tit. 2.
ch. 9.)

ARTICLE XXII.

La connoissance des matieres criminelles.) Il résulte des termes de cet article, que dans les Bailliages & Sénéchaussées, c'est au Lieutenant-Criminel à connoître du faux, quand il est poursuivi extraordinairement.

ARTICLE XXV.

Par ledit Défendeur.) Ou son fondé de procuration. (*V. infra* art. 38.)

ARTICLE XXVII.

Les moyens de faux.) Les principaux moyens de faux sont 1°. Si la Piéce maintenuë fausse n'est pas signée de celui dont elle porte le seing. 2°. Si l'écriture est effacée, changée ou raturée. 3°. Si l'on a ajouté des lignes avant la signature, surtout si ces changemens ou additions sont d'une autre encre, ou d'une autre main que le corps de l'écriture. 4°. Si l'expédition de

Piéce maintenuë fausse n'est pas conforme à la minute.

Tel Jugement.) Les Juges ne doivent point prendre d'épices pour ces sortes de Jugemens, qui déclarent les moyens de faux pertinens & admissibles, ou qui les rejettent. (Ainsi jugé par Arrêt du 9 Décembre 1711. contre le Lieutenant-Général de Montreuil sur mer.)

ARTICLE XXIX.

Au Procès principal. Pour y faire droit préalablement en jugeant. Il faut sursoir au Jugement du Procès principal jusqu'à ce que le faux incident soit jugé, (Imbert en sa Prat. liv. 1. ch. 48. n. 6. *in fine*) parce qu'avant de prononcer sur le différend qui est entre les Parties, il faut juger préalablement si la Piéce attaquée est fausse ou véritable. Mais cette Inscription de faux n'empêche pas l'exécution provisoire du Titre, s'il est autentique, à moins que la fausseté ne fût manifeste à la simple inspection de la Piéce, ou que la preuve du faux ne fût prompte & par écrit. (V. la Loi 2. *C. ad L. Cornel. de falsis.*)

Article XXX.

Que par Témoins.) Voyez la Note sur l'article 3 ci-dessus au titre du faux principal, pag. 458.

Article XXXI.

Dépendantes de leur art.) Les Experts dans leur rapport ou déposition font souvent des observations nouvelles, capables par leur importance de déterminer les Juges pour la fausseté ou sincerité de la Piéce.

Article XXXIII.

Après l'instruction achevée.) Voyez article 46.

Article XXXV.

Ni Conseil.) Voyez l'art. 8. du tit. 14. de l'Ord. de 1670. ci-dessus, p. 228.

Article XL.

A en établir la preuve.) Voyez la note sur l'art. 24. du faux incident,

Incident.
461. touchant la preuve par Témoins.

Article XLII.

De Charges suffisantes.) Pour qu'il y ait charge contre l'Accusé, il faut que plusieurs choses concourent. 1°. Il faut qu'il y ait du dol de la part de celui qui produit la Piéce. 2°. Il faut qu'il y ait altération de la vérité de l'Acte. 3°. Il doit y avoir dommage ou lézion en la personne de celui qui s'inscrit en faux. 4°. Il faut que celui qui produit la Piéce déclare qu'il veut s'en servir. Car autrement l'Accusé *excusatur à crimine & pœnâ falsi.*

Article L.

Désisté volontairement.) Quand on a une fois déclaré qu'on veut se servir de la Piéce maintenue fausse, on ne peut plus s'en désister qu'en payant l'amende consignée.

TITRE

Des Reconnoissances d'écriture & signatures en matière Criminelle.

Article III.

IL *les reconnoît véritables.*) Les Ecritures étrangeres reconnues par l'Accusé ne font pas la même preuve contre lui, que celles qu'il a écrites de sa propre main. La foi de ces premieres est beaucoup plus douteuse, il ne s'ensuit pas de cet aveu de l'Accusé qu'il confesse que le contenu soit véritable. (Voyez le Procès-verbal de l'Ordonnance de 1670 sur l'art. du tit. 8. page 95. sur la fin.)

Article VI.

De Décembre 1680.) Voyez les articles 2 & 3 du tit. 17. de l'Ordonnance de 1670. ci-dessus avec les notes, pag. 293. & suiv.

APPROBATION.

J'AI lû par ordre de Monseigneur le Chancelier un Manuscrit qui a pour titre: *Commentaire sur l'Ordonnance Criminelle de 1670*. & je n'y ai rien trouvé qui puisse en empêcher l'impression. A Paris ce 2 Août 1752.

COQUELEY DE CHAUSSEPIERRE.

PRIVILEGE DU ROI.

LOUIS par la grace de Dieu, Roi de France & de Navarre ; A nos amés & féaux Conseillers, les Gens tenans nos Cours de Parlement, Maîtres des Requêtes ordinaires de notre Hôtel, Grand Conseil, Prevôt de Paris, Baillifs, Sénéchaux, leurs Lieutenans Civils, & autres nos Justiciers qu'il appartiendra, SALUT ; notre bien amé JEAN DEBURE l'aîné Libraire à Paris, Ancien Adjoint de sa Communauté, Nous a fait exposer qu'il désireroit faire imprimer & donner au Public des Ouvrages qui ont pour titre, *Vie de Grotius, Pneumato-Pathologie, ou Traité des maladies venteuses du corps humain, Commentaire sur l'Ordonnance Criminelle du mois d'Août 1670*, s'il nous plaisoit lui accorder nos Lettres de Privilége pour ce nécessaires. A ces causes, voulant favorablement traiter l'Exposant, Nous lui avons permis & permettons par ces Présentes, de faire imprimer lesdits Ouvrages en un ou plusieurs volumes, autant de fois que bon lui semblera, & de les vendre, faire vendre & débiter par tout notre Royaume, pendant le tems de six années consécutives, à compter du jour de la datte des Présentes ; Faisons défenses à tous Imprimeurs, Libraires & autres personnes de quelque qualité & condition qu'elles soient, d'en introduire d'impression étrangère dans aucun lieu de Notre obéissance ; comme aussi d'imprimer ou faire imprimer, vendre, faire vendre, débiter, ni contrefaire lesdits Livres, ni d'en faire aucuns extraits, sous quelque prétexte que ce soit, d'augmentation, correction, changement, ou autres, sans la permission expresse & par écrit dudit Exposant ou de ceux qui auront droit de lui, à peine de confiscation des Exemplaires contrefaits, de trois mille livres d'amende contre chacun des contrevenans, dont un tiers à Nous, un tiers à l'Hôtel-Dieu de Paris, & l'autre tiers audit Exposant, ou à celui qui aura droit de lui, & de tous dépens, dommages & intérêts : à la charge que ces Présentes seront enregistrées tout au long sur le Registre de la Communauté des Imprimeurs Libraires de Paris, dans trois mois de la date d'icelles : Que l'impression dudit Ouvrage sera faite dans Notre Royaume, & non ailleurs, en bon papier & beaux caracteres, conformément à la feuille imprimée attachée pour modele sous le Contre-scel des Présentes : que l'Impétrant se conformera en tout aux Réglemens de la Librairie, & notamment à celui du 10 Avril 1725. qu'avant que de les exposer en vente, le Manuscrit qui aura servi de copie à l'impression desdits Ouvrages, sera remis dans le même état où l'Approbation y aura été donnée, ès mains de Notre très-cher & féal Chevalier Chancelier de France, le Sieur de Lamoignon, & qu'il en sera ensuite remis deux Exemplaires de chacun dans Notre Bibliothéque publique, un dans celle de notre Château du Louvre, un dans celle de Notredit très-cher & féal Chevalier Chancelier de France, le Sieur de Lamoignon, & un dans celle de Notre très cher & féal Chevalier Garde des Sceaux de France le Sieur de Machault Commandeur de Nos Ordres : Le tout à peine de nullité des Présentes. Du contenu desquelles vous mandons & enjoignons de faire jouir ledit Exposant, & ses ayans causes, pleinement & paisiblement, sans souffrir qu'il leur soit fait aucun trouble ou empêchement; Voulons que la copie des Présentes, qui sera imprimée tout au long au commencement ou à la fin desdits Ouvrages, soit tenue pour duement signifiée ; & qu'aux copies collationnées par l'un de nos amés & féaux Conseillers & Sécretaires, foi soit ajoutée comme à l'original. Commandons au premier Notre Huissier ou Sergent sur ce requis de faire pour l'exécution d'icelles tous Actes requis & nécessaires, sans demander autre permission, & nonobstant clameur de Haro, Charte Normande & Lettres à ce contraires : CAR tel est Notre plaisir. DONNÉ à Versailles le vingt-troisiéme jour du mois de Septembre, l'an de grace mil sept cens cinquante deux, & de Notre Regne de trente huitième. Par le Roi en son Conseil. **SAINSON.**

Regiſtré ſur le Regiſtre XLII de la Chambre Royale des Libraires & Imprimeurs de Paris. N°. 47. fol°. 33. conformément aux anciens Reglemens confirmés par celui du 2 Fevrier 1723. A Paris le 16. Septembre 175

B. BRUNET,
Adjoint.

FAUTES A CORRIGER.

Page iv. *ligne* v. on a crû à propos, *lisez*, on a crû qu'il étoit à propos

Pag. xviij. *lig.* 19. sans être obligé, *lisez* sans qu'on soit obligé.

Pag. xxxiij. *lig.* 21. l'aurre personne, *lis.* l'autre personne.

Pag. xxxiv. *lig.* 13. s'en soit ensuivi, *lisez* ne s'en soit ensuivi.

Pag. 2. *lig.* 21. Note 5. pag. 7. *lis.* Note 5. pag. 9. n°. 10.

Pag. 3. *lig.* 13. qu'un crime, *lis.* qu'en crime.

Pag. 57. *lig.* 2. constante, *lis.* comme cocstante.

Pag. 86. *lig.* 7. des rebellions aux inscriptions de faux, *lis.* des inscriptions de faux,

Pag. 94. *lig.* 1. à être pourvû, *lis.* à y être pourvû.

Pag. 117. *lig.* 1. *& suiv.* les obliger la Partie publique de nommer, *lis.* les obliger de nommer.

Pag. 121. *lig. penult.* cette déclaration, *ajoutez*, au blessé.

Pag. 170. *lig.* 14. ni ceux, *lis.* ni de ceux.

Pag. 174. *lig.* 19. au domicile, *lis.* au vrai domicile.

Pag. 230. *lig.* 2. ôtez & d'ailleurs rien ne lui étant communiqué.

Pag. 267. *lig.* 9. l'article de ce titre, *lis.* l'article 11. de ce titre.

Pag. 269. *lig.* 4. fait mention, *ajoutez*, (*V. l'art.* 5. du tit. 5.)

Pag. 300. lig. 9. *****, lisez *****
 aussi l'art. 12. du tit. 15. Note 1. p. 319
Pag. 397. *lig.* 1. & de la Procédure, *lis.*
 & à cause de la Procédure.
Pag. 416. *lig.* 9. pag. 196. *lis.* pag. 180.
Pag. 426. *lig.* 3. l'article 29. *lis.* l'article 19.
Ibid. *lig.* 4. p. 206. *lis.* p. 217.
Pag. 435. *lig.* 16. p. 254. *lis.* p. 454.
Pag. 438. *lig.* 7. de titre, *lis.* de ce titre

www.ingramcontent.com/pod-product-compliance
Lightning Source LLC
Chambersburg PA
CBHW071014240426
43667CB00037B/1891